행복한 공부

김병우의 공부론 1

행복한 공부

김병우 지음

고두미

머리말

공부론을 정리하면서

꿈꾸는 인디언 용사

미 서부지역에 살던 인디언 아파치족의 추장이 너무 나이가 들어 후계자를 찾아야 했다. 인디언들은 추장을 뽑을 때 체력과 지혜와 인품을 두루 시험해 가장 뛰어난 용사를 택하는 전통이 있었다. 노 추장은 전통에 따라 젊은이들을 모아놓고 실력을 겨루게 했다. 말타기, 활쏘기, 사냥 등 여러 관문을 통과해 세 명의 후보가 최종심에 들게 되었다. 노 추장이 그들을 세워놓고 아득히 펼쳐진 로키산맥을 가리키며 이렇게 마지막 과제를 말했다.

"아파치의 자랑스러운 용사들이여! 저 멀리 눈 덮인 로키산맥의 최고봉이 보이는가? 지금부터는 아무 장비 없이 맨몸으로 저 꼭대기까지 올라갔다가 제일 먼저 돌아오는 용사를 나의 후계자로 삼을 것이다. 그대들은 최정상에 다녀온 증표로 거기에만 있는 상징물을 찾아 가져오도록 하라!"

세 용사는 가시덩굴을 헤치고 바위산을 구르며 악전고투 끝에 정상에

올랐다. 그리고 저마다 하나씩 증표를 가지고 돌아왔다. 그중 가장 먼저 도착한 용사는 그 산맥 꼭대기서만 사는 나무의 가지를 꺾어 상징물로 가져왔다. 두 번째 용사는 멀리서도 아득히 빛나던 붉은 빛의 돌조각을 증거물로 가져왔다. 그런데 얼마 후 돌아온 세 번째 용사는 아무것도 가져오지 않은 빈손이었다. 추장은 몹시 실망스러워 그를 향해 어찌 된 영문인지 물었다. 그러자 그가 말했다.

추장님, 저도 당연히 최고봉에 올라갔었습니다. 거기서 저는 산 너머에 펼쳐진 비옥한 땅과 넓은 강물과 들소 떼를 보고, 그곳으로 달려갈 꿈에 젖어 다른 생각은 미처 하지 못했습니다. 저는 누가 추장이 되든지 상관하지 않겠습니다. 하지만 우리 아파치족은 저 산 너머로 가야 합니다.

그 대답을 들은 노 추장은 마침내 적임을 찾았다는 듯 번쩍 눈을 빛냈다. 앞서 온 두 용사는 경쟁 과제에 빠져서 등정을 입증할 증거물을 찾는 데만 급급했으나, 마지막 용사는 어려운 동족의 처지를 한시도 잊지 않다가 개인 과제를 넘어 동족의 비전을 찾아왔기 때문이었다. 노 추장은 환한 얼굴로 두 팔을 벌려 '꿈꾸는 용사'를 덥석 안았다.

아쉬움과 홀가분함 사이

충북교육의 길잡이 노릇을 해오는 동안 늘 염두에 두어오던 얘기 중 하나다. 나 자신이 '꿈꾸는 용사'이고 싶었던 8년을 마감하고 자연인으로 돌아온 지도 어느덧 2년여를 넘고 있다. 스스로 벗을 수 없는 짐을 도민들 덕에 내려놓고 나니 아쉬움과 홀가분함이 교차한다. 더 솔직히 고백하자면, 그중에도 홀가분함이 더 크다. 아무나 겪기 어려운 자리를 경험한 것은 개인적으로는 영광스럽고 복된 일이었다. 하지만 과분한 자리는 불편한 가시방석이기도 했다. '해야 할 일'은 산더미 같은데, 법규나 예산의 한계로 '할 수 있는 일'은 생각보다 적다. 더구나 그중에 '하고 싶은 일'과의 교집합을 찾자면 더더욱 협소해진다. 그 자리를 향해 쏟아져 드는 모함과 저격도 끊임이 없다.

그런 가운데, 행복하고 보람되었던 부분도 당연히 적지 않았다. 아이들이 행복한 꿈을 꾸며 설레는 공부를 할 수 있도록 도울 수 있었던 것이 가장 큰 보람이다. 행복해하는 아이들의 성장을 도우며 함께 행복할 수 있도록 선생님들을 뒷바라지해 드리려 했던 부분도 빼놓을 수 없다. 필자의 재임 기간 내내 '자신도 하고 싶은 일을 맘껏 할 수 있었다.'는 교육행정 요원들의 실토는 안쓰럽도록 고마운 부분이다. 진보 교육의 꿈을 함께 설계하고 도민들의 선택을 같이 받아준 도내 노동 및 시민사회 진영의 따뜻한 응원 또한 두고두고 갚을 빚이다. 그런 분들의 동행과 헌신에 기대서 충북교육 현장의 긍정 지표들이 활짝 피어날 수 있게 된 일은, 그 어떤 어려움도 잊을 수 있게 해 준 보람이다.

행복교육의 추억

필자가 임기 내 염두에 두던 화두는 '행복교육'이었다. 물론 이 개념이 필자의 전유물은 아니다. 우리나라를 비롯해 세계 각국의 교육들이 행복을 지향한다. 우리 교육기본법도 홍익인간 이념과 함께 인류 공영에 이바지할 목적임을 명시하고 있고, OECD교육 2030 학습나침반도

'개인과 사회의 웰빙'을 지향한다. 인류 공영이나 웰빙 모두 행복과 개념적으로 다를 것이 없다.

대한민국 역대 정부들, 심지어는 보수 정권들에서도 행복교육을 운위했었다. 단지 그 행복이 '미래형'이었을 뿐이다. '고생 끝에 낙이 온다.'는 고진감래형 행복이었다. 힘든 공부의 고통을 잘 이겨야 달콤한 미래를 얻을 수 있다면서, 고난을 이긴 자만이 행복의 주인이 될 수 있다고 했다. 다만, 이러한 관점에는 '공부는 본시 어렵고 힘든 것'이라는 학습관과, '행복은 고난을 극복한 자에게만 주어지는 특권 같은 것'이라는 행복관이 바탕에 깔려 있었다. 그러한 학습관과 행복관 모두 사실은 반쪽짜리였다. 공부의 '기쁨'과 '즐거움'은 접어둔 관점이면서 행복도 승자만의 특권이라는 시각이었다. 그리하여 결국 배움의 현장은 고통의 늪이 되고 행복은 요원한 신기루가 되고 말았던 것이다.

하지만 '행복교육'은 아직도 《교육학사전》에 오르지 못한 용어다. 그래서 필자 나름으로 개념 규정을 해 보았다. '오늘의 배움이 즐거워 내일이 기다려지는 교육'으로. 그래서 취임 즉시, 행복을 미래형이 아닌 '당장(Here & Now)' 맛볼 '현재형'으로 소환해 오는 일부터 서둘렀다. 아이들 당장의 삶인 공부부터 무조건 잘하라고 다그치기 전에 좋아지게 만들어야 한다고 여겼다.

공부가 즐겁고 재미있어야 학교가 행복한 곳이 된다. 그래야 다음 날의 학교생활도 기다려지고, 그런 날들이 이어져야 미래도 설렐 수 있다. 그래서 취임 초부터 서두른 것이 학생들을 짓누르던 고통지수부터 걷어내는 일이었다. '억지 공부'에 찌들어 가는 아이들의 얼굴을 환하게 만드는 일. 공부를 무조건 잘하라고 몰아쳐 학교를 가기 싫은 곳으로 만드는 상황부터 걷어내는 게 급선무였다. 그리고 그 위에 배움을 즐길 '신나는 학교' 정책들을 채워 나갔다.

덩달아 행복했던 일들

0교시와 일제고사, 고입연합고사, 허울뿐인 자율학습… 들을 폐지하고, '행복씨앗학교', '행복교육지구', 놀이교육, 진로교육, 환경교육… 들을 새롭게 시도해 갔다. 특수교육을 강화하고 유·초·중·고 무상급식과 고교무상교육을 이뤄냈으며, '교육공동체헌장' 제정… 등으로 아이들의 인권을 보호하고 교육복지를 확대하였다. 교육자치 '정책역량 강화'에도 힘써 '고교교육력 도약' 비전, 대안교육, '아웃도어교육' 등 미래교육 청사진을 내놓기도 했다. 그 정책들을 상징하는 슬로건이 "아이들이 웃으면 세상이 행복합니다(제1기)"와 "교육의 힘으로 행복한 세상(제2기)"이었다. 그런 가운데, 교육감의 역할은 '방파제(1기)'와 '등대(2기)'역으로 설정했다. 총체적 전략으로는 '빠른 추격자(fast follower:1기)' 전략과 '선도자(first mover:2기)' 전략을 내세웠다.

그 결과, 적잖은 영역의 적색 지표들이 하나하나 청색 지표로 바뀌어 갔다. 취임 이듬해(2015), 교육부 선정 핵심과제 2개('생명존중'부문 및 '기초학력'부문) 전 부문을 석권한 것이 상징적 성과였다. 보수 정권(박근혜 정부) 하에서 핵심과제로 치던, '인성과 학력'의 상징 지표인 '학생 자살 감소'율과 '기초학력 신장'률의 양대 과제를 가장 뚜렷하게 달성한 교육청으로 뽑힌 것이다. 상패를 전달받으며 교육부총리(황우여)로부터 "두 마리 토

끼를 다 잡은 2관왕 교육감"이라는 덕담을 듣기도 했다.

해가 갈수록 학교폭력은 줄어들고 학생·교사·학부모들의 학교 만족도는 전국 최상위를 기록해 갔다. 금상첨화로 대학입시 성과도 8개년 간 눈에 띄는 상승세를 보여 갔다. 충북교육계 내 권위주의 풍토가 옅어지면서 민주적 소통도 활성화되어 갔다. 상급 기관의 지시나 지침만 바라보던 관행들도 모든 단위에서 '매뉴얼 플러스+'를 만들어 내면서 자율적으로 결정하고 책임지는 분위기로 바뀌어 갔다.

8년 동안 재임하면서 미흡하고 아쉬운 면도 없지 않았다. 비정규직 문제 등 교육자치 단위 지방에서 어쩔 수 없는 제도적 한계나 스쿨미투, 특이 민원 대응 등 기대를 채우지 못해 마음 아픈 부분들도 많다. 일선 구성원들의 자발성을 한껏 피워내 춤추게 하지 못한 아쉬움 역시 적지 않다. 대안교육과 아웃도어 교육, 학부모 성장 지원 등 미래교육 기반을 더 다지지 못한 미진함도 미련처럼 남았다. 그런 소망들이 현장에 충분히 스며들기에는 시간과 노력이 벅찼던 점도 있었다. 해묵은 관행과 편견의 너울을 걷어내기에 8년은 빠듯하기도 했다.

남은 과제를 찾다가

임기를 마치고 나서 그동안의 일들을 정리하고 평가해 두는 것이 필요치 않느냐는 얘기를 여러 차례 들었다. 당연히 수긍할 만한 일이다. 운동가가 운동사를 쓰는 격일지언정 참여관찰자로서의 의미는 있을 것이다. 하여, 기억이 흐려지기 전에 매듭지어야 할 추후 과제로 넘겨둘 생각이다.

하지만 그보다 서둘러야 할 일을 찾게 되었다. 재임 중에 문득문득 느끼면서도 현안들에 매어 엄두를 내지 못했던 작업 ― 교육주체들의 교육관부터 가다듬도록 도와주는 일이다. 사실 우리 국민 모두가 교육의 중요성을 부정하지 못하는 만큼 각자 나름의 교육관들을 가지고 있다. 그런데 그 교육관들이 저마다 다르다. 그냥 다른 정도가 아니라 천차만별, 천양지차다. 그것이 긍정적인 면도 있을는지는 모른다. 그러나 교육시책의 추진에는 과도한 부담과 에너지 낭비를 부른다. 사안들마다 갈등의 요인이 되고, 때로는 혁신의 발목을 낚아채는 올가미가 된다.

교육관 중에서도 '공부의 개념'에 대한 천차만별의 시각들은 개인적으로나 사회적으로 많은 갈등을 유발한다. 그래서 다른 무엇보다 공부에 대한 인식을 가다듬는 일부터 시급하다는 생각이 들었다. 그것을 위해서는 일일이 말로 설득하기보다 같이 판단해 볼 자료들을 제시하고 숙의해 볼 것을 제안하는 방법이 좋을 것 같았다. 그런 생각은 특히 선거 때마다 첨예해지는 '학력관'의 간극이 '진정한 공부'의 개념에 대한 혼란에서 유발되는 것을 직접 겪으면서 절감했다.

'제대로 된 공부'를 권해야 한다

"공부해서 남 주나?"
학생들에게 공부하라고 다그칠 때면 흔히들 버릇처럼 입에 올리던 말이다. 공부란 본시 그 결과가 자신에게 남는 것이지 남에게 가는 게 아니라는 말이다. 학습 동기나 의욕을 북돋우자며 그렇게 이기심을 부추겼었다. 공부의 본질보다 이기적 효능을 앞세운 것인데 "닥치고 하라!"던 닦달보다는 그나마 교육적 설득력이 있는 것처럼 보이기도 했다.

하지만 그런 동기부여로 '열공'하게 된 경우일수록, 저밖에 모르는 인간으로 자라기 쉽다. 진리 탐구가 본질인 공부가 승패가 갈리는 경쟁 수단이 되어 버리면 그 결과물로 남을 위하기는 어려워진다.

학업이 일상인 학생들에게 "공부를 왜 하는 거니?" 하고 물으면 금방 대답하는 아이들이 드물다. 필시 무슨 공부에든 매달리고 있을 터인데, 이유도 모르면서 하고 있다는 얘기다. 그러면서 목적이나 방법을 제대로 알 턱이 없다. 의욕이나 흥미, 효과를 기대하는 것도 무리다.

겨우 대답하는 아이들도 생각의 깊이는 오십보백보다. 부모님이 시켜서라거나 진학 때문에, 돈 벌려고…와 같이 현실적인 수준들이다. 제 나름 꿈을 가진 경우라도 꿈을 좇아서 공부한다는 정도다. 공부 자체가 좋다거나 하고 싶어서라는 대답은 좀체 만나기 어렵다.

걱정스러운 답변들까지 있다. 남에게 지기 싫어서, 역사가 1등만 기억하니까, 성적순으로 결혼 상대의 얼굴 급이 달라진대서…. 농담조로 하는 말일지라도 그런 수준의 인식이 조금이라도 끼어든다면 웃어넘길 일이 아니다.

학생들의 대답들은 대개 두 부류다. '해야 하니까'류와 '하고 싶어서'류. 대부분은 외재적 동인인 책무감으로 하고, 공부가 좋아서 하는 경우는 거의 없다. 공부의 본질에 대한 인식이나 이타적·공익적 동기를 찾기는 더 어렵다. "공부해서 남 주나"를 끊임없이 주입받으며 할수록 이타나 공익이 끼어들 여지가 없다.

 남들의 시선을 의식한 공부라 하여 이타적인 것은 아니다. "오직 너 하나 잘 되길" 바란다는 부모 기대를 업고 우등생도 되고 지도층이 된 이들 가운데도 사회적 지탄을 받는 경우가 어디 한두 명이던가. 심리학자 김태형의 말을 빌리면 그런 부추김 속에 자란 우등생일수록 '가짜 모범생'이다. 일그러진 영웅, 괴물이 될 소지가 다분하다. 그런 경우는 공직자가 되더라도 공익보다 사익을 우선하는 유형이 되기 쉽다.

 그렇다고 아이들만 나무랄 수도 없다. 그 자체가 어른들이 만들어 온 모습이다. 그동안 우리 교육이 온통 겉치레에 매달렸을 뿐, 본질이나 동기 등의 내적 요인들은 외면해 오지 않았던가. 아이들을 문제집에 가두고 "닥치고 공부!"를 닦달해 온 어른들이 빚어낸 모습들이다. 아이들에게 공부의 의미와 방법을 알려주지도 않은 채 책상 앞에 묶어둔 잘못. 아이들의 호기심과 궁금증부터 일구어 주긴커녕 싹부터 잘라버린 채 '닥공'을 시킨 결과다. 분별없는 칭찬과 꾸중, 상과 벌, 당근과 채찍 등 외재적 동기만을 남발하면서, 그것들을 바람직한 교육적 처방이라고 믿었던 눈먼 열정의 소산이기도 하다. 이제 공부의 이유부터 제대로 알려주고 제대로 된 공부를 시켜야 할 때다.

 그런 것이 동기가 되어 '공부에 대한 공부'의 계기를 갖게 되었다. 재임 중 짬짬이 했던 강의 자료들과 독서 노트를 정리해, 어설피 자문자답하던 부분들까지 추려 보았다. 그래서 이 작업이 누군가에게는 공부에 대한 작은 가이드라도 되었으면 하는 바람을 가져 본다.

하여 이 책은 '공부'를 화두로, 육하원칙으로 가닥을 잡으며 차례차례로,

- 공부가 무엇What이며, 무엇을 해야 하는지 : 공부의 개념과 원리, 본질과 공부할 거리들을 짚어보고,
- 왜Why 해야 하는지 : 이유와 필요성, 목적을 살핀 후,
- 어떻게How 해야 하는지 : 동서고금의 여러 학습법을 살피고,
- 공부에도 때When가 있는지 : 학습의 적기도 짚어보면서,
- 어디Where서 해야 하는지 : 최적의 공간도 살피는 동시,
- 누가Who 해야 하는지 : 공부와 학습의 주체는 누구인가

하는 과제를 안고, 교육 주체들과 탐구 여행을 나서 볼 생각이다.

부족한 식견에 욕심만 앞서다 보니 들여다볼 때마다 손볼 곳들이 눈에 보인다. 눈 밝은 이에게야 더더구나 어설퍼 보일 곳이 한두 군데가 아닐 터, 서툰 부분들은 독자 제현께서 알뜰히 바로잡아 주기 바라며 삼가 바친다.

2024년 6월 팔봉리에서

추천사

　내가 저자의 '행복한 공부'론에 관심을 갖게 된 것은 존경하며 모시던 전남 부교육감께서 충북 부교육감으로 가신 인연을 계기로 해서였다. 부교육감을 찾아뵈러 충북교육청을 방문했을 때, 함께 뵌 자리에서 저자께선 전남 예술교육의 선진사례를 물으면서 '신나는 학교, 행복한 배움'에 대한 인상적인 열정과 통찰을 보여주었다. 그 후 타 시·도 전문직에게까지 서슴없이 자문을 구하는 태도에 감명을 받아, 충청북도교육청 홈페이지 교육감 특강 자료실을 종종 찾아보게 되었고, 중·고등학교 학생들을 대상으로 하는 명강의 사례들도 많음을 알게 되었다. 그래서 내가 인문고 교장으로 나간 뒤에는 대학 입학을 목전에 둔 고 3생들에게 '진정한 공부'에 대한 관점을 길러주는 특강을 청하기도 했었다.
　이번에 나온 저자의 '공부론' 2권은 저자의 교육철학과 인문학적 고뇌의 깊이가 고스란히 배어 있는 역저이다. 공부가 본업인 학생들은 물론, 모든 교육자들과 예비교사들, 그리고 교육 주권자인 학부모들께도 필독서 겸 토론 교재로서도 손색이 없기에 서슴없이 추천하면서 일독을 권한다. — **강숙영** (전남도교육청 교육연구관)

✳

　저자가 충북교육감으로 재직하던 시절, 나는 정책연구 결과를 교육청

관계자들 앞에서 발표한 적이 있었다. 다른 일정을 소화하기 위해 통상 인사말 정도하고, 서둘러 빠져나가는 고위 공직자들의 모습을 많이 봤는데, 그는 처음부터 끝까지 발표를 경청하고, 질문하고, 의견을 제시하였다. 정책가로서 공부와 토론 자체를 즐겨하는 모습을 그날 확인할 수 있었는데, 그 면모가 이 책에도 나타난다.

공부라는 한 가지 주제를, 저자는 집요하게 파고든다. 이론과 선행연구를 잘 활용하여 근거를 충분하게 제시하였다. 이론과 선행연구, 문제의식, 사례와 이야기, 대안과 방법을 비빔밥처럼 맛깔스럽게 버무렸다. 무엇보다 주제별로 수필처럼 짧게 작성하여, 술술 읽힌다. 우리는 공부에 대해 얘기하고, 아이들에게 공부하라고 입버릇처럼 말하지만, 정작 '공부가 무엇인가'에 대해 제대로 알지 못했다는 사실을 이 책은 돌아보게 한다. ─ **김성천**(한국교원대 교육정책대학원 교수, 교육정책디자인연구소장)

※

우리는 공부 때문에 엄청난 에너지를 낭비한다. 엄청난 시간을 낭비하고 엄청난 재원을 낭비한다. 그리고 그것은 엄청난 실패로 이어진다. 저자는 공부 잘하라고 다그치기 전에 공부가 좋아지게 만들어야 한다고 말한다. 공부가 즐겁고 재미있어야 배우는 아이도 가르치는 선생님도 행복하다. 행복을 현재형으로 소환해 오는 공부. 저자의 행복교육론은 여기서 시작한다.

더 나아가 잘하는 공부보다 제대로 된 공부, 타고난 능력과, 길러진 능력과, 발휘된 능력 중에 미래 학력이라 불리는 핵심역량을 발휘하게 하는 공부의 중요성을 강조한다. 그것을 동양 고전의 교육학에서 찾아낸다. 내 안에 있는 핵심역량을 발휘하게 하고, 나와 남을 새롭게 바꾸어, 함께 공공선을 향해 나아가게 하는 공부가 공부의 최종 성적표가 되어야 한다고 말한다. 여러분에게 꼭 읽어보시길 권한다.

— **도종환**(시인, 전 문화관광부 장관, 19~21대 국회의원)

＊

오래된 지혜는 새로운 질문을 우리에게 선물하고, 우리는 새로운 질문을 통해 드러나지 않은 길을 찾아낸다. 우리는 이 과정을 통해 개인의 성장과 공동체의 발전을 이루어왔다.

저자는 '공부란 무엇인가?'에 대한 답을 찾고자 한다. 동양의 지혜를 축적해 온 '영원한 학생'이면서, '큰 스승'인 인물과 그들의 공부법을 소개하고, 그들의 인간관과 교육적 관점뿐만 아니라 행적을 통해서 공부의 의미를 밝혀내고 있다. 충북교육을 책임지는 교육감의 소임을 마치고 나서, 다시 '공부'의 근원과 본질을 파고 들어가는 저자의 치열한 탐구 정신은 이 책의 처음과 끝을 관통하는 도도한 흐름이자 우리에게 의미 있는 울림이 된다.

오래된 지혜, 마르지 않는 그 우물에서 미래를 향한 새로운 질문을 퍼올리는 두레박의 역할을 이 책이 해주리라 믿는다.

— **박종훈**(제16~18대 경상남도교육감)

＊

저자가 전직 교육감이라 하면 공부 전문가로 이만한 사람이 없을 것 같다. 책 제목마저 〈행복한 공부〉라니 이 책을 읽으면 아이들의 공부가 즐거워지고 덩달아 학교 성적까지 쑥쑥 향상될 것 같다. 그런데 이런 기대로 이 책을 집어 들었다면 반은 틀리고 반은 맞다. 하루가 멀다 하고 쏟아져 나오는 다양한 공부 비법서 정도를 기대했다면 그 예측은 여지없이 빗나갈 것이기 때문이다. 하지만 우리 아이들이 하면 할수록 지치는 공부가 아니라 하면 할수록 힘이 나는 공부, '성공'이 아닌 '성장'을 위한 공부를 하길 바란다면 이보다 더 좋은 지침서가 없을 것이다.

    대한민국에서의 공부는 삶의 자양분이 되고 풍성한 지식과 지혜를 얻는 흥미진진한 탐험이 아니라 성적 중압감과 입시 스트레스로 팍팍한 고행길이 된 지 오래다. 한국 교육이 교육철학의 빈곤 내지는 부재 속에서 자라온 결과이다. 왜 공부를 해야 하는지, 어떤 교육을 해야 하는지, 방향감각을 잃고 방황하는 한국 교육계에도 깊은 깨달음과 함께 방향성을 제시할 수 있으리라. — **박진희**(충청북도의원, 전 충북학부모연합회 회장)

※

    회고록일 것이라고 짐작했는데, 전혀 예상치 않았던 공부론이다. 왜 이 주제일까? 옥고를 읽으면서 김병우 교육감께서 내내 붙들고 계셨던 화두임을 새삼 깨닫게 되었다. 재임 시절 내내 강조하셨던 '온리원(Only One)'과 '행복교육'의 밑바탕에는 공부에 대한 깊은 상념常念이 자리하고 계셨던 게다. 임기가 끝나고도 화두를 놓지 않고 참으로 놀라운 책으로 갈무리해 내셨다. '무엇을', '왜', '어떻게', '언제', '어디서', '누가'라는 육하원칙을 따라 공부론의 길을 따라가다 보면 행복한 공부로 인도하는 수많은 길동무를 만나게 된다. 참된 공부론의 항해가 '지적 해방'과 '더 큰 공부 주체'에 마침내 닻을 내리는 것도 인상적이다. 이 책은 한국의 모든 학습자에게 실용적 지식을 제공해 줄 뿐 아니라 우리의 공부의 한계를 넘어서는 지평도 열어준다. 가장 좋은 책은 맛깔나는 공부를 체험하게 하고, 더 공부하도록 의지를 자극하며 길은 안내하는 책이다. 이 책이 바로 그 책이다. 나와 마찬가지로 독자들도 행복한 공부의 숲으로 나아가는 황홀한 체험을 하리라 믿는다.

— **이혁규**(충북참여연대 공동대표, 전 청주교육대학교 총장)

❋

사람은 태어나면서부터 죽을 때까지 환경과 사회에 적응하고 살아남기 위해 배우고 익히는 일을 거듭한다. 잘 배우고 익혀 잘 살게 하려고 가르치고 기른다. 어떤 사람은 자기만 잘 살기 위해서, 어떤 사람은 남과 더불어 모두 잘 살기 위해서 학습하고 교육한다. 한때 교실마다 '배워서 남 주자'라는 급훈을 걸기도 했다. 저자도 평생을 이 일, 교육과 학습(공부)에 매달려서 살았기에 하고 싶은 말, 남기고 싶은 말을 이 책에 담은 듯하다. 참교육에 대해서 저자와 함께 많은 이야기를 나누었기에 이 책이 더욱 공감이 간다. — **장휘국**(제7~9대 광주광역시교육감)

❋

'교육감님은 퇴임 후 무엇을 하실까 궁금했었는데, 그 궁금증이 풀렸다. '공부를 공부'하고 계셨구나! 이 책은 공부에 대한 동양에서 서양까지, 고전부터 AI까지, 학습 이론부터 교육과 현실 사회의 관계에 이르기까지 담고 있는 방대한 안내서다. 한마디로 '공부를 공부'하는 책이다. 학생들과 오래 만나 함께하면서 교육은 '기술'보다는 '철학'이라는 점을 절감한다. 디지털, AI가 기술적 합리성, 초개인화 학습을 무기로 학생을 수동적인 개별자로 고립시켜 가는 때 배움과 익힘, 탐구와 협력의 가치를 되새겨 주는 책을 만나 무척 반갑다. 무엇보다 공부의 목적이 '행복한 삶과 의미의 창조'에 있음을 다시 한번 일깨워 준다. 우리 함께 교육의 진정한 '의미'를 찾는 '그레이트 헝거'가 되자!

― **한영욱**(충북 대소중 교사, 새로운학교충북네트워크 대표)

＊이상 추천사 필자명 가나다 순입니다.

| 행복한 공부 | 차례 |

머리말 ___ 4
추천사 ___ 14

What. 공부가 무엇이고 무엇을 공부해야 하나

공부, '마법의 돌'을 줍는 일 ___ 25
삶의 도구, 공부 ___ 28
공부란 '자기 파괴' ___ 31
럼스펠드의 4가지 앎의 영역 ___ 39
지식과 지혜, 집단지성의 힘 ___ 45
국가수준 교육과정과 교과서 ___ 50
새로운 척도, 감성지능과 다중지능 ___ 54
지식의 빅뱅과 지식 반감기 ___ 57
감성의 시대, 21세기 ___ 63
학력보다 역량을 주문하는 사회 ___ 67
핵심역량을 기르는 공부 ___ 74
힘 있는 지식, 정의로운 지식 ___ 85
지식을 만드는 힘, 사고력 ___ 89

Why. 공부는 왜 해야 하나

하버드대 도서관의 30훈? ___ 107
크로노스 콤플렉스와 부모의 기대 ___ 112
인정받기 위한 공부, 파에톤 콤플렉스 ___ 116
공익에의 기여, 공적 자아의 완성 ___ 120
인간의 기계화와 공부 기계 ___ 126
베스트원과 넘버원, 그리고 정답의 노예 ___ 129
온리원과 해답의 주인 ___ 134

기계의 인간화와 호모 마키나	___ 136
부모의 교육열과 국가의 교육투자	___ 141
궁금증과 호기심, 학문의 바탕	___ 143
알수록 무지를 깨닫는 메타인지	___ 148
어리석지 않으려고, 사랑하려고	___ 151
즐거운 배움, 행복한 삶을 위해	___ 158
그레이트 헝거를 채우는 공부	___ 164

How. 어떻게 공부해야 하나

좋은 경쟁 아곤, 나쁜 경쟁 안타곤	___ 171
고전적인 배움과 익힘	___ 181
익힘- 거듭 반복해 몸에 새기기	___ 184
원초적 공부법, 기억술	___ 188
장기기억을 만들고 꺼내는 힘	___ 209
파지곡선, 학습곡선, 더닝 크루거 효과	___ 212
공부의 기본, 책 읽기	___ 222
놀이처럼 재미있게 공부하기	___ 229
무적의 학습법 '파인만 테크닉'	___ 240
학습 피라미드? 경험의 원뿔	___ 243
토플러의 공부법	___ 252
창의력 공부법	___ 257

When. 공부의 '때'는 언제?

공부에도 때가 있다?	___ 285
몬테소리의 민감기 이론	___ 287
결정적 시기 가설	___ 293
조기교육? 아니, 적기교육!	___ 297
배움의 때는 따로 없다	___ 318
잠 잘 자는 공부법	___ 324
시간 관리 공부법	___ 339
아웃라이어들의 매직넘버 '1만 시간의 법칙'	___ 355

Where. 공부는 어디에서?

배움이 일어나는 곳이 공부 장소	___ 363

Who. 공부의 주인은 누구?

'지적 해방'을 통해 스스로 성장하는 공부	___ 379
더 큰 공부 주체	___ 387

공부가 **무엇**이고
무엇을 공부해야 하나

WHAT

공부, '마법의 돌'을 줍는 일

한 무리의 목동들이 드넓은 초원에 양떼들을 풀어놓고 쉬고 있는데, 어디선가 벽력같은 호통 소리가 들려왔다.

"아니, 이놈들아! 이 귀한 시간에 왜 빈둥거리고만 있는 게냐!"

난데없는 호통에 목동들은 어쩔 줄 모르고 있다가, 한 녀석이 볼멘소리로 항변을 했다.

"양들 모두 풀 많은 데 풀어놓고, 우리 할일은 다 했는데… 왜요?"

그래도 정체 모를 호통은 다시 호령을 이어갔다.

"늘 그러기만 하니 평생 양떼나 몰지. 찾아보면 할일이 왜 없어! 주변에 보석들이 널려 있는데! 빈둥거리지 말고 얼렁 챙겨들 가!"

그러나 사방을 둘러보아도 보석은커녕 거친 돌멩이들뿐이었다.

"보석이 어딨어요? 돌멩이들뿐인데…!"

"돌멩이는 보석 아니냐? 그래도 어디엔가는 쓸모가 있을 테니 챙겨들 가! 내 말 안 들은 놈은 나중에 후회할 게얏!"

호령이 끝나자 사방은 다시 아무 일 없었던 듯 원래대로 돌아갔다. 쩌렁쩌렁한 호통이 아직도 귓전에 남은 목동 몇은 눈에 띄는 돌멩이 몇 개를 주섬주섬 배낭에 주워 넣었다. 그러나 나머지 목동들은 대부분 그 말을 귓등으로 흘리고 발에 걸리는 돌멩이조차 걷어차 버렸다.

　이윽고 목동들이 마을로 돌아온 뒤, 돌을 주워온 몇이 배낭을 열자 그것들은 빛나는 보석으로 변해 있었다. 횡재한 목동들은 환호작약하면서도 그때 더 많이 줍지 못한 것을 아쉬워했다. 다른 목동들은 어땠을까. 시샘과 후회와 통탄으로 땅을 쳤지만, 때를 놓친 후이니 무얼 해 본대도 아무 소용이 없었다.

　교직에 있을 때 아이들에게 공부의 의미를 생각해 보라고 들려주던 얘기다. 어디선가 들은 예화를 나름대로 각색한 것인데, 이 얘기를 듣고 아이들이 얼마나 공부의 의미를 생각해 보았을지는 모를 일이다. 하지만 아이들에게 공부가 '마법의 돌'이 되기를 바라는 마음에서 들려주곤 했었다.

사전에 나오는 공부의 정의

　공부工夫. 뭔가 배우고 익히는 것을 말한다.《논어》에 나오는 '학습'과 같은 의미다. 두 말은 대개 가림없이 쓰이지만 입말로는 공부가, 글말로는 학습이 우리에게 더 익숙하다. 인터넷 백과〈나무위키〉에 따르면, 공부는 불교(선종)를 통해 퍼진 말이라고 한다. 당나라 선승들의 어록에 처음 나오는데, '주공부做工夫'처럼 관용구 형태로 '시간과 노력을 들여 불법을 열심히 닦는다'는 의미로 쓰였다고 한다. 말하자면 '도道를 닦는 일'이라는 뜻이다. 말의 연원을 더 거슬러 가다 보면 고대 인도어(산스크리트어)로까지 올라갈는지도 모른다. '일'에 하필 사내 '사내 부夫'자가 쓰인 점은 의아스럽다. 고대 인도어가 한자로 옮겨지면서 가차假借식 표기가 된 것이 아닐까 싶기도 하다.

'공부'란 말을 배움(學)과 연관해 처음 사용한 이는 중국 남송 때의 유학자 주희朱熹로 알려진다. 주희 이전의 송나라 유학자들만 해도 '공부'는 수련이나 연마, 또는 노력의 의미로 썼다고 한다. 주희가 정립한 공부의 개념은 '이理가 구현된 삶을 이루려는 배움의 과정'이다. '이理를 본질로 하는 인간의 본성을 실현하기 위한 배움'을 포괄적으로 의미한다.[1] 공부는 그 자체에 이미 '인간됨의 실현'이라는 본질적인 의미를 담고 있는 셈이다.

그러던 것이 중국에서도 요즘은 세월 속에 변용되어 '工夫'는 시간, 짬, 여가의 의미로 쓰인다고 한다. 대신 功夫가 무술 이름을 겸해 실력이나 능력, 또는 숙달된 기술의 의미로 통용된다. 배우고 익힌다는 뜻의 말로는 우리처럼 '학습學习' 또는 '습학习学'을 쓴다. 독서讀書, 염서念書 등도 우리의 공부와 같은 의미로 쓴다. 일본에서는 면학勉学 또는 면강勉強이 쓰이고, 영어로는 'study'가 비슷한 의미를 지닌 단어다.

다른 나라들에서도 공부의 사회적 의미와 쓸모가 우리와 똑같을는지는 모를 일이다. 어휘가 다른 만큼 뉘앙스의 차이는 있을 것이다. 다만, 공부에 대한 기대는 크게 다르지 않을 것이다. 학습자의 인생에 '마법의 돌' 같은 가치가 있기를 바라는 마음, 그리고 열심히 한다면 그만큼 후회보다는 보람이 더 남기를 바라는 마음은 같지 않을까.

---

[1] 이理란 도덕적 지선至善으로서의 인간 본성이기에, 주자학(性理學)에서의 공부는 인간의 기질적 한계를 극복하고 본연적 선함을 회복하는 과정(修養)이다.

삶의 **도구**, 공부

공부의 개념에 대한 교육학 본연의 설명은 대체로 간명하다. 맹수에게 이빨과 근육, 맹금류에게 부리와 발톱이 무기이듯이, 사람에게는 상대적으로 발달한 두뇌가 무기다. 딴 동물들이 어미 품을 벗어나 정글에서 홀로 살아가는 법을 익히듯, 사람도 부모 슬하를 떠나기 전에 독립 생계를 위한 방도를 찾아야 한다. 그것이 공부다.

교육학이 말하는 공부

사람이 지구를 지배하고 만물의 영장이 된 것은 서로 소통하면서 삶의 방도를 공유한 덕이다. 말과 글로 그것들을 나누고 전하면서 문명을 이루었다. 그 흔적이 역사이고 그 과정에 교육이 있었다. 인간의 짧지 않은 성장기 동안 삶의 무기를 챙기는 일이 공부요 학습이다.

호모 파베르 Homo Faber. 인간이 도구를 만들어 쓸 줄 아는 존재라는 점에 착안한 인간관이다. 아리스토텔레스가 처음 개념을 세우고 베르그송이 철학적 의미를 더했다. 짐승들은 신체 기관을 진화시켜 도구로 쓰지만, 인간은 주변 사물들을 도구로 가져다 쓴다. 자연물 그대로 쓰거나 그것들을 조합하거나 변형해서 쓴다. 그런 도구가 기구나 연장이다.

현생인류가 나오기 이전, 최초로 손을 썼다는 원인原人 호모 하빌리스 Homo Habilis[2]가 돌을 깨서 만든 주먹도끼까지 친다면 기구 사용의 기원은 240만 년 전까지로 올라간다. 석기 외에 초목류 연장을 먼저 썼을 테니 기구의 기원은 훨씬 더 올라갈 수도 있다.

기구가 인력으로 쓰는 수동식 도구라면 기구에 동력을 접목한 것이 기계다.[3] 인력을 안 쓰고도 움직이는 도구인 기계를 만듦으로써 인력 절감과 폭발적인 생산력 증대를 가져왔다. 물, 불, 바람 등 자연의 에너지를 구동 에너지로 바꾸는 동력장치를 발명해 낸 것은 획기적 혁신이었다. 그 엔진을 장착한 방적기, 직조기 등이 대량생산의 신기원을 이뤄냈다. 1만 2천 년 전의 농업혁명이 농기구와 자연의 힘을 빌린 '생존 조건의 혁신'이었다면, 18세기 제1차 산업혁명은 기계와 증기·석탄 에너지의 힘을 빌린 '생활 여건의 혁신'이었다.

도구나 기구 사용은 용적이 커진 뇌활용의 산물이었을 텐데, 그 방법을 공유하게 된 데에는 군집 생활 중 '따라 하기'나 '알려주기'의 힘이 컸

---

2) '손재주가 있는 사람'이란 뜻으로 이름 붙여진 240만년~150만년 전의 초기 인류. 오스트랄로피테쿠스와 에렉투스 사이에 출현했으며, 오스트랄로피테쿠스보다 두뇌 용적이 커지고 두 발로 걸음으로써 자유로워진 손으로 조악한 수준의 깬 석기를 만들어 썼다. 언어 사용 여부는 입증되지 않았다.
3) 동력을 받아 움직이거나 일을 할 수 있게 기구들을 유기적으로 엮어 만든 장치.

을 것이다. 기구나 기계를 만드는 노하우가 인간의 무기가 되고 그것을 누적해 이룬 문명의 힘으로 인간은 지구를 지배한다. 문명의 바탕에 말·글을 이용한 소통과 전승이 있었음은 더 말할 것도 없다. 그 전승이 교육의 연원이고 삶의 비결을 얻는 과정이 공부다.

베르그송Henri-Louis Bergson은 호모 파베르가 유·무형의 도구뿐 아니라 자기 자신도 만든다고 보았다. '창조된' 존재가 아닌 '창조하는' 존재이자 스스로 진화하는 존재다. 도구를 사용하면서 두뇌가 발달했고 기억하고 경험하면서 지혜가 깊어졌다.[4] 베르그송의 이런 견해는 공부를 인간 삶의 도구라고 보는 관점에 철학적 근거를 더한다.

---

4) 김승환, 인문학개념어사전.109 (https://cafe.daum.net/pjh0621/deKJ/109?q=homo+faber&re=1)

공부란 '자기 파괴'
- '동조'에서 벗어나기 -

　우선 기존의 자신에게 새로운 지식과 스킬이 더해지는 것이 공부라는 생각부터 버리기로 하자. 공부란 오히려 자신을 파괴하는 일이다. 이렇게 부정적으로 보는 편이 오히려 생산적이다.
　그런데 우리는 대부분 공부의 '파괴성'을 직시하지 않고 있다. 공부란 곧 자기 파괴다. 그렇다면 무엇을 위해 공부하는가?

이런 단정적인 규정과 도발적인 질문으로 시작하는 책이 있다. 《공부의 철학》— 일본의 젊은 철학자 지바 마사야千葉雅也가 2017년에 출간해 선풍을 일으킨 책이다. 출간과 동시에 일본의 학계와 언론·출판계로부터 극찬을 받고, 그해 유명대학 학생들이 가장 많이 읽은 책으로 꼽힌다. 한국어판도 이듬해 나와 여러 해가 지난 요즘까지 꾸준히 읽히며 진정한 공부의 본질과 의미를 새기게 하는 책이다.

공부 뒤집어 보기

공부가 '자기 파괴'라니 무슨 소릴까. 공부의 '파괴성'을 직시해야 한다는 소리는 또 어인 말인가. 해괴한 언술이다. 공부는 자기 성장을 위해 하는 것이니 '파괴'가 '망가짐'을 말하는 건 아닐 터. 그렇다면 이어지는 얘기를 들어볼 일이다.

무엇을 위해 자기 파괴로서의 공부라는 무시무시한 행위를 하는가?
바로 '자유로워지기 위해서'이다.
어떤 자유인가.
바로 지금까지 해온 '동조'에서 해방되는 자유다.

그렇다. 공부의 '파괴성'이란 망가뜨림이 아니라 벗어나고 해방되고 자유로워지기 위한 '껍질 깨기'다. 무엇으로부터의 벗어남인가? 당연시되는 기존 질서, 현실에 대한 무조건적 동조로부터의 해방이다. 우리는 기본적으로 현실에 적응하고 동조하며 산다. 그러기 위해 공부도 하고 현실에 유착하는 적응력이 바로 생존력이었다.

하지만 깊이 파고드는 공부라면 우리를 기존의 동조와는 다른 곳으로 이끌 것이다. 그냥 공부가 아니다. 깊이 있는 공부여야 한다. 그것은 이 책에서는 '래디컬 러닝Radical Learning'이라고 부르려 한다. 래디컬이란 말은 '근본적'이라는 뜻이다. 자신의 뿌리에 작용하는 공부. 바로 그것을 가능한 한 원리적으로 고찰하려고 한다.

공부에 대한 원리적 고찰. 그랬다. 지바 마사야는 21세기 일본 철학을 바꾸고 있다는 평가를 받는 젊은 철학자다. 그는 《공부의 철학》을 통해 학생들이 자신만의 깊은 공부, 진짜 공부를 시작할 수 있도록 들뢰즈·라

캉·비트겐슈타인 등 현대 주요 철학을 바탕 삼아 공부의 원리와 방법을 모색해 제시하고자 한다.

저자는 공부란 지식 쌓기가 아니라 기존의 환경에 동조하며 살아온 사고방식=어법에서 벗어나는 것이라고 말한다. 새로운 환경으로 이동하는 것이라고 말한다. 자기 자신을 파괴하고, 새롭게 변신하며, 자기만의 언어를 갖는 일이다. 이는 곧 깊은 공부, 즐기는 공부로 이어져 내 삶을 근본적으로 변화시킬 힘을 갖도록 만든다. 그리고 환경 속에서 평범하게 받아들여지는 의견에 의문을 제기하는 아이러니적 발상, 하나의 주제에서 폭넓게 가지를 뻗어나가는 유머적 발상을 중심으로 진짜 공부, 깊은 공부를 누구나 시작할 수 있도록 돕는다. 그러면서 1장 '공부와 언어', 2장 '공부와 사고', 3장 '공부와 욕망', 4장 '공부의 기술' 등 네 가지 화두를 통해 그동안 우리가 간과해 오던 공부의 의미와 방법을 천착해 간다.

머리말에서 그가 말한 것처럼, 현대는 그야말로 '공부의 유토피아'다. 인터넷의 보급으로 넘쳐나는 지식과 정보의 바다에 빠져서 살고 있다. 굳이 도서관을 찾지 않아도 책상 위에서 손가락 하나로 온갖 자료들을 다 찾아 쓸 수가 있다. 하지만 정보가 많은 만큼 생각할 여유를 빼앗기고 있다. 인터넷의 '정보 자극' 때문에 정신을 집중하기도 어렵다. 머리를 대신하는 외뇌에 지나치게 의존하다 보니 두뇌를 쓸 일도 점차 줄어간다. 기본적인 기억조차 기계에 맡기다 보니 '디지털 치매' 얘기조차 나올 정도다. 눈앞에 무더기로 쏟아져 널린 정보들 앞에 진위 판단조차 내릴 겨를 없이 '좋아요' 여부만 서둘러 응답하도록 강요받고 있다. 《공부의 철학》은 이런 정보의 범람과 과잉 상황을 공부의 유토피아로 제대로 활용하면서 깊이 있게 사고하는 공부의 방법을 찾고자 한다.

동조를 끊고 어긋장 놓기

정보의 바다에서 끊임없이 밀려드는 조류에 허우적대며 '동조'하는 삶을 중단하려면, '나는 이것을 공부했노라'고 서슴없이 말할 수 있는 경험을 만들어야 한다. 그러려면 으레 해오던 공부가 아닌 깊은 공부, 삶의 뿌리에 다가가는 근본적 공부인 '래디컬 러닝Radical Learning'을 해야 한다. 조류에 흔들리며 떠다니는 동조의 삶에 닻을 내려 중심을 잡기를 바란다면 공부의 진정한 의미를 분명히 돌아보아야 한다. 자기를 주변에 맞추려고만 하고 동조에 익숙해지려고만 하던 자신을 차라리 '동조에 서툰' 사람으로 전복하기를 원한다면, '변신을 위한 공부'에 도전해야 한다.

저자에 따르면 공부란 변신이다. 자기 파괴란 바로 변신을 말한다. 기존의 자신은 주어진 환경과 관계 속에서 보수적으로 살아온 존재다. 환경의 당위에 동조해온 존재다. 그런 자신을 전복하고 파괴하려면 다른 사고방식, 다른 화법을 사용하는 환경으로 옮겨가면 된다. 저자의 말대로라면 '다른 동조로 이사하는 것'이다. 우리 인간은 언어라는 필터를 매개로 현실과 마주한다. 그러므로 새로운 환경에서는 새로운 언어의 동조에 익숙해지는 것이 과제다. 익숙해지려면 처음에는 낯선 말이 주는 '억지로 말하는 느낌'과 '부자연스러운 화법'의 불투명성과 만나야 한다. 이것이 도리어 가능성이다. 위화감이 드는 언어를 만나는 것 자체가 언어의 용법과 의미를 뒤흔들어 변경할 가능성을 가진 것이다. 그래서 언어를 소통의 도구(도구적 언어)가 아닌, 언어 자체로 대하면서 장난감을 가지고 놀 듯(완구적 언어 사용)해 보는 것이 좋다.

우리가 공부하는 이유는 자유로워지기 위해서다. 그 일환으로서 '동조에 서툰 말'을 사용하는 것이다. 동조에 서툰 말은 '자유로워지기 위한 사고 기술'과 대응한다. 저자는 그것을 위해 '말을 가지고 노는' 완구적 언어의 사용례로 일본식 만담인 만자이漫才 예를 든다. 만자이에는 '츳코미'와 '보케'라는 콤비가 등장한다. 츳코미는 만담을 진행하고 보케에게 일부러 어깃장을 놓으며 띄워주는 보조 캐릭터다. 보케는 츳코미의 질문이나 요구를 받아 바보스러운 짓으로 웃음을 유발하는 만담의 주역이다. 저자는 츳코미의 언어를 아이러니로, 보케의 언어를 유머로 보고, 이 두 가지가 틀에 박힌 상황을 탈출하기 위한 본질적인 사고의 기술이라고 말한다. 공부를 깊이 하다 보면 '딴소리(똥딴지같은 소리)'를 내고 싶은 때가 많아진다. 저자 말로는 아이러니와 유머가 강해진다. 주어진 환경에서 무의식적으로 받아들이는 의견에 의문을 제기하며 '깊이 파고드는 사고법'이 아이러니라면, 하나의 주제에서 폭넓게 가지를 뻗어나가며 '한눈파는 사고법'이 유머다. 주위의 것들에 의문을 품으며 수직으로 깊어지는 아이러니적 사고(종적 사고)와 한 가지 주제에 또 다른 주제를 덧대며 수평으로 확장되는 유머적 사고(횡적 사고)를 병행하다 보면 주어진 담론이나 환경, 관계에서 엇나가는 발언을 하게 되는 것이다. 습관화된 자신의 모습을 자기 파괴하면서 일부러 또 하나의 '재수 없는 자신'을 언어적으로 만들어낸다. 그때 비로소 자기 목적적인 공부, 향락적인 공부[5], 공부를 위한 공부의 발판이 마련되는 셈이다.

공부란 일부러 문제를 일으키는 것이기도 하다. 문제를 외면한다면 공부가 불가능하다. 가까운 문제의식에서 출발하여 멀리 규모가 큰 문제로 시야를 넓혀가야 한다. 그래서 저자는 생활 속에서 공부의 싹을 키우는 방법을 제안한다. 일상생활의 장면을 떠올려 그 배경에 있는 환경 코드(당위)를 색출하고, 어떻게 그런 강요를 받게 되었는지, 자신이 그 속에서 어떻게 놀아나고 있는지를 아이러니컬하게 생각해 본다. 그리고 그것을 추상화하여 키워드를 도출한다. 또 그 키워드가 어떤 '전문분야'에 해당하는지를 생각한다. 공부란 어떤 전문분야의 동조로 이사하는 것이기 때문이다.

키워드를 도출하여 들어맞는 분야를 생각해 나가는 방식으로 하다 보면 공부의 범위는 점점 넓어진다. 그래서 '응축'이 필요하다. 한도 없고 끝도 없는 공부의 '유한화'가 필요하다. 공부는 두 가지 방향으로 한이 없어진다. 하나는 '지나치게 깊이 파고들기(아이러니)'이고, 다른 하나는 '한눈팔기(유머)'이다. 공부는 아이러니가 기본이므로 깊이 파고들기를 하다 보면 한눈팔기가 자주 일어난다. 그러나 깊이 파고들려는 버릇은 한이 없기에 꼬리에 꼬리를 물고 주제가 이어져 '세상 모든 절대적 근거를 알고 싶어지는' 지경까지 이른다. 그러나 세상의 진리가 결국 모습을

---

5) 저자는 '향락'이라는 표현에 위화감이 느껴질지도 모르겠다면서 '쾌락'이라는 말과 같다고 생각해 달라고 말한다. 정신분석학의 일파인 '라캉파'의 용어를 빌려왔음을 밝히면서, 그들의 문맥을 염두에 두었다고 한다. 책의 어느 부분에서는 '쾌를 반복적으로 맛보는 것이 바로 향락이라고도 밝힌다. 우리말로는 '즐거움' 정도로 보면 될 듯하다.

드러내는 '최후의 공부'란 없다. 절대 최후의 공부를 하려고 해서는 안 된다. 지나친 파고들기와 한눈팔기가 반복되는 프로세스를 멈추고 어느 선에서 만족하는 것이 공부의 유한화다.

공부를 유한화하려면 어떻게 해야 할까. 결단이 필요하다. 결단할 때는 그저 우연한 것, 우연히 만난 것 중에 뭐든 결정해도 좋다. 무언가를 근거 없이 결단하는 것, 역설적으로 그것만이 절대적으로 근거가 부여된 결단이다. 이 결단에 의해 무언가 '진리'가 된다. 그러나 '결단주의'에 빠지면 안 된다. 저자가 말하는 결단주의는 자신의 결단으로 만들어진 진리를 절대화하고 자신이 진리를 쥐고 있으므로 다른 가능성을 더 이상 보지 않는 배타적인 태도다. 무언가 그럴듯한(바람직한) 비교를 통해 결론을 내어 적당한 선에서 결단하긴 했지만, 그것을 '최선'이나 '최종'으로 절대시하면 안 된다.

결단주의에 빠지지 않고 아이러니의 비판성을 살려두려면 절대적인 것을 추구하지 말아야 한다. 그리고 복수의 타자가 존재한다는 것을 인정해야 한다. 여기서 타자는 타인과 사물, 사고방식을 가리킨다. 아이러니컬한 비판은 오히려 어중간한 상태에 머무르게 해야 한다. 그래서 유머적인 유한화로 전환하는 것이다. 유머적 유한화, 이것은 복수의 타자 사이를 여행하는 것이다. 그래서 고찰해야 할 대상은 '비교를 계속하는 한편 비교를 중지하는' 것이다. 비교를 '중단'한다고 표현하자. 비교를 계속하면서 임시로 더 나은 결론을 내리는 것이다. 제대로 된 비교라면 그 결론은 '임시고정'이어야 한다. 어떤 결론을 임시 고정해도 비교는 계속되어야 한다. 매일 정보 수집도 계속해야 하고 다른 가능성으로 이어질 정보를 계속 검토 축적해야 한다. 이것이 '공부를 계속 하는 일'이다.

　비교의 중단은 개개인에게 향락적 집착이 있기에 가능하다. 그리고 향락적 집착은 자신의 흥미와 관심사의 배경을 돌아보고 의미를 다시 파악함으로써 어느 정도는 변화시킬 수 있다. 이것은 집착의 첫 단추가 된, 우연적이고 무의미한 사건으로 되돌아가는 일이다. 이것을 위한 자기분석의 방법으로 '욕망 연표' 작성을 해볼 만하다. 자신이 무엇을 욕망해 왔는지 연표를 만들어 보는 것이다. 자신에게 어떤 향락적 집착이 있는지, 그 성립의 역사를 되짚어 보는 것이다. 욕망 연표에는 메인 욕망 연표와 서브 욕망 연표가 있다. 그리고 그 둘 사이를 이어주리라고 생각되는 추상적인 키워드를 억지로라도 일부러 떠올린다. 그 키워드는 자신을 움직여 온 커다란 '인생 콘셉트'에 해당한다.

　환경 앞에서 동조하는 보수적인 '바보'의 단계에서, 메타적으로 환경을 파악하고 환경을 겉도는 '약아빠진' 존재가 된다. 그리고 그 단계를 거쳐 메타적인 의식을 지니면서도 향락적 집착에 이끌려 춤과 같은 새로운 행위를 시작하는 '다가올 바보'가 된다.

＊ 지바 마사야의《공부의 철학》은 위와 같은 공부의 원리만을 다루지 않는다. 3부의 일부와 4부는 공부의 기술과 관련한 구체적인 방법론도 다루고 있다. 그 부분은 책을 직접 참고하기 바란다.
　지바 마사야의《공부의 철학》은 공부에 뜻이 있는 모든 이들을 위한 책이다. 독자들을 좀 더 깊은 공부로 초대하려 한다. 그러나 저자는 공부하라고 강요하기 위해 쓰는 것은 아님도 분명히 한다. '공부란 무엇인가'를 독자들과 함께 근본적으로 짚어보려는 의도였음이 곳곳에서 보인다.

럼스펠드의 4가지 **앎**의 영역

　미국 국방장관을 지낸 럼스펠드Donald Henry Rumsfeld의 유명한 일화가 있다. 이라크 전운이 감돌던 2002년 말, 한 브리핑 석상에서 "이라크 정부가 대량 살상 무기를 보유하고 있다는데 명확한 증거는 있는가" 하는 기자 질문에 마치 궤변처럼 들릴 만한 답변을 했다가 곤욕을 치르게 된다. 그 답변인즉 이렇다.

　주지하다시피 알려진 앎이라는 게 있죠. 그것은 우리가 안다는 것을 다 아는 것들입니다. 또한 우리는 압니다. 우리가 알지 못하는 것을 아는 것도 있다는 것을. 이를테면, 우리가 모른다는 것이 알려진 어떤 것들 말이죠. 그러나, 우리가 모른다는 사실 자체도 알지 못하고 있는 것들도 있습니다.[6]

---

[6] As we know / There are known knowns. / There are things we know we know. / We also know / There are known unknowns. / That is to say. / We know there are some things. / We do not know. / But there are also unknown unknowns, / The ones we don't know. / We don't know. - (Department of Defense news briefing Feb. 12, 2002)

그러자 젊은이들을 전쟁판으로 끌어들이려고 하면서 무슨 말장난이냐는 힐난이 쏟아진다. 영어쉽게쓰기운동 단체에서는 그 발언에 '최고 망언(Foot in Mouth)' 상을 주기도 했다. 하지만 머지않아 반전이 일어난다. 각계의 호의적인 재평가가 나온 것이다. 특히 인간이 탐구할 진리의 범주(앎)의 영역에 대해 'MECE 기법'[7]으로 표현한, 탁월한 예시로 인용되기도 한다. 럼스펠드가 구분했던 것처럼 MECE 기법으로 '앎의 영역'을 나눠 보면 다음과 같다.

MECE로 나눈 앎

▲ 알려진 앎 Known Knowns

누군가 알아낸 후 널리 알려져 공인되고 활용되는 앎이 있다. 의미가 두루 공유되고 가치도 매겨져 통용되는 앎이다. 교과서나 백과사전에 실린 일반적인 지식 정보들이 이에 해당한다.

▲ 알려진 무지 Known Unknowns

무언가 존재만 전해질 뿐, 정체를 밝혀내지 못한 불가사의 같은 것도 있다. 아직 그 실체가 무엇인지 규명해 내지 못해 아무도 아는 것이 없다는 것이 알려진 미스터리 같은 것들이다.

---

7) 상호 간에 중복 없고(Mutually Exclusive), 집합적으로 누락 없는(Collectively Exhaustive) 분류 방식. 항목들이 상호 배타적이어서 모였을 때 완전히 전체를 이루는 것을 말한다. 겹치지 않으면서 빠짐없이 나눠 다 포괄하는 것. 영어권에서는 '미씨'로 읽는다.

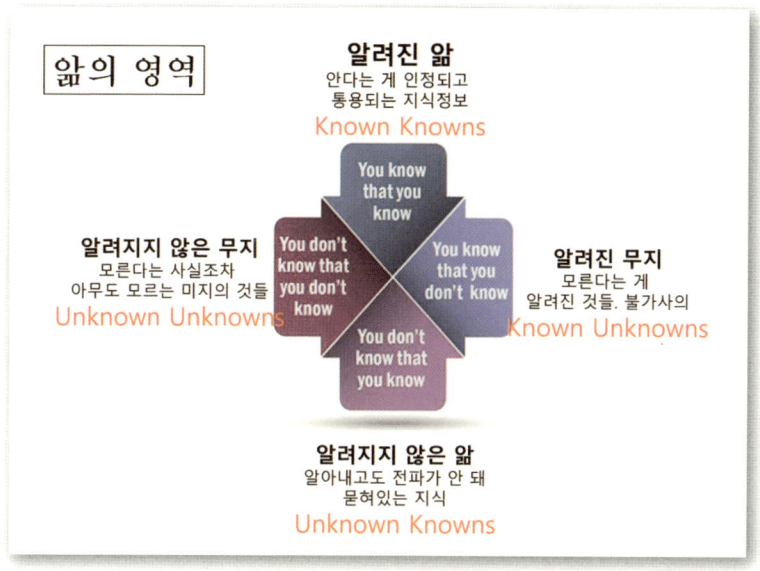

▲ 알려지지 않은 앎 Unknown Knowns

누군가 알아냈지만 공개되거나 전파되지 않은 채 사장되거나 특정 인원만 아는 것들을 말한다. "며느리도 안 가르쳐 준다."던 비결이나 비법, 비공개 노하우 같은 것들이다. 지적 소유권 개념이 없던 시절, 공개하지 않고 숨기다가 사라진 기술들도 많다. 럼스펠드의 당시 브리핑에서는 언급되지 않은 앎이다.

▲ 알려지지 않은 무지 Unknown Unknowns

모른다는 사실조차 그 누구도 생각해 본 적 없는 깜깜한 무지나 미지의 영역이다. 인간의 상상력과 탐구력조차 범접하지 못한 미답의 영역. 그 크기도 알 수가 없다. 하지만 인류는 닫혀 있는 이 미지의 세계를 열기 위해 끊임없이 문을 두드려 왔다.

앎의 영역을 넓힌 사람들

뉴턴Isaac Newton과 라이프니츠Leibniz는 인간의 지적 영역을 확장한 대표적인 학자들로 꼽힌다. 동시대 쌍벽을 이루며 인류의 지성사에 새 장을 연 세기적 천재들이다. 비슷한 시기에 미적분을 각자 따로 알아낸 것으로도 유명하지만, 두 사람 모두 다양한 학문에 고루 능통하였다.

라이프니츠는 수학자·물리학자·판사·외교관·사서·공학자·철학자 등 다양한 면모를 보이면서, 수학·물리학·철학·공학·의학·정치학·지질학·심리학·도서관학 등 관심 분야마다 누구 못지않은 업적을 남겼다. '르네상스적 천재'로 불린 레오나르도 다빈치에 비견될 만한 융합형 박식가Polymath라 할 만하다.

그 라이프니츠가 극찬한 대상이 바로 자타 공인 라이벌 뉴턴이다. 라이프니츠는 "뉴턴의 업적은 그 이전까지 인류가 이룬 것의 절반 이상"이라고까지 했다. 뉴턴 역시 과학으로 시작해 수학·열역학·음향학 등 다양한 분야에서 발자취를 남기고, 특히 만유인력의 법칙과 3대 운동법칙[8]을 발견해 '현대 과학의 아버지'라 불릴 만한 자취를 남겼다.

---

[8] 물체의 움직임에 관한 3개의 법칙(Newton's laws of motion). ①물체는 외부에서 힘이 작용하지 않는 한 현 상태를 유지하려 한다(제1-관성의 법칙). ②운동량의 변화는 주어진 힘에 비례한다(제2-가속도의 법칙). ③모든 작용에는 크기가 같고 방향이 반대인 반작용이 있다(제3-작용·반작용의 법칙).

뉴턴이 임종을 앞두었을 때, 찾아 준 제자들이 그의 공적을 칭송하자 뉴턴은 역시나 그다운 명언을 남긴다.

"나는 바닷가에 노니는 일개 꼬맹이였을 뿐일세… 내 업적이라는 것도 고작 바닷가 모래밭에서 주운 조개껍데기 몇 개에 지나지 않고…."

이는 단지 제자들에게 털어놓은 겸양의 말이 아니었다. 무한히 광대한 진리의 영역 앞에 겸허한 탐구자의 솔직한 고백이었다. 만물의 영장인 인간의 인식체계를 뒤흔들고 세계관을 뒤바꾼 자신의 업적조차 한없이 넓은 바닷가의 조개껍데기 몇 개에 불과하다는 말이야말로, 그의 형형한 메타인지와 함께 진리 탐구의 영역이 얼마나 광대한지를 보여주는 말이다.

여기서 '앎의 영역' 도표를 다시 보자. 대한민국 학교들에서 가르치고 배울 거리로 삼아온 것들은 어디까지던가. 고작 '알려진 앎'에 국한되어 왔다. 다른 것들에 대한 호기심이나 궁금증은 괜한 관심으로 치부되고 핀잔의 대상이 되고 만다. '알려지지 않은 무지'에 대한 관심은 더구나 실없는 짓 취급을 받기 일쑤였다.

진정한 공부의 영역은 한계가 있을 수 없다. 특히 '알려진 앎'만 외워 쓰는 수용적인 학습으로는 21세기 VUCA[9] 시대를 살아갈 수가 없다. 공

---

9) 21세기의 시대적 특성인 불안정성(Volatility), 불확실성(Uncertainty), 복잡성(Complexity), 모호성(Ambiguity)의 머리글자를 모아 만든 용어.

부의 영역과 대상을 활짝 열어젖혀야 한다. '알려지지 않은 앎'도 더욱 적극적으로 파고들어야 하고, '알려진 무지'도 과감히 캐내야 한다. 실마리조차 없는 '알려지지 않은 절대 무지'의 영역에도 하나하나 호기심의 촉수를 펼쳐가야 한다.

지식과 **지혜**, 집단지성의 힘

삶 속에서의 문제해결 능력은 생존과 행복을 좌우하는 무기다. 그것은 스스로 깨닫거나 경험으로 쌓아갈 수도 있지만 남들에게 배워서 가질 수도 있다. 그 삶의 노하우가 지식과 지혜다. 지식은 남에게서 얻어낸 앎이고 지혜는 스스로 알아채는 앎이다.

노홧? 노하우?

'앎'의 일상적 용법을 보자면 지식은 크게 두 가지로 나뉜다. '~할 줄 안다'는 노하우 know how와 '~임을 안다'는 노홧 know what이 그것이다. '나는 왼손으로 글씨를 쓸 줄 안다'와 같은 유형의 앎이 노하우이고, '나는 물이 왜 위에서 아래로 흐르는지를 안다'와 같은 유형의 앎이 노홧이다. 그래서 노하우를 '방법적 지식'이라 하고 노홧을 '명제적 지식'이라 한다. 방법적 지식에는 몸에 익히는 기능과 기술이 있고 명제적 지식에는 머리에 기억하는 진리와 가슴에 간직하는 진실이 포함된다.

'알 지知' 자는 입(口)으로 쏘는 화살(矢)이다. 마음이나 머릿속에 넣어

두기만 하면 소용이 없고 입으로 쓸 때 무기가 된다. 사람들 사이에 전파되어야 힘을 갖는다. '슬기로울 지(智)' 자에는 태양(日)이 들어 있다. 태양처럼 명철한 번득임이 바탕에 깔렸다. 세상의 이치를 꿰뚫는 힘은 입으로 전해지는 앎과는 깊이가 다르다. 지식과 지혜가 구별되어 쓰이는 이유다.

지식 혹은 지혜

고구마밭에 멧돼지가 침노해 방비가 필요한 상황을 가정해 보자. 퇴치법을 찾으려고 관련 지식과 기술을 동원해 본다. 조언을 구하거나 정보를 검색해 대책을 찾는다. 덫을 놓거나 전기 울타리를 치거나 전자감응기를 설치해 놓고 감지되면 공포탄 소리가 나도록 하는 등의 대책을 세웠다고 치자. 이런 아이디어들이 지식이요 기술이다.

다른 방안도 있을 수 있다. 알려진 기술적 아이디어들 말고 옛 조상들처럼 슬기를 발휘해 보는 것이다. 멧돼지 천적인 호랑이의 배설물을 구해 고구마밭 둘레에 뿌려 놓는다. 그러면 그 냄새만으로 멧돼지는 주변에 얼씬도 하지 못한다. 이것은 단편적 기술과는 다른 해법이다. 이것이 지혜다. 다만 이 처방을 남에게 들어서 알게 되면 그것은 지식이다.

예화를 하나 더 보자. 《삼국지》에 조조 아들 조충이 코끼리 무게를 알

---

10) 조충칭상曹沖稱象. 진수의 《삼국지》와 나관중의 《삼국지연의》에 모두 있는 일화. 실제 일인 듯하다.

아낸 이야기[10]가 나온다. 손권이 조조에게 코끼리 선물을 보내자 조조는 그 무게부터 궁금해졌다. 하지만 코끼리 크기를 감당할 저울이 있을 리 없다. 신하들에게 방법을 구했지만 아무도 이렇다 할 방안을 내지 못한다. 그때 어린 조충이 나선다.

"먼저 코끼리를 배에 태워 배가 물에 잠긴 곳에 표시를 해 두고 다음엔 그만큼 배가 잠기도록 돌을 실었다가 그 돌 무게를 재면…."

그렇다. 토막 내서 잴 수 없는 코끼리 대신 나눠서 잴 수 있는 돌로 대체하는 것이 해결의 열쇠였다. 사물의 이치를 꿰어낸 꼬맹이의 명민함에 다들 혀를 내두른다. 이것이 지혜다.

지식은 배움과 연구를 통해 체계적으로 '알아낸 앎'인데 지혜는 깨달음과 통찰을 통해 직관적으로 '알아챈 앎'이다. 지식이 밖에서 끌어온 것이라면 지혜는 안에서 우려낸 것이다. 동양의 지혜智慧와 서양의 지혜 wisdom는 개념이 조금 다르다. 동양적 개념의 지혜는 지식과 상관없는 직관과 통찰력으로 깨우치고 알아챈 것인데 서양적 개념의 지혜는 배운 지식을 융합해 일구어낸 것이다.[11]

집단지성의 신비

---

11) 맹자는 지智를 '옳고 그름을 가리는 시비지심'으로 보고 학습과는 상관없는 선험적 미덕으로 규정했다. 반면 순자荀子는 이를 학습된 지식을 바탕으로 한 경험적 미덕으로 보았다. 주자朱子를 비롯한 후대 학자들은 대체로 맹자의 견해를 잇는다. 물론 서양에도 예외는 있다. 플라톤Platon은 맹자처럼 지혜를 선험적인 것으로 본다.

지식과 지혜 말고 '집단지성'이라는 것도 있다. 이것은 불특정 다수의 안목을 모아서 평균을 내면 정답에 가깝다는 개념이다. '코끼리 무게' 미션의 예를 다시 보자. 요즘이야 대형트럭 적재중량을 재는 전자 저울대에 코끼리를 올려놓기만 하면 될 일이지만, 마땅한 저울이나 방법이 없던 당시에 만약 이랬더라면 어땠을까. 조정의 중신들에게만 한정해 묻지 않고 더 많은 백성들에게까지 무게를 맞춰 보라고 했더라면…. 저마다 대중없이 들쑥날쑥한 예상치가 나올 테지만 그것들을 총합해 평균을 내면 신기하게 실제의 몸무게에 가까워진다는 것이다. 총합하는 사례수가 많을수록 전자저울의 측정치에 수렴하는 수치가 나오게 된다는 것이다. 이것이 집단지성의 신비다.

요즘 수준의 AI라면 스캔만으로도 코끼리 체중을 알 수 있을는지 모른다. 그러나 그것이 지혜는 아니다. 그런 방식으로 체중을 알아낼 인간은 없다. 대신 인간에게는 이치를 따져 방법을 찾아낼 지혜가 있다. 그런 AI를 제작하는 과정에도 인간의 지혜가 작동한다. 집단지성은 다중의 개별 지식과 지혜가 융합되어 객관적 결론에 이르는 해법이다.

최근 집단지성 개념은 사회학·경영학·컴퓨터공학 등에서 연구되고 있는데 '협업지성·공생적 지능·군체지혜'라고도 칭한다. 삼국지 일화에서 조충 개인의 예지는 분명 영특하고 명민하지만 현실 속에 존재할 확률이 낮다. 하지만 집단지성은 어디에나 널려 있고 그 가치를 믿기만 하면 어디서건 수집 활용이 가능하다.[12]

---

12) 찰스 다윈의 고종사촌 프랜시스 골턴Francis Galton의 '황소 무게 맞히기' 대회 관

제갈량이 촉나라 승상이 된 후 신료들에게 널리 당부한 집사광익集思廣益[13]도 집단지성의 힘에 대한 믿음에서 나왔다. 신기묘산神機妙算 지략가인 제갈량도 개인적 판단이나 결정보다 여러 사람의 지혜를 모은 결정이 가장 크게 이롭다는 것을 알았던 것이다. 민주주의 의사결정 원리인 다수결 원칙과 '보통선거'의 원리도 집단지성의 힘을 믿는 제도다.

지식은 앎으로서의 지知와 분별을 뜻하는 식識의 합성어로 인간의 두뇌 속에 저장된 '쓸 만한 기억'이다. 말로 체계화된 기억―경험 속에서 얻거나 깨우친 이치나 도리 같은 것들이다. 이것은 정보와도 다르다. 정보는 두뇌로 인지하는 자극의 총체지만, 지식은 그 정보를 사고 체계로 구조화한 것이다. 정보가 날것이라면 지식은 가공물이다.

찰도 비슷한 예다. 골턴은 우생학을 창시할 정도로 엘리트주의 유전학자였는데, 1907년 어느 날 가축 품평회장에 나가 800명 가까운 무작위 대중이 참가한 '황소 무게 맞히기' 대회를 관찰했다. 그는 그 자리가 대중의 어리석음을 확인할 좋은 기회로 여겼다. 그런데 결과는 그 예상과 정반대였다. 소의 무게를 정확히 맞힌 개인은 없었지만, 참석자들의 추정치들을 합해 평균을 내 보았더니 놀랍게도 가축 전문가 개인의 추정치보다 훨씬 더 정확했다. 그로 하여 골턴은 자기의 소신을 꺾고 《네이처》지에 〈대중의 의견(Vox Populi)〉이라는 논문을 낸다. 그는 또 아버지의 키가 자식에게 유전하는지 사례조사 분석해 보고 아버지의 키와 상관없이 전체적으로 평균치에 가까워지려(중심극한정리) 한다는 놀라운 사실을 발견해, '평균으로의 회귀(regretion toward mean)'라는 이름으로 공표했다. 그것은 현대 통계학의 첫 '회귀분석' 사례보고인 셈이다.-베르나르 베르베르(2011). 《상상력 사전》. 서울:열린책들 * 집단지성의 실험은 요즘도 종종 유튜버들 사이에 '초콜릿 개수 맞히기' 등 흥밋거리로 시도되기도 한다.

13) 생각을 모아 이익을 늘리다. 여러 사람의 지혜를 모으면 더 큰 효과와 이익을 얻을 수 있다는 것을 비유하는 말이다.

국가수준 교육과정과 **교과서**

국가 주도 공교육 제도가 생겨 교육이 나라의 일이 되면서 개인적 필요를 따르던 공부가 국가 시책에 매이게 된다. 그리고 공부라는 말에는 곧장 학교와 교과서가 연상된다. 대표적인 공부 장소가 학교이고 공부 대상의 상징이 교과서이기 때문이다. 학생들이 공부할 것들을 체계적으로 모아 담은 것이 교과서다. 권위로 치면 한국의 교과서만큼 대접받는 교과서도 없을 것이다. 내용보다 공부에 미치는 영향 면에서 특히 그렇다. 집필 과정의 검증도 여느 나라보다 치밀하다. 오류가 있을 시 사회적 파장도 적지 않다. 정답을 고르는 입시에서 교과서는 정오正誤를 가리는 절대 기준이다. 한국 입시의 압도적 비중 때문에 한국에서는 문항의 출전인 교과서가 거의 경전의 지위를 갖고 있다.

교과서의 권위와 한계

교과서 편성의 기준이 되는 교육과정은 사계斯界의 권위자들이 다년간 다양한 검증을 거쳐서 짠다. 당대의 학문과 지적 자원의 총화이자 정수(essence)로 여겨진다. 그 교육과정에 기반해 수업 교재로 만든 것이 교과서다. 인류 문화유산의 진수와 학문들의 정설, 시대적 요구와 지향까지 담아낸 경전이기에 학생들의 책상 앞자리에 꽂힐 만하다.

교과서의 권위가 이 정도면 교과서 파고들기가 수험전략의 기본이요 공부의 왕도로 여겨지는 것도 무리가 아니다. 그러나 그 한계는 교과서형 지식의 진부함과 교과서 달인(학교 교육의 우등생)의 고지식함 등이 조롱받으면서 드러나고 말았다.

그래서 교과서'를' 공부하는 교육을 넘어 교과서'로' 공부하는 것이 필요하다는 인식이 대두되었다. 교과서가 공부의 목적이 아니라 도구가 되어야 한다는 것이다. 그것도 유일한 도구가 아니라 많은 도구들 중 하나이며, '그중 하나(one of them)'가 아닌 '상대적으로 나은(better than them)' 도구라는 정도가 교과서의 새로운 위상이 되었다.

교육과정의 힘과 한계

한국의 교과서는 정부가 대개 5년 주기로 개정하는 국가 수준 교육과정에 따라 개편된다. 대한민국 공교육 과정의 기저에는 미국의 교육 사조가 자리한다. 고전적인 '교과중심 교육과정' 체계를 근간으로 하고 '학문중심 교육과정' 체계도 가미된다. 교육내용은 각 교과 공히 지식을 중시해 인류가 쌓아온 핵심 지적 자산을 주된 콘텐츠로 삼는다.

교과중심 교육과정은 동서양을 막론하고 전형적(전통적)인 커리큘럼이다. 교육 목적을 선현들의 문화유산을 전수하는 데 두고, 그것을 체계화한 교과가 수업 단위가 된다. 오랜 세월 검증된 진리가 교육내용이라 그대로 전수하는 것이 학생들의 주된 공부 패턴이다.

교과중심 교육과정은 누가 체계화하거나 제도화한 것도 아니지만 그 힘이 강력하고 유구하다. 교수-학습 방식이 단순하면서 전달 효과가 높아서다. 다량의 지식을 빨리 습득하는 데 효율적이어서 교수-학습자 모두가 선호하기도 한다. 특히 한국에서는 해방 후 미군정에 의한 경험주의 교육관 도입 전까지 일제 강점기의 식민교육이 주로 교과중심 교육과정이어서, 초중고는 물론 대학 과정에까지 지배적인 커리큘럼이 되었다.

교육과정뿐 아니라 교과서의 한계 역시 놓치지 말아야 한다. 교육이란 일차적으로 교과서를 중심으로 교수-학습하는 일이다. 다만 교과서는 당대의 주류 학설이나 사회적 통념을 담은 '지적 풍속도'에 불과하다는 점을 유의해야 한다.

교과서 위주 공부의 한계는 그 내용들이 최종적 권위를 담보하지 못한다는 점이다. 집필자부터 당대 최고 수준의 전문가라기보다 공인된 지식을 재정리하는 수준의 관련자들이 참여하기가 쉽다. 검토 과정에서도 행정집행권을 가진 관료나 관련 네트워크가 주도적으로 관여한다. 더 심각한 것은 그 사회의 주도권을 가진 정파나 권력 단위의 개입이다. 특히 집권 세력과 관련 학술단체가 깊이 관여해, 교과서는 그들의 감독과 검열을 거쳐 발행된다. 이렇게 편찬된 교과서에 매몰될 경우 그것에 반영된 사회의 규범과 행동 양식에 익숙해지고, 그것을 정당화하는 사고방식까지 당연한 것으로 받아들이게 된다.

요컨대, 교과서를 '떼는' 것은 공부의 시작일 뿐 전부가 되어선 안 된다. 공부의 본령은 교과서 너머에 있다. 교과서를 무오류의 경전으로 여기는 맹신을 떨쳐내는 지점에서 공부의 주체가 주도하는 진정한 탐구 여정이 시작된다.

새로운 척도, 감성지능과 **다중지능**

정보의 인지와 습득, 지식의 가공과 구조화에 작동하는 기본 기능이 지능이다. 지능이 공부와 학습에도 바탕이 됨은 더 말할 것도 없다. 다만 지능이 IQ와 동일시되던 시대는 지났다. 20세기 초중반을 풍미하던 IQ의 한계가 드러나고, 대니얼 골먼Daniel Goleman이 '감성지능'을 대안으로 내세우며 "인간의 재능을 좌우하는 것은 IQ가 아니라 EQ"라고 주장해 큰 반향을 불러일으켰다. IQ는 인간의 인지 학습력만 예측할 뿐 재능을 재는 도구로는 한계가 있다고 보고 대안인 감성지능의 지수를 EQ라 칭한 것이다.

EQ의 시대가 왔다

EQ는 자신을 포함해 다른 이의 감정까지 읽고 조절할 줄 아는 능력을 수치화한 것이다. △자기의 느낌을 솔직하게 인정하고 마음으로부터 납득할 수 있는 판단을 내리는 능력 △불안이나 분노 등에 대한 충동을 조절할 수 있는 능력 △궁지에 몰렸을 때도 자기 자신에게 힘을 북돋아 주고 낙관적인 생각을 유지할 수 있는 능력 △남을 배려하고 공감할 수 있는 능력 △집단 속에서 조화와 협조를 중시하는 사회적 능력 등을 말한다.

특히 EQ는 IQ와 달리 조직 내 동료 간의 관계와 팀워크 공헌도를 평가하는 방식 등으로 기업들의 관심을 끌면서, 실제로 일본에서는 이를 직원들의 인사고과에 도입한 사례도 있었다. 대니얼 골먼은 EQ 외에 사회성 지수인 SQ도 제안해 IQ의 아성을 허무는 데 앞장을 섰다. 그 후 학계 안팎에서 다양한 지수들이 쏟아져 나온다.[14] 그만큼 인간 삶의 양상과 사회의 변화가 다양해지고 인간의 자질과 재능도 일면적 잣대로만 잴 수 없다는 것을 보여주는 지수들이다.

다중지능도 있다

그런 가운데 교육계에 새로운 패러다임으로 제시된 것이 하워드 가드너의 '다중지능(MI)이론'이다. IQ의 한계를 딛고 인간의 지적 능력을 다양하게 바라보려는 노력은 1970년대 말부터 일어났는데, IQ와 EQ의 개념까지 아우르고 단점을 극복하려는 노력의 결실로 나온 것이 다중지능 개념이다.

가드너는 전통적인 IQ 검사가 논리수학지능·언어지능·공간지능만

---

14) ▲AQ(유추지수/역경지수) ▲CQ(창조성지수/소통지수) ▲DQ(디지털지수) ▲FQ(금융지수), ▲GQ(세계성지수) ▲HQ(건강지수/유머지수) ▲MQ(도덕지수) ▲NQ(공존지수/인맥지수) ▲PQ(열정지수/인간성지수) ▲RQ(회복탄력성지수) ▲YQ(젊음지수) 등 다양한 지수들이 있다.

측정하고 다른 부분은 도외시한다는 점을 비판하면서, 사람들 나름으로 뛰어난 영역별 지능을 △논리·수학적지능 △언어지능 △공간지각지능 △신체운동지능 △대인관계지능 △음악지능 △자기성찰지능 △자연친화지능 등 8개로 제안했다.[15]

MI를 뒷받침하는 극단적인 사례는 서번트 증후군의 경우다. 자폐아 중 일부의 경우 혼자서는 독립생활이 어려울 정도의 IQ임에도 특정 분야에서 천재적인 소양을 보인다. 그런 분야는 기억과 암산, 청음력, 그림, 기계수리 등인데, 자폐아 가운데 10% 정도가 이에 해당한다고 한다.

다중지능(MI)의 지수는 IQ처럼 또래 내 상대적 위치로 정하는 것이 아니다. 피검사자의 8개 지능별 지수(절대평가)를 내고 그 순위를 낸다. 따라서 개인의 재능 영역 중 상대적으로 어떤 지수가 뛰어난지를 알아보는 데 초점을 둔다.

공부에도 자신의 재능 중 어떤 쪽의 발굴과 계발에 집중할까를 찾는 것이 필요하다. 소질이나 적성과도 관련이 깊어서다. 따라서 학생들은 자신의 IQ 못지않게 MI를 궁금해하고 학교에서도 학생들에게 IQ 검사뿐 아니라 MI 검사까지 제공해 줄 필요가 있다.

---

15) 2000년대 와서는 '실존지능'도 준거 면에서 부분적 개연성이 있다면서 MI를 8.5개로 간주하고 싶다고 하기도 했다.

지식의 빅뱅과 **지식 반감기**

인류가 교육제도를 만들고 학교를 통해 가르치려 한 주된 교육내용은 인간의 삶에 유용하고 적합한 지식과 기술이었다. 인류가 대대로 쌓고 전해 온 문화유산의 정수들이다. 그 지식들은 세월 속에 축적과 갱신을 거듭하면서 총량을 늘려갔다. 인구 증가에 따른 자연증가도 있지만, 르네상스나 산업혁명 등 문명적 계기를 통해 가속적으로 늘기도 했다. 이것을 '지식2배 증가곡선'으로 살펴본 이가 미국의 건축가이자 미래학자인 벅민스터 풀러Buckminster Fuller다.

지식 두배 증가곡선

풀러에 따르면, 대상 지식을 문자 기록으로 간주해 측정해 보니 서기 원년부터 두 배로 늘어난 것이 1750년경이라고 한다. 지식 총량 2배 증가에 1,750년이 걸린 셈이다. 그리고 다시 두 배가 된 것은 150년 후인 1900년경이었다. 그 후 교통·통신의 발달과 2차산업혁명 등으로 지식의 양이 급속히 늘어 50년 만에 다시 두 배가 되었다. 또 제2차 세계대전 이후 교육의 대중화와 학문의 발달로 그 주기가 20년, 10년, 8년으로 짧

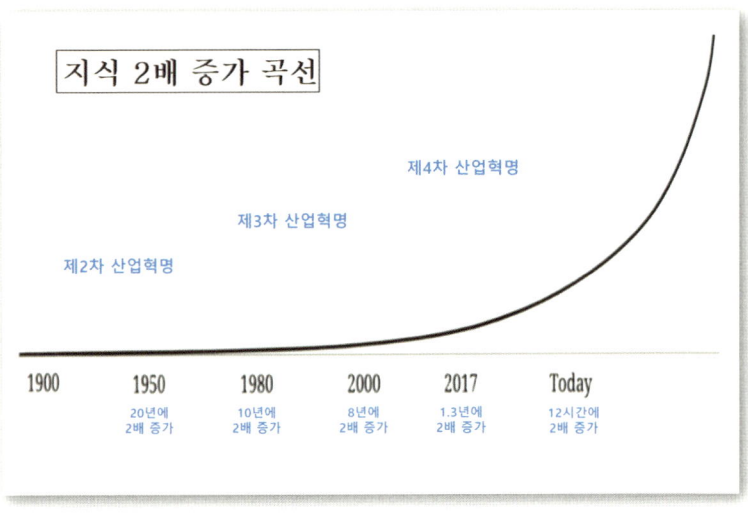

아지더니, 정보화시대의 도래와 함께 3년, 13개월로 기하급수적으로 빨라졌다. 4차산업혁명이 운위면서, 머잖아 12시간 만에 두 배가 된다고 한다! 가히, 기하급수적 증가를 넘는 '지식의 빅뱅'이 아닐 수 없다.

지식의 빅뱅, 정보의 쓰나미가 뜻하는 바는 무엇일까. 그것을 습득할 공부의 총량이 그만큼 늘어난다는 의미다. 그 주기가 짧아진다는 것은 습득한 지식의 수명 역시 그만큼 줄어든다는 의미다.

인간보다 지식과 기술의 수명이 길던 시대, 사람은 한 가지 전공이나 기술만 가지고도 평생 우려먹을 수가 있었다. 그러나 지식과 기술의 수명이 짧아지면서 그것이 어려워졌다. 이런 현상은 디지털 시대에 더욱 가속화되었는데, 그만큼 정보의 생산과 유통이 빨라졌기 때문이다. 지식·정보가 폭발적으로 생겨난다는 것은 그것의 수명과 유통기한도 그만큼 짧아진다는 의미다.

지식 반감기

여기서 생겨난 것이 '지식의 반감기'라는 개념이다. 이 용어를 처음 쓴 이는 미국의 프리츠 매클럽Fritz Machlup으로 알려진다. 그는 지식을 경제적 자원으로 연구한 최초의 경제학자로, '지식산업·정보사회' 등의 용어도 처음(1962년) 언급한 학자였다. 반감기는 방사성 물질의 방사능이 절반으로 감소하는 데 걸리는 시간이다. 그 개념을 지식에 적용해 지식의 절반이 낡은 것이 되는 데 걸리는 시간을 '지식 반감기'로 부른 것이다.

이 개념은 새뮤얼 아브스만Samuel Arbesman의 2013년 저작《사실의 반감기》[16]라는 책에서 처음 언급되었다. 아브스만은 이 책에서 우리가 알아 온 사실들에 '유효기간 만료일이 있는 이유'를 밝히면서, 절대불변의 진리란 없으며 모든 사실 지식들은 시간에 따라 변화하고 진화한다고 주장했다. 그는 지식을 변화 속도에 따라 3가지로 분류한다. '고속변화지식'은 날씨나 주가처럼 끊임없이 변동되는 지식이다. '저속변화지식'은 사람 손가락 개수나 지구상 대륙의 숫자처럼 우리가 불변의 사실로 여겨온 지식들이다. 그러나 이조차 '절대 지식'으로 볼 수 없고 언젠가

---

16)《The Half-Life of Facts》. 우리나라에는《지식의 반감기》라는 제목으로 번역(이창희 옮김)되어, 책읽는수요일 출판사에서 2014년 출간되었다.

변할 수 있다고 본다. 이 두 가지 중간에 '중속변화지식' 즉, '가변지식'이 있다. 몇 년 또는 몇 십 년 단위로 바뀌는 것들, 우리가 아는 대부분의 과학 지식이나 학교에서 배우는 내용 대부분이 이에 속한다. 아브스만은 그것을 '메조펙트mesofact'라 부른다.

아브스만은 그것을 예증해 보이기 위해 응용수학·역사·진화생물학·언어학 및 인지과학·천문학 등 다양한 학문 분야들을 조사한다. 분야별 지식의 탄생과 확산·전이·소멸 과정을 살펴보고, 잘못 전달되거나 측정 오류 등으로 한때 사실로 믿던 지식들이 소멸된 예들까지 찾아 보이며 학문별 지식 반감기를 매긴다.

그에 따르면, 물리학의 경우 13.07년, 경제학은 9.38년, 수학은 9.17년, 심리학은 7.15년, 역사학은 7.13년, 종교학도 8.76년이라고 한다. 과학기술 발달로 그 기간은 점점 짧아지는 추세이며, 이런 때일수록 단순한 지식 습득보다 변화하는 지식에 어떻게 적응할까를 배우는 것이 더 중요하다고 말한다.

요즘 우리나라 대학교수들, 특히 이공계 교수들은 대학의 주요 보직들을 맡으려 하지 않는다고 한다. 임기를 마친 뒤 연구실로 돌아가면 그 사이 바뀐 이론들과 학계 흐름에 뒤떨어지기 때문이라는 것이다. 미국도 예외가 아니라고 한다. 하워드 가드너Howard E. Gardner는 동료 생물학자의 술회를 전하면서, 학회지를 3개월만 읽지 않아도 학문의 발전 속도를 따라잡을 수 없다고 한다.

미래학의 선구자 앨빈 토플러Alvin Toffler도 지식의 홍수 속에서 쉽게 낡아버리는 지식의 함정을 본다. 그는 특히 2006년판《부의 미래》에서 '무용지식obsoledge'이란 용어까지 만들어 설명한다. 이것은 obsolete(쓰임을 다한, 낡은)와 knowledge(지식)를 합성한 신조어다. 쓸모없어진 무용지식, 또는 구닥다리 지식, 쓰레기 지식을 말한다. 수명이 다해 쓸모가 없어졌을 뿐 아니라 내버려 두면 위험하기까지 한, 진부한 지식이다.

쓰레기 지식

그는 말한다.
"디지털 데이터베이스건, 두뇌 속이건, 지식이 저장된 곳은 어디나 무용지식으로 가득 차 있다. 흡사 필요 없는 물건으로 가득 차 있는 에밀리 아줌마네 다락방 같다."
대학 시절 배운 많은 전문 지식들도 머잖아 무용지식이 되고 말 거라는 얘기다.

변화의 속도가 너무 빠르고 지식의 수명이 짧다 보니, 알려지기도 전에 구닥다리가 되는 예들도 많다고 한다. 무용지식을 위험하다고까지 하는 이유는, 언제 무용지물이 되었는지도 모를 낡은 지식을 값진 것으로 알고 중대 결정의 근거로 삼는 현실 때문이라는 것이다.

토플러는 2008년 한국 국회 초청 특강에서, "한국 학생들은 하루 15시간 이상을 학교와 학원에서 보내며, 미래사회엔 존재하지도 않을 직업을 대비하고, 미래사회엔 더 이상 쓸모도 없을 지식을 머릿속에 구겨

넣는 공부를 한다고 알고 있다."면서 "무용해져 버린 공장식 교육제도를 지속하면서 다른 대안의 출현을 막고 있는 것은 답답한 일"이라고 일갈하고, "대량화를 벗어나 다양한 교육제도를 도입해야 선진사회로 진입할 수 있을 것"이라고 충고하기도 했다.[17]

---

[17] 《세계일보(2008.11.28)》(https://m.segye.com/view/20081128003061)등 당일 일간지 기사 종합

감성의 시대 21세기

토플러는《제3의 물결》에서 인류가 농업혁명에 의한 제1의 물결, 산업혁명에 의한 제2의 물결에 이어 지식/정보혁명인 제3의 물결에 의한 새로운 변혁에 들 것으로 예언했다. 특히 제3의 물결은 지식 가공 등 지식산업이 위주가 되어 재택근무가 일반화되고 지역공동체가 되살아나는 등, 역사상 처음으로 인간성이 넘치는 문명을 만들어 내는 거대한 파도가 될 것이라고 했다.

《부의 미래》에서는 제1의 물결의 부 창출 시스템이 주로 기르는(growing) 것을, 제2의 물결이 만드는(making) 것을 기반으로 했다면, 제3의 물결은 서비스하는(serving) 것, 생각하는(thinking) 것, 아는(knowing) 것, 경험하는(experiencing) 것을 기반으로 한다고 했다. 제3물결의 부 창출 시스템은 금전적인 부뿐만 아니라 인간적인 부(비화폐적인 부)도 증가시킨다고 말한다.

그러나 그 부로 인해 인간은 삶의 보람도 커지고 더욱 행복하게 살 것으로 생각했으나 현실은 다른 것으로 드러났다. '이스털린의 역설Easterlin

Paradox'이 그것이다. 미국 경제학자 이스털린Richard A. Easterlin의 연구에 따르면, 최빈국과 고소득국가들, 그리고 사회주의와 자본주의 국가 등 30개국의 행복지수를 비교해 본 결과 소득이 일정 수준을 넘어서면 소득과 행복도는 비례하지 않더라는 것이다.

그렇다면 인간이 진정으로 행복하게 살 수 있는 길은 없을까. 덴마크 작가 롤프 옌센Rolf Jensen은《Dream Society》에서 제3의 물결인 지식·정보사회 뒤를 이어 감성이 주도하는 감성사회가 도래할 것으로 내다보았다. 정보화 사회를 지나면 더 이상 물질적 풍요가 삶의 목적이 아니게 된다.

드림 소사이어티

옌센에 따르면 정보사회는 학교 교육에 너무 치중했다. 정보사회의 학교는 학생들이 오랫동안 앉아있을 수 있는 능력, 감정을 계획하고 통제할 수 있는 능력에 전에 없던 프리미엄을 붙였다. 합리적인 서구사회는 변화를 중시하는 시대정신과 감정을 억압하는 능력 덕택에 범세계적인 물질 경쟁에서 승리했지만, 이런 정보사회는 더 이상 오래 가지 못할 것이다. 우리 후손들은 현대 문명으로부터 물질적 풍요 외에는 정보사회 가치관의 극히 일부만을 취할 것이다. 그들은 도리어 수렵채취사회로부터 더 많이 배울 것이다.

옌센은 이야기(Story)가 상품이 되고 이야기꾼이 고소득층이 되는 것도 드림 소사이어티의 징후로 본다. 정보사회의 매체가 문자였다면 드림 소사이어티의 매체는 그림(image)이 될 것이다. 전쟁도 문화전쟁, 가치관 전쟁, 콘텐츠 전쟁이 될 것이며, 드림 소사이어티는 수천 년 동안 지속된 물질우위시대에 종지부를 찍을 것이다.

옌센은 6가지 '감성시장'도 소개한다. ①모험 판매 시장 ②연대감·친밀함·우정·사랑을 위한 시장 ③관심의 시장 ④'나는 누구인가(Who am I)' 시장 ⑤마음의 평안을 위한 시장 ⑥신념을 위한 시장 등이다. 미래의 직함들로는 △마음과 기분 담당 이사 △침착한 사람들 초빙 담당 이사 △상상 전문 최고경영자 △가상현실 전도사 △신선함 담당 부사장 △이야기꾼 실무자… 들이 있다. 뿐만 아니라 드림 소사이어티에서는 자유 시간과 일하는 시간의 구분이 어려워질 것이며, 자유 시간은 감성적인 내용으로 채워지게 될 것이다.

21C형 화두 6개의 키워드

다니엘 핑크는 《새로운 미래가 온다》에서 '하이테크'의 시대에서 '하이컨셉·하이터치'의 시대로 들어서고 있다고 말한다. 20세기가 좌뇌적 사고와 이성이 중심이 되는 시대였다면, 21세기는 우뇌적 사고와 감성이 중심이 되는 시대라고 본다.

미래인재의 조건으로는 6가지 키워드를 강조하면서 'not only~ but also~' 어법으로 미래인재의 자질을 제시한다. ①기능뿐 아니라 '디자인'까지[18] ②주장뿐 아니라 '스토리'까지[19] ③집중뿐 아니라 '조화'까지[20] ④논리뿐 아니라 '공감'까지[21] ⑤진지함 뿐 아니라 '놀이'까지[22] ⑥

물질의 축적뿐 아니라 '의미'까지.[23]

《새로운 미래가 온다》에 실린 위 삽화는 시대별 사회변화에 따른 파워 엘리트의 진화 단계를 보여준다. 유인원에서 인지 혁명을 일으켜 인간이 된 사피엔스를 필두로 상징적 캐릭터가 이어진다. 농업혁명으로 시작되는 농경시대는 농부가, 산업혁명이 계기가 된 산업화 시대는 엔지니어가, 제3차 산업혁명으로 촉발된 정보화시대는 지식노동자가 파워 엘리트가 된다. 제4차 산업혁명으로 시작되는 감성사회에서는 문화예술인이 주도하는 양상이 될 것으로 본다.

---

18) Design - 요즘은 전자제품도 기능을 넘어 디자인이 명품 여부를 가르는 기준이 된다.
19) Story - 오디션 프로그램에서도 출연자의 가창력뿐 아니라 사연이 스타성을 높이는 요소로 본다.
20) Symphony - 나무뿐 아니라 숲 전체까지. 특정 악기를 넘어 오케스트라 전체의 하모니를 챙기는 지휘자maestro 같은 능력이다.
21) Empathy - 차가운 머리뿐 아니라 따뜻한 가슴까지 갖춰야 한다.
22) Play - 심각한 것을 넘어 유머를 즐기는 여유도 필요하다.
23) Meaning - 물질적 대가보다 그 일의 의미를 더 중시하는 시대가 되었다.

학력보다 **역량**을 주문하는 사회

"학교 우등생이 사회 우등생이 되지 못한다."

주변에서 흔히 듣던 말이다. 학교 우등생이 어떻게 길러졌던가. 쓸모 있는 사람이 되라고 강조하면서 공들여 준비시킨 뒤, 그런 교육을 잘 받았다고 보증하며 사회로 배출한 인재가 바로 우등생이다. 그런데 그에 대한 사회적 평가가 이렇다면 학교 교육의 근본을 뒤흔들 문제다. 이것은 교육 탓인가, 사회 탓인가.

'국가백년지대계'라는 말도 있듯, 교육의 기능 중 소홀히 할 수 없는 것이 미래를 예측하고 선도하는 기능이다. 앞날을 내다보고 준비시키며 미래를 앞장서 열어나갈 책임이 교육에 있다. 미래 세대들이 자라는 학교에서 미래가 준비되고 주역들이 자라나지 못하면 그 사회에 희망적인 미래는 없다.

학교 우등생이 직장과 사회에 나가 인정을 받지 못한다면 교육이 사회를 읽지 못하거나 사회의 변화를 따라가지 못한다는 얘기다. '20세기 교사가 21세기 아이들을 가르친다'는 냉소처럼 구시대적 패러다임에

갇힌 채로는 새 시대에 요구되는 소양을 길러주기 어렵다. 학교 교육의 어떤 점이 사회적 기대와 시대적 요구를 따라가지 못하는지 엄중히 돌아봐야 한다.

학교 우등생은 어떤 점이 뛰어난 학생이던가. 당연히 학교 성적이다. 그렇다면 사회에 나가서도 그 실력대로 좋은 성과를 내야 마땅하다. 그렇지 못하다면 당연히 원인을 짚어봐야 한다.

"사과 속에 들어 있는 씨앗은 셀 수 있지만, 씨앗 속에 들어 있는 사과는 셀 수 없다." 존 에이브램스John Abrams의 기업경영실화 《사우스 마운틴 이야기》에 나오는 말이다. 미국 작가 켄 키지Kenneth Elton Kesey의 표현을 인용한 것으로, 자기네 회사의 초기 외형은 초라했지만 잠재 가능성은 누구도 알 수 없었다는 자부심이 담긴 말이다.

이 말은 우리 교육에 대한 비유로도 읽힌다. 지금까지의 교육과 앞으로 지향해 나가야 할 미래 교육을 시사하는 의미로 삼을 만하다. 지금까지의 교육이 겉으로 보이는 '사과 속 씨앗' 개수를 세거나 기억하게 하는 교육이었다면, 21세기 교육은 눈에 보이지 않는 '씨앗 속의 사과'를 상상하고, 그리고 길러 보게 하는 교육으로 달라져야 한다는 것이다.

미래역량은 무엇?

21세기 교육이 길러갈 미래형 학력과 관련하여 20세기 후반에 새로 대두된 것이 '역량' 개념이다. 종래 교육의 성과로 삼아온 주된 지표가

'학력學力'이었다. 학교 교육력의 상징인 학업성취도. 그것은 부모에게 '타고난' IQ를 바탕으로 학교에서 '학습되고 길러진' 능력이다.

주어지는 문제 앞에 가장 적절한 정답을 찾아내는 능력. 그것은 각종 시험 성적(score)으로 확인된다. 특히 국가가 일률적인 잣대로 비교 평가하여 줄 세운 데이터는 가장 공정하다고 믿을 만해 보였다. 그래서 줄곧 결정적인 잣대로 공인되었다. 그런 보증하에 배출된 우등생의 한계가 지식기반사회의 현장에서 부실하다고 여겨지다니, 어찌 된 일일까. 세상이 교과서와 같지 않아졌기 때문이다. 세상은 불안정(V), 불확실(U), 복잡(C), 모호(A)한 'VUCA시대'로 접어들어 교과서적 정답만으로는 감당할 수 없는 상황이 된 것이다.

그래서 기업들은 학과 공부를 통해 '길러진(학습된) 자질'을 넘어 교육활동 중에 '발휘된 자질'을 더 보고 싶어 했다. 정답을 혼자 찾는 문제 풀이 실력만으로는 다양한 해답이 요구되는 현장의 업무 수행 역량을 예측하지 못한다는 것이다. 배우는 동안 성장하고 변화한 과정이 결과보다 더 중요하고, 그 과정에서 '발휘되어 검증되고 확인된' 역량이 현장 문제해결력과 연결될 것으로 기대된다는 것이다.

IQ나 EQ, MI(다중지능) 같은 자질들은 '타고난' 자질들이다. 학력學力&學歷이나 자격, 스펙specification 등은 모두 교육을 통해 길러진 자질들이다. 종래까지는 이런 자질들이 사회에 나가서도 충분히 발휘될 줄로 여겼다. 학교에서 시험 볼 때처럼 사회 현장과 직업 일선에서도 충분히 발휘될 것이어서 교육의 영역은 배움까지로 보았고, 공부의 영역도 거기까지였다.

 그러나 20세기 말엽부터 산업 현장에서 성적은 능력으로 직결되지 못하는 죽은 자질에 불과하다는 반응들이 나오기 시작한다. 세계를 무대로 뛰는 기업들로부터 클래임clame이 걸린 것이다. 산업 현장에서 발휘될 것이 예견되고, 성공 가능성도 믿을 만한 자질을 요구하게 된 배경이다. 그 역량은 배우는 과정에서부터 발휘되어 성장을 확인할 수 있어야 한다.

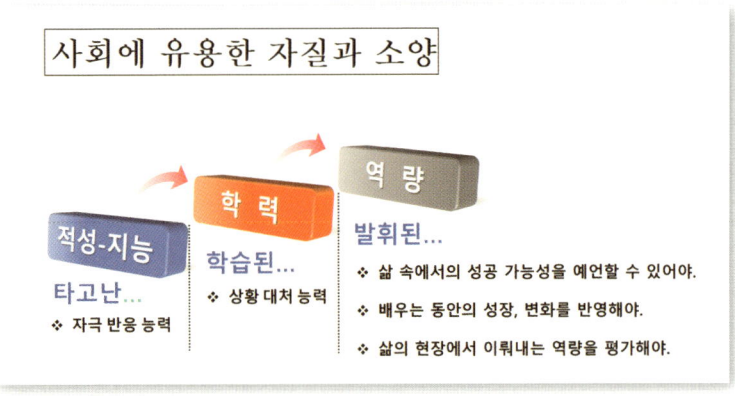

 미국에서는 이미 1970년 초에 그런 요구가 나왔다. 미연방 국무성이 신입 재외 초급 공보요원 선발 업무를 컨설팅 업체인 맥버McBer사[24]에 의뢰했다. 기존의 국무성 선발 도구는 역사·영어·정치·경제 등의 지식

---

24) 역량연구의 선구자인 미국 심리학자 맥클렌런드David Clarence McClelland가 동료 버나드와 함께 세운 연구소 겸 컨설팅업체다. 맥버McBer는 두 사람 이름을 합성해 만든 것으로 알려진다.

을 테스트하는 필기시험이었는데, 이 전형에 중대한 결함이 드러나서였다. 시험의 내용과 언어가 백인문화 중심적이어서 백인들에게 유리하고, 시험점수가 근무 중의 직무성과를 예측하는 데 적합지 못했기 때문이다. 이에 맥버사는 현장에서 실제로 업무를 수행하고 있는 사람들의 특성을 조사해 반영하는 방법을 썼다. 해외 현업근무자 중 성과가 우수한 집단과 평범한 집단을 대상으로 심층 면접을 진행했다.[25] 그 결과 우수한 집단에서 공통된 역량이 나타났다. △다문화 대인 감수성 △타인에 대한 긍정적 기대 △정치적 네트워크 파악력 등이 그것이었다. 맥버사는 이런 역량들을 반영한 전형 방식을 개발했고, 그것으로 선발한 요원들은 현장 적응력과 업무 수행력 등이 고루 우수한 것으로 나타났다.

이 사례는 그 후 역량 모델의 표준이 되었다. 맥클렐런드는 전통적인 검사나 평가도구가 사회의 성공 여부를 예측치 못함을 주목하고, 직무 유관 변수로 역량 요인을 규명하는 방법을 제시했다. 1973년 〈지능보다 나은 역량 평가〉라는 논문으로 역량 평가의 우위성을 입증, 역량 중심 인사관리의 불꼬를 텄다.

역량 빙산 모델

이를 좀 더 체계화한 것이 스펜서&스펜서의 '역량 빙산 모델'이다. 이

---

[25] 'BEI기법'으로 약칭되기도 하는 Behavioral Event Interview(행동사례면접 기법). 주요 업무 상황에서 당사자들이 실제로 행동한 사례(성공사례3, 실패사례3)들을 기술케 한 뒤 분석하는 기법을 썼다.

들은《핵심역량 모델의 개발과 활용》을 통해 역량을 '특정 직무 상황에서 높은 성과의 원인이 되는 근본 특성'이라 규정하고, 그것들을 동기·특질·자아 개념·지식·기술 등 5가지로 밝힌다. 아래 그림은 그들이 제시한 빙산 모형 위계 도식을 이미지화한 것이다.

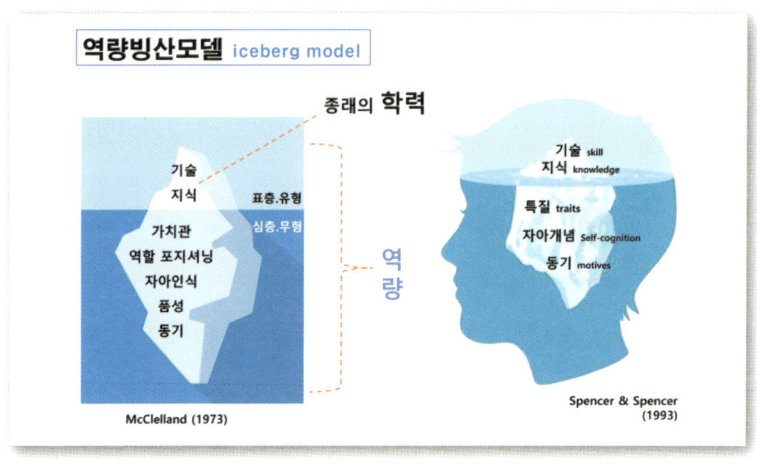

위 그림처럼 역량에는 겉으로 드러나는 것이 있고 드러나지 않는 것이 있다. 드러나는 특성은 눈에 보여 잴 수도 있지만, 드러나지 않는 특성은 보이지 않아 측정하기 어렵다. 동기·특질·정체성·가치 등 빙산 아래 숨겨져 있는 특성들이 지식과 기술 등 드러나는 특성들을 연마케 하고, 특정 행동을 유발해 높은 성과를 만든다. 따라서 동기나 특질 같은 내적 속성이 지식과 기술에 우선하고 더 중요하다. 내적 속성은 지식과 기술을 향상케 하는 원인이기도 하고 상당 부분 타고난 것이기도 하다. 그래서 역량은 단기적으로 발휘되는 것이 아니라 장기적으로 드러나며 지속된다.

역량은 다음과 같은 특성들이 있다. ①업무 수행과정에서 나타나는 구체적 행동이며(수행성·가동성) ②조직의 변화를 지원하고 상황 대응적이며(맥락성) ③성과에 초점을 맞추며(성과 예측성) ④관찰과 측정, 육성과 개발이 가능하다(학습 가능성).

소프트 스킬, 하드 스킬

교육계 밖에서 논의되던 이러한 역량 개념이 학교 교육의 과제로 넘어온 것은 당연한 수순이었다. 로베르타 골린코프Roberta M. Golinkoff와 캐시 허시-파섹Kathy Hirsh-Pasek은 《최고의 교육》에서 위 역량들을 하드 스킬과 소프트 스킬로 구분하기도 한다.

하드 스킬은 쉽게 판별되어 시험을 본 뒤 시간 흐름에 따른 변화를 추적할 수 있는, 측정 가능한 결과물들이다. 전통적인 성적표에 나열된 과목들이 이에 포함된다. 수학·읽기·타이핑 등이다. 직장에서는 컴퓨터 프로그래밍, 기계 조종 또는 특정 과학적 기술에 대한 지식 같은 역량이다. 빙산 모델에서는 물 밖의 표층 역량, 유형적인 역량을 말한다.

소프트 스킬은 하드 스킬보다 인식하기도, 측정하기도 어렵다. 적응력·자율성·의사소통력·창의력·문화적 감수성·공감력·고차원적 사고력·팀워크 능력·책임감·리더십·학습력·설득력·조직력·목표지향성 등이다. 빙산의 물밑에 숨겨진 부분, 심층부가 더 크듯이 하드 스킬 외 무형의 많은 역량들이 거의 소프트 스킬에 해당한다.

핵심역량을 기르는 공부

'역량'에 대한 경제계와 학계의 고민은 교육계로 이어진다. OECD는 각국의 교육이 필요한 것들을 얼마나 잘 준비시키고 있는지를 파악하기 위해 1997년 DeSeCo프로젝트[26]를 시작하고, 1998년에는 PISA[27]를 기획, 국제적인 흐름을 선도한다. 21세기형 역량 교육이 공교육 안에서 왜 필요하며 어떻게 펼쳐지는지를 공유하고 점검하기 위한 움직임이었다.

핵심역량이 뭐길래

DeSeCo 프로젝트는 역량을 '지식이나 기능에서 나아가 특정하게 주

---

26) '역량의 정의 및 선택(Definition and Selection of Competencies)'이라는 이름으로 OECD가 주관한 1997~2003년간의 7년 프로젝트. 핵심역량(key competency)의 이론적 기초를 마련했다.
27) 1998년 OECD가 설계한 국제학업성취도평가(Programme for International Student Assessmen)의 약칭. 국가 간 학업성취도 비교를 통해 각국의 의무교육이 필요한 소양을 얼마나 길러주고 있는지를 점검하기 위한 진단평가다. PISA는 각국의 의무교육을 이수한 만15세 학생들의 읽기·수학·과학적 소양 등을 3년 주기로 측정, 교육 환경 변인과 성취도 사이의 관계를 파악한다. 평가 소양은 2000년 첫해 3영역을 기반으로 2003년에 문제해결력을, 2018에는 협업능력을 추가했

어진 상황에서 심리 사회적 자원을 이용하거나 동원하여 복잡한 요구를 성공적으로 해결하는 능력'이라고 정의한다. 삶의 전 영역에 걸쳐 모든 일을 가장 효과적이고 효율적으로 수행할 수 있는 능력을 말한다. DeSeCo 프로젝트는 그것을 '자율적 행동 역량, 사회적 관계 역량, 지적 도구 활용 역량' 등 3개의 핵심역량과 9개의 요소로 제시한다.

OECD DeSeCo 프로젝트 선정 미래사회 핵심 역량

핵심 역량	하위 구성 요소
자율적 행동 역량	• 조직 내에서 협력적, 자율적으로 행동할 수 있는가 • 자신의 인생 계획, 프로젝트를 구상, 실행할 수 있는가 • 자신의 권리, 관심, 한계 등을 옹호, 주장할 수 있는가
사회적 관계 역량	• 타인을 돕고 관계 형성을 잘 하는가 • 집단에 참여하고 협동할 수 있는가 • 갈등을 관리하고 해결할 수 있는가
지적 도구 활용 역량	• 언어, 상징, 텍스트 등 다양한 소통도구를 쓸 수 있는가 • 정보와 지식의 수집과 분석, 활용이 가능한가 • 새로운 기술은 적절히 익혀 활용하는가

민간 차원의 노력도 미국에서부터 시작되었다. 앞장을 선 것은 버니 트릴링Bernie Trilling과 찰스 파델Charles Fadel이었다. 그들의 문제의식은 '21세기에 학생들은 무엇을 배워야 하는가'였다. "현대의 교육시스템은 농경시대 달력[28]과 산업 시대 달력[29]에 맞춰져 있고, 중세 시대에 고안

지만, 여전히 인지능력 위주라는 비판이 이어짐에 따라 2021년에는 창의력을 추가하였다.
28) 여름 동안 학생들이 들에서 일할 수 있도록 허용.

된 교육과정[30]을 따른다. 이러한 그들의 생각은 "오늘의 학생을 어제의 방식으로 가르치는 것은 그들의 내일을 빼앗는 것이다."라는 존 듀이 John Dewey의 말이 연상되는 문제의식이다.

이 같은 점을 화두로 삼아 파넬과 트릴링은 2002년 민관협의체 P21[31] 설립에 참여한다. P21은 미국의 경제계 인사와 교육계 리더, 정부의 정책결정자들을 주축으로 미국 내 비영리 교육단체들과 첨단기술기업, 유명 영리 교육기업들도 함께 모인 민관협의체였다. P21은 2007년 미국 전역에서 설문조사를 거쳐 C로 시작하는 4개의 역량이 21세기에 필요한 핵심역량이라고 들면서 비판적 사고력, 창의력, 협동력, 소통력을 4C로 내세웠다.

▲ 비판적 사고력 Critical Thinking

검증되지 않은 콘텐츠들이 범람하는 정보 홍수의 시대에 진실과 거짓을 분별하는 안목이 없으면 바보가 된다. 정보의 바다에서 익사하고 만다.

특히 우리나라는 그동안 교과서와 방송에 주어져 왔던 절대 권위가 인쇄 매체와 영상물 범람 속에 쓰레기 정보와 가짜 뉴스를 가려 보는 눈을 흐리게 만들고 있다. '비판'에 대한 부정적 편견은 특히 심각하다. 건전하고 건설적인 비판조차 악의적 비방이나 비난으로 몰며 비판을 금기

---

29) 종소리에 맞춰 50분 수업.
30) 언어, 수학, 과학, 예능.
31) '21세기 스킬을 위한 파트너십(The Partnership for 21st Century Skills)'의 약칭.

시해 온 권위주의 통치체제 아래서 굳어진 풍토다. 그러함에도 아직 국가 수준 교육과정에서조차 비판적 사고라는 말을 쓰기 꺼린다. 이처럼 편견의 그늘이 짙을수록 중시해야 할 역량이다.

▲ 창의력 Creativity

"상상은 지식보다 중요하다. 지식은 현재 우리가 알고 있는 것에 국한되지만 상상은 우리를 둘러싼 전체 세계, 그리고 앞으로 우리가 알고 이해해야 할 그 모든 것을 포함하기 때문이다."

알베르트 아인슈타인의 말이다.

정보 홍수 시대, 그런 정보들을 창출하고 만드는 것도 역시 사람이다. 누가 만들까. 창의력 소유자다. 4C들이 대체로 AI가 인간을 넘어서기 어려운 역량들이지만, 그중에서도 창의력이 가장 최후의 영역이 될 것이다. 그런데 창의력이라고 하여 완전한 무에서 유를 창조하는 것만이 아니다. 가장 낮은 단계의 모방(복제)에서 변화, 결합, 변형, 독창적 창조 순으로 창의성의 수준을 높여가며 길러줄 수 있다.

▲ 협동력 Collaboration

20세기 우등생은 어려운 문제도 혼자 푼 사람이다. 그러나 21세기에 필요한 것은 쉬운 문제도 같이 풀려고 하는 미덕이다. 개인에게 우선 필요한 것은 자율적 문제해결력이지만 그것에 머물러서는 안 된다.

복잡다단한 세상은 혼자 풀 문제보다 같이 풀어야 할 문제들이 더더욱 많다. 모두에게 해당하는 큰 문제일수록 같이 풀어야 하고, 당사자들 모두가 해결의 주체로 참여해야 사회가 더 크게 발전한다.

▲ 소통력 Communication

복잡다단한 사회, 얽히고설킨 문제일수록 실마리는 숨겨져 있다. 그것을 찾는 데는 눈이 많을수록 좋고, 빨리 찾는 길은 소통하는 데 있다.

소통은 난제를 같이 푸는 데 가장 효과적인 묘방이자 만능키다. 운동경기 중 단체 종목들에서는 선수들 간의 시끌벅적할 만큼 소통이 활발한 팀일수록 협동과 연계 플레이가 잘 되는 법이다.

이상의 4C는 기본적인 핵심역량으로 각계의 견해들이 거의 공통된다. P21은 이러한 4C에 ▲다문화 이해력 ▲미디어 활용력 ▲진로 주도력을 추가해[32] 7C를 제시하기도 했다.

그리고 이 메시지는 각국으로 영향을 미친다. 중국, 호주, 일본, 한국 등 아태경제협력체 APEC 회원국들은 지역 내 국가들에서 교육의 미래를 위한 전략적 계획을 세워주도록 P21에 요청하기도 한다. 영국, 프랑스, 뉴질랜드 등 구미 각국에서는 이 개념이 교육과정에 적용된다.

그 흐름을 주도한 이는 파델과 트릴링이다. 파델은 '교육과정 재설계 센터(약칭 CCR)'를, 그리고 트릴링은 '21세기 학습 조언자'라는 민간 기구를 각각 만들고 선도역을 자임한다.

---

32) Cross cultural(다문화 이해력), Computing(미디어 활용력), Career(진로 주도력)

개별 학자나 단체들도 같은 취지의 제안을 내놓았다. 로베르타 골린코프Roberta M. Golinkoff는 2016년 4C에 ▲콘텐츠 ▲자신감을 추가[33]한 6C를 제안했다. 6C에서 특히 눈길을 끄는 것은 '콘텐츠'인데, 이것은 학교 수업이나 일상 속에서 즐겁게 배우고 익힌 내용들을 말한다. 골린코프는 이것이 중심이 되면 다른 역량들은 방치되지만 즐겨서 하는 딥러닝은 다른 역량들의 바탕이 된다고 덧붙인다.[34]

전미사립학교협회NAIP는 2017년 ▲분석적 창의적 사고 ▲마음의 습관 사고방식 ▲복합적 의사소통 ▲리더십과 팀워크 ▲진실성·윤리적 의사결정 ▲글로벌 시각 ▲디지털 양적 리터러시 ▲적응력·진취성·모험심 등 8대 역량을 발표하고, 켄 로빈슨은 2018년 4C에 ▲호기심 ▲시민성 ▲평정심 ▲연민을 더해[35] 8C를 제시하기도 했다.[36]

한편 우리나라는 교육부와 한국직업능력개발원이 2007~2010년에 걸쳐 개발한 대학생 핵심역량진단(K-CESA)[37]에서 '핵심역량'이라는 개념을 처음 적용한다. 케이-세사K-CESA는 성공적인 직무수행에 공통적으로 요구되는 핵심역량을 측정하는 대학생용 웹 기반 역량진단 도구

---

33) Contents(학습내용), Confidence(자신감)
34) 로베르타 골린코프&캐시 허시-파섹(2016).《최고의 교육》. 서울:예담 아카이브.
35) Curiosity(호기심), Citizen-ship(시민성), Composure(평정심), Compassion(연민)
36) 켄 로빈슨&루 애로니카(2018).《누가 창의력을 죽이는가》. 최윤영 옮김. 서울:21세기북스
37) K-CESA : Korea Collegiate Essential Skills Assessment. 대학교육을 통해 길러진 역량 수준을 파악하고 부족한 분야의 강화를 위해 마련됐다.

다. K-CESA에서 재는 역량은 ▲종합적 사고력 ▲자기관리역량 ▲의사소통 역량 ▲대인관계역량 ▲글로벌 역량 ▲자원/정보/기술 활용력 등 6개 역량이다.

2015년에 이르러서는 NCS(국가직무능력표준) 및 '유초중고 국가수준 교육과정'에 핵심역량 개념이 본격 적용된다. NCS란 산업현장에서 직무를 수행하는 데 필요한 능력(지식, 기술, 태도)을 국가가 직종별로 표준화한 것이다. 직업교육이나 기능훈련 시 이를 활용해 현장중심의 인재를 양성할 수 있도록 표준을 제시하는 것이다. 그 NCS에 직종별 전문적인 '직무수행능력'과 별도인 '직업기초능력'으로 ▲수리능력·자기개발능력·문제해결능력 ▲의사소통능력 ▲대인관계능력 ▲조직이해능력·자원관리능력·기술능력·직업윤리 ▲정보능력 등의 역량을 제시하고 있는데, 여기에 핵심역량 개념이 포함된 것이다.

'2015개정교육과정'은 우리 학교 교육에 핵심역량이 공식적으로 반영되는 기점이 된다. 교육과정이 추구하는 인간상 구현을 위해 교과교육을 비롯한 학교 교육 전 과정을 통해 중점적으로 기르고자 하는 역량으로 ▲자기관리역량 ▲지식정보 처리역량 ▲창의적 사고역량 ▲심미적 감성역량 ▲의사소통 역량 ▲공동체 역량 등 6개 역량을 제시하였다. 이 2015개정교육과정이 담고 있는 역량들과 국제기준과의 관련성은 다음 도표와 같다.

2015 개정 교육과정 핵심역량

핵심역량	국제기준 관련성	정의
자기 관리	Career	자아 정체성과 자신감을 가지고 자신의 삶과 진로에 필요한 기초능력과 자질을 갖추어 자기 주도적으로 살아가는 역량
지식정보처리	Computing	문제를 합리적으로 해결하기 위하여 다양한 영역의 지식과 정보를 처리하고 활용할 수 있는 역량
창의적 사고	Creativity Critical Thinking	폭넓은 기초 지식을 바탕으로 다양한 전문 분야의 지식, 기술, 경험을 융합적으로 활용하여 새로운 것을 창출하는 역량
심미적 감성	Aesthetic Emotional	인간에 대한 공감적 이해와 문화적 감수성을 바탕으로 삶의 의미와 가치를 발견하고 향유하는 역량
의사소통	Communication Collaboration	다양한 상황에서 자신의 생각과 감정을 효과적으로 표현하고 다른 사람의 의견을 경청하고 존중하는 역량
공동체	Community	지역·국가·세계 공동체의 구성원들에게 요구되는 가치와 태도를 가지고 공동체 발전에 적극적으로 참여하는 역량

 이를 통해 추구하는 인간상, 핵심역량, 학교급별 목표 간의 연계를 강화하여 학교 교육의 방향을 더욱 명료하게 나타내고자 하였다. 교과교육 과정을 핵심 개념 중심으로 구조화하고, 협력학습, 토의·토론학습 같은 학생 참여중심 수업과 과정중심 평가를 확대하는 등 수업과 평가 개선 방향을 제시하였다.

 핵심역량 설정과 관련한 외국과 우리 사례를 비교해 보면 한두 가지 특이점이 나타난다. 미국 등의 국제기준에서 예외 없이 중시하는 비판력 또는 비판적 사고력이 우리에게선 제외되거나 경시되는 점이다. 대학생 대상 K-CESA에는 '종합적 사고력'이라 하여 '비판'을 뭉그러뜨린 '사고력'을 넣는데, 일반인 대상의 NCS에서는 아예 그마저 제외했다. 유·초·중·고생 대상의 교육과정에는 창의력과 합쳐 '창의적 사고력'을 넣었고, 협동이나 협력 개념은 보이지 않는다. 그 대신 유·초·중·고생 대상 교육과정에는 '공동체 역량'과 '심미적 감성역량'을 넣고 있다.

2022년 하반기에 고시된 2022개정교육과정 또한 역량기반 교육과정이다. 2015개정교육과정과 같이 6개의 핵심역량을 설정하고 있는데, '의사소통역량'을 '협력적 소통역량'으로 바꾸었다. 제외했던 협력역량을 소통역량에 끼워 넣은 것이다.

한편 이런 역량 담론은 그 개념이 추상적이고 평가 등 결과 측면을 지나치게 강조한다는 비판을 받는다. 이에 OECD는 그 대안으로 2015년 'Education 2030' 프로젝트를 통해 새로운 역량의 틀을 제시하였다. 이 프로젝트에서는 역량이 지향하는 미래 교육의 비전을 '성공'에서 '웰빙'으로 전환하고 학생 주도성을 강조한다. (도표 참조)

DeSeCo와 교육 2030의 역량 비교

구분	DeSeCo	Education 2030
목표	*개인과 사회의 성공(success)	*개인과 사회의 웰빙(well-being)
개념	*특정 맥락의 복잡한 요구에 대하여 지식과 인지적·실천적 기능뿐만 아니라 태도·감정·가치·동기 등과 같은 사회적·행동적 요소를 동원시킴으로써 성공적으로 충족시키는 능력	*복잡한 요구를 충족시키기 위해 지식·기능·태도와 가치를 동원하는 능력 - 지식: 학문적, 간학문적, 인식론적, 정치적 - 기능: 한시적, 메타인지적, 사회적·정서적, 신체적·실천적 - 태도와 가치: 개인적, 지역적, 사회적, 세계적
특징	*핵심(key) 역량 - 경제적 활동에 중요한 역할을 하고, 개인적이고 사회적 유익을 야기할 수 있는 것 - 특정 분야만이 아니라 삶의 광범위한 맥락에 걸쳐 적용될 수 있는 것 - 모든 개인에게 중요한 것	*변혁적(transformative) 역량 - 학생들이 삶의 모든 영역에서 적극적으로 참여하면서 보다 나은 방향으로 영향을 미치려는 책임의식 - 학생들이 혁신적이고 책임감 있으며 의식적인 사람이 되는 데 필요한 것
범주	- 여러 도구들을 상호작용적으로 사용하기 - 이질적인 집단에서 상호작용하기 - 자율적으로 행동하기	- 새로운 가치 창출하기 - 긴장과 딜레마 조성하기 - 책임감 갖기
키워드	*성찰(reflectiveness)	*학생 주도성(student agency)

'OECD Education 2030 Learning Compass'에서 '나침반(Compass)'이란, 21세기 'VUCA 시대'적 상황 속에서 더 나은 미래를 향해 스스로 헤쳐나갈 수 있도록 길잡이 역할을 하겠다는 의미의 은유다.

역량 교육의 이런 전환은 '삶'의 가치를 더욱 접목한 것으로 볼 수 있다. 기존의 역량 개념만으로 인간이 살아가는 과정에서 필요한 능력들을 모두 포괄할 수 있을는지 불분명하다는 점을 고려, 역량은 '삶의 힘'으로 확대되면서 한층 폭넓은 모색으로 나아가고 있다.

핵심역량 분류표(종합)

핵심역량	De.Se.Co UNESCO ('97~05)	4C N E A (2001)	K·CESA (대학생핵심역량진단) 대한민국 교육부, 한국직업능력개발원 (2007~2010)	7C P21위원회 (2012)	8C 켄 로빈슨 (2015)	N.C.S (국가직무능력표준) 한국산업인력공단 (2015)	2015 교육과정 대한민국 교육부 (2015)	충북형 미래학력 충청북도교육청 (2015)	6C R. 콜린코프 (2016)	8대 역량 전미사립학교협 (2017)
창의성 창의력		Creativity	종합적 사고력	Creativity	Creativity		창의적 사고역량		Creative Innovation	분석적 창의적 사고
비판적 사고력	사아 실행의 주도성	Critical Thinking		Critical	Criticism				Critical Thinking	
주도성 자신감			자기관리 역량	Career		수리능력 자기개발능력 문제해결능력	자기관리 역량	자기주도 학습능력	Confidence	마음의 습관 사고방식
호기심					Curiosity					
의사소통력	감등관리	Communication	의사소통 역량	Communication	Communication	의사소통능력	의사소통역량		Communication	복합적 의사소통
협동력	협동력	Collaboration		Collaboration	Collaboration	대인관계능력			Collaboration	미디어 팀워크
시민성	사회적 상호작용		대인관계 역량		Citizenship	조직이해능력 대인관리능력 기술능력 직업윤리	공동체 역량	민주시민 역량		진실성, 윤리적 의사결정
평정	대인관계 능력				Composure					
연민					Compassion					
다문화 이해력			글로벌 역량	Cross-cultural						세계적 시각
미디어 활용력	도구 활용력		자원·정보·기술 역량	Computing		정보능력	지식정보처리 역량	사회적 감수능력		다양성 양성 리더쉽
기타	표현력 정보력 기술력					직무 기초 능력	심미적 감성 역량		Contents	적응력, 진취성, 모험심

직무 수행 능력

힘 있는 지식, 정의로운 지식

공부가 앎의 폭과 깊이를 확장해 가는 것인 만큼 공부의 대상에서도 지식의 비중은 절대적이다. 지식을 도외시하는 교육과정은 있을 수 없다. 경험론이나 구성주의조차 지식을 정립하는 방법론이기에 지식을 부정하는 것이 아니다. 다만 지식에 접근하는 방법론이 다를 뿐이다.

지식의 쓸모와 효용성은 인간이 처한 상황이 빚어낸다. 모든 지식의 가치는 사람이 부여하므로 사람과 상황마다 달라지기도 한다. 인간은 더 잘살아 보자는 의욕으로 생활 여건을 개선하며 문명을 일구어 왔다. 지식이 세상을 변화시키는 힘을 갖고 있기에 교육은 그 과정에서 인간의 성장과 세상의 진화를 촉진하는 활동이다.

정의로운 힘을 가진 지식

요즘 교육학계에서는 영국학자 마이클 영Michael Young이 주창한 '힘 있는 지식(powerful knowledge)' 개념이 주목을 받고 있다. 심성보에 따르면 이 개념은 '학력'을 넘어선 '역량' 교육의 시대에도 소홀히 하거나 경시될 수 없는 '지식교육'의 성격을 정립하는 데 참고할 만한 개념이다. 그동안 입시 위주의 단편적 지식교육의 폐해가 커 왔던 우리로서는, 그렇다 하여 지식 무용론이나 반지성주의로 빠질 수는 없다. 단편적 암기만을 중시하는 지식교육, 삶과 무관한 지식교육은 경계해야 하지만, 세계의 주역으로 성장하는 데 필요한 정의로운 지식, 사회를 변혁시킬 '힘 있는 지식'은 중시되어야 한다.

마이클 영은 지식이 개인의 경험으로는 얻을 수 없는 사회적·역사적 기원을 갖고 있다고 말하면서, '힘을 가진 사람들(the powerful)'의 지식이 아닌 삶에 유용한 '힘 있는 지식(powerful knowledge)'을 가르칠 필요가 있다고 역설한다. 영은 지식을 '이론적 지식'과 '상식적 지식' 두 유형으로 나눈다.38) 그중 상식적 지식은 학교에서 배우지 않고도 얻을 수 있지만 이론적 지식은 학교에서 체계적으로 필히 가르쳐야 한다.

이론적 지식은 세상의 질서를 변화시킬 힘을 가진다. 세상을 변화시키려면 상식(common sense)이 아닌 양식(good sense)이 필요하다. 이것은 비고츠키(Lev S. Vygotsky)의 '고등정신 기능을 고양시키는 개념적 지식의 힘'과도 통한다. 영은 이러한 이론적 지식이 갖는 비판적 기능을 바탕으로 새로운 지식의 창출까지 가능하다고 믿는다. 또한 지식교육을 통해 세계에 비판적으로 개입함으로써 사회정의를 지향하는 해방적 교육이 가

---

38) 이것은 뒤르켐(David-Émile Durkheim)뿐 아니라 허스트(P.H.Hirst)의 지식 유형들과도 비슷하다. 사회학의 종주(宗主)격인 프랑스의 뒤르켐은 지식을 '비전적(성스러운) 지식·세속적(일상적) 지식'으로 나누고, 전통적 교과의 가치를 옹호한 영국의 허스트는 '이론적 지식·실제적 지식'으로 나눈다.

능하다고 본다.

　영의 이러한 관점은 파울루 프레이리의 교육관을 같이 떠올리게 한다. 프레이리가 평생 천착한 화두는 '억압받는 이의 교육학'이었다. 그는 교육이 세상을 바꾼다는 믿음으로 헌신한 교육자이자 교육사상가다. 무지하고 억압받는 사람들을 일깨워 스스로 존엄성을 찾고 억압 상황을 극복하도록 하려는 데 생을 바쳤다.

　하지만 프레이리는 《페다고지》에서 '의식화' 교육의 방법을 강조할 뿐 구체적으로 내용까지는 제시하지 않는다. 학습자로 하여금 무기력을 떨치고 자신의 처지를 성찰케 하고, 과감히 문제 제기하며, 대화를 통해 각성하라는 것뿐이다. '무엇을 가르칠 것인가'는 교사와 학습자에게 맡겨 둔 측면이 크다. 다만 "교육은 가치 중립적이어야 한다."는 허위의식만큼은 떨쳐야 한다고 말한다. 중립성이야말로 해방을 가로막고 피억압자를 길들이는 이데올로기라는 것이다.

　마이클 영은 프레이리가 말하지 않은 '그 무엇'에 대한 대답인 양 '정의로운 힘을 가진 지식'을 가르칠 내용으로 제시한다. 영은 무엇이 좋은 교육이고 학교는 실제 무엇을 위한 것인지를 진지하게 파고든다. 그러면서 아이들에게 가르침과 배움의 즐거움을 줄 수 있는 정의로운 교과 중심의 교육과정을 제안한다. 2010년에 낸 그의 《지식과 미래학교》에는 힘 있는 지식이 이끄는 미래학교의 10가지 원칙이 제시되어 있다.

　　① 지식은 그 자체로 가치가 있다.
　　② 학교는 사회를 대표하여 공유된 강력한 지식을 전달한다.

③ 공유된 '힘 있는 지식'은 학습공동체를 통해 검증된다.
④ 아이들은 세상을 이해하고 해석하기 위해 '힘 있는 지식'이 필요하다.
⑤ '힘 있는 지식'은 일상생활에 필요한 지식보다 인지적으로 우수하다.
⑥ 공유된 힘 있는 지식은 아이들이 유용한 시민으로 성장할 수 있게 해 준다.
⑦ 공유된 지식은 정의롭고 지속 가능한 민주주의의 기초이다.
⑧ 모든 아이들이 이 지식에 접근할 수 있어야 하는 것은 공정하고 정당하다.
⑨ 공유된 지식 전달을 위해서는 어른의 권위를 수용하는 것이 필요하다.
⑩ 교수활동은 어른의 권위와 힘 있는 지식, 그리고 그것의 전달과 연계된다.

영이 제시하는 대안적 시나리오에서는 모든 아이들이 강력한 지식에 접근할 수 있게 하고, 이것을 교육과정 내에 점진적으로 확대해 나갈 것을 권한다. 그리고 학생들과 학부모들에게도 이런 지식의 습득이 가치 있으며 그들의 권리라는 점을 설득하고자 한다.

우리는 지식기반사회에 살고 있다. 세계를 움직이는 힘이 육체의 힘에서 기계의 힘으로, 다시 지식의 힘으로 이동했다. 지금 우리는 'VUCA 시대' 속에서도 지속 가능한 비전을 꿈꾸어야 한다. 그러기 위해서는 언제까지나 지식 소비자에만 머물 수는 없다. 거대한 전환을 위한 큰 공부를 해야 한다. 그 공부는 힘 있고 정의로운 변혁적, 혁신적 지식으로부터 시작해야 한다. 그런 학습자만이 수동적 지식의 소비자에 머물지 않는, 새로운 지식의 생산자가 될 수 있다.

지식을 만드는 힘, 사고력

'인간은 생각하는 동물'이라고들 흔히 말한다. 이 말은 동물 중에서 인간만이 유일하게 생각할 줄 안다는 뜻이다. 생각이 무엇이기에 인간의 전유물일까. 생각이란 지각이나 기억의 활동만으로는 충분하지 않은 경우, 어떻게 이해하고 또 행동해야 할는지를 헤아리는 활동을 말한다. 지각이나 기억은 다른 동물들도 할 수 있다. 그러나 '헤아리는' 것은 두뇌 용적이 큰 인간만이 가능하다.

마음속의 말, 사고

생각은 흔히 언어에 의해서 행해진다고 한다. 그러나 언어를 만든 것이 인간이기에 언어 자체가 생각의 산물임은 자명하다. 그렇다면 언어 이전에 생각이 먼저였음도 자명해진다. 하지만 언어가 생기고 언어를 학습한 뒤로는 인간들은 언어를 통해 생각을 하게 된다. 그러나 언어만으로 생각하는 것도 아니다. 흔히 자기 생각을 자기의 어휘력만으로 충분히 표현할 수 없는 답답함을 느낄 때가 있다. 이것은 생각이 말에만 매이지 않음을 뜻한다.

하지만 생각을 표현하는 수단으로서 말이 만들어짐에 따라 어휘력이 풍부할수록 생각도 풍부해지고 깊어질 수 있다. 언어를 통한 헤아림, 곧 생각을 사고思考라고 한다. 사고의 사전적 의미는 '무엇을 헤아리고 판단하고 궁리함', '개념, 구성, 판단 등을 행하는 인간의 이성 작용', '심상이나 지식을 사용하는 마음의 작용' 등으로 풀이된다. 사고의 범주에 포함되는 인지 활동은 문제해결, 추리, 창의력, 개념화, 기억, 분류, 상징과 계획, 읽기와 쓰기 등의 고등정신 활동 및 언어의 사용, 환경 내의 사물이나 사건을 지각하는 등의 인지 활동이다.

'사고력'은 '사물의 이치를 궁리하여 깨닫는 능력'으로 정의된다. 해결해야 할 모든 문제 상황에서 그 문제를 해결하는 과정에 관여하는 정신 능력이라고 할 수 있다.

사고는 언어라는 매개를 통해 대상을 표현하고 의미를 파악한다. 사람은 사고를 바탕으로 말을 만들어 내고, 사고의 결과인 언어를 통해 다른 사람에게 전달한다. 그리고 다시 언어의 힘을 통해 사고를 발전시킨다. 사고의 내용은 언어로 표현되고 언어를 통해 다시 사고하는 순환구조에 있다. 언어와 사고는 정확히 일치하지는 않지만 긴밀한 관계를 유지한다.

언어와 사고

행동주의 선구자인 왓슨John Watson은 사고를 '발성이 수반되지 않은 마음속의 말(inner speech)'이라며 언어와 사고를 동일시했다. 물론 발성

기관의 근육이 마비되어도 의식이 깨어 있고, 계산이나 기억을 할 수 있다는 점에서 언어와 인지는 서로 독립적이라는 것이 확인되었지만, 여전히 언어 표현은 사고 과정을 통해 드러나기 때문에 언어와 사고가 밀접한 관계에 있음을 부인할 수는 없다.

사고의 많은 부분이 언어를 통해서 이루어진다. 말하려는 것을 생각하지 않고는 언어를 사용할 수 없다. 그러므로 언어와 사고가 서로 밀접하게 관련되어 있다. 언어와 사고 간의 관계에 대한 네 가지 주된 견해가 있다.[39]

△ 언어가 생각의 방식을 결정하거나 영향을 미친다. – (워프Whorf '언어 상대성 가설')
△ 생각하는 방법이 언어 사용을 결정한다. – (피아제Piaget)
△ 언어와 사고는 독립적이지만 유년기에 상호의존적이 된다. – (비고츠키Vygotsky)
△ 언어와 사고는 독립적이다. – (촘스키Chomsky)

사고와 언어는 상호적 관계에 있으며, 사고가 언어를 통해 표현된다. 언어 상대성(linguistic relativity)이론은 반대로 언어가 사고에 영향을 준다고 한다. 워프의 언어 상대성 가설은 언어가 사람의 지각과 생각에 영향을 미친다는 것이다. 피아제는 언어 발달이 인지 발달의 결과라고 믿었

---

[39] 김규원(1991). 〈고차적 사고력 진작을 위한 조직론적 접근 시도〉. 《교육개발》 70(ED91-70). 서울:한국교육개발원. 103면.

다. 언어가 아동이 지닌 사고의 유형에 의존한다는 것이다. 비고츠키는 유아기에는 사고와 언어가 독립적이며 별개의 기원을 지닌다고 본다. 2살 때쯤에 사고와 언어가 연결되기 시작하면서 아동은 사고할 때 언어를 사용하기 시작하고, 그들의 발화는 사고를 표상하기 시작한다고 본다. 이때부터 언어와 사고는 상호의존적 관계를 시작한다는 것이 비고츠키의 생각이다. 그러나 언어와 사고의 상호의존성은 순식간에 일어나는 과정이 아니며, 이 둘은 2~7세에 걸쳐 점차적으로 상호의존적으로 변화된다고 본다.

사고력과 관련한 연구는 주로 교육학과 인지 심리학에서 이루어져 왔다. 인지 심리학에서의 사고란 '대상을 찾고 그에 대한 심리적 상태를 변화시키는 정신작용'이며, '이 정신작용을 운용할 수 있는 힘'을 사고력으로 규정한다. '사고력'이 주로 '문제해결력'과 관련 있는 것으로 생각하는 것이다. 사고 또는 사고력과 관련한 학자들의 견해들은 다음과 같다.

△사고란 지력이 문제해결의 과정에서 작용하는 과정이다. ― (듀이J. Dewey)
△사고란 문제해결에 필요한 지적 조작 과정이다. ― (산체스de Sanches)
△사고란 비판적 사고와 창의적 사고 등 고등정신 능력들이 상호작용하여 문제를 효율적으로 해결해 가기 위한 유목적적이고 의식적인 정신과정이다. ―(루지에로Ruggiero)
△효과적인 사고력이란 비판적 사고력과 창의적인 사고력을 포함하며, 이들은 궁극적으로 합리적 문제해결을 위한 필수 불가결한 고등 정신 과

정이다. —(무어Moore)

△모든 사고 능력은 삶에서 당면하는 문제에 현명하고 합리적으로 대처하는 능력을 신장시켜주기 위한 필수요건이다. —(존슨&존슨 Johnson&Johnson)

학지들의 일반적 견해에 따르면 사고가 일어나기 위해서는 대체로 3가지 요소가 필요하다. '지식'과 '성향', 그리고 '인지적 조작'이 그것이다. 사고는 백지 위에서 일어나지 않는다. 사고는 특정한 영역 속에서 일어나며 그러려면 그에 대한 지식이 있어야 한다. 그러나 지식만 가지고도 안 된다. 사고하려고 하는 습관이나 태도 등 성향도 필요하다. 그리고 그것이 힘을 가지려면 변별이나 분류, 비교, 분석, 종합, 유추 등 사고유형별 인지적 조작이 필요하다.

종래 우리 교육은 지식의 깊이 있는 이해와 지식을 사용하는 역량보다 지식의 양만을 강조해 왔다. 즉, 얼마나 많이 아는가만을 중시해 왔다. 그러나 서금하서나 바일리시 쌓듯이 쌓기만 한 지식은 힘을 깆지 못한다. 지식과 지적 능력은 분명히 구분된다. 지식이 사고의 재료가 되었을 때 지식은 비로소 가치를 갖는다. 지식을 지력화 하려면 지식에 지적 기능을 부여하는 조작이 필요하다. 이 조작력이 바로 지식에 힘을 불어넣는 힘, 사고력이 되는 것이다.

지식과 사고

지식 없는 사고도 있을 수 없다. 사고가 지식을 소재로 하여 이루어지기 때문이다. 그러나 사고의 깊이가 지식의 양과 일치하는 것이 아니다. 다만 지식이 풍부하면 다양하고 폭넓은 사고를 할 수는 있을 것이다.

사고력은 지식의 기능, 곧 지적 조작력이다. 사고력은 이해력, 적응력, 분석력, 종합력 및 평가력 등의 복합적인 지적 기능이다. 지적 기능의 복합성의 정도에 따라 단순 사고에서 고등사고로의 분류와 교육이 가능하다.

사고를 활성화시키기 위해서는 각 사고 발달 단계별로 사고력 향상이 어떻게 이뤄지는지 살펴볼 필요가 있다. 아래 제시한 표는 피아제의 인지 발달 단계에 매튜 리프먼Matthew Lipman이 언어적 특징을 대입한 것을 필자가 도식화한 것이다.

Piajet 인지발달 단계별 언어적 특징 – by Matthew Lipman

1단계 감각운동기	2단계 전조작기	3단계 구체적 조작기	4단계 형식적 조작기
~2세	2~7세	7~11세	11세~
자극에 반응 행동패턴 조직화	비체계적 비논리적 사고	구체적 대상에 체계적 논리적 사고	추상적 수준에서 체계적 사고 가능
한 단어 불완전한 문장	완성된 문장 문장 길어지고 다양	문자 언어 습득 어휘수 증가 문법적 능력	언어로 지적 조작 가능 문자 언어를 통한 지식 정보 전달 전수

사고발달단계의 특징은 아동의 나이별 언어 특징에서 찾을 수 있다. 아동이 완성된 사고발달단계인 형식적 조작기에 이르기까지는 거의 10년 이상이 걸린다. 이에 비해 아동이 전체 문장 발화시기와 같은 완성된

언어발달단계에 이르기까지는 6~7년이 걸린다. 여기서 알 수 있는 것은 사고발달단계는 언어발달단계 이후에 완성된다는 것이다. 즉 사고력다운 사고는 하나의 언어가 완전히 발달한 다음에 이루어진다는 것이다.

인간의 사고력은 앎이나 느낌 같은 것을 기호화하는 능력, 기호들을 일정하게 조작하는 능력, 새로운 생각을 만들어 내는 능력 등의 세 가지로 나눌 수 있다. 사고력이 이처럼 세 요소의 역동적 관계로 이루어진다면 학생들이 의미 있는 경험과 그에 대한 지식을 가능한 한 많이 습득해야 하며, 다양한 인지적 조작 능력을 길러야 한다. 그러기 위해서는 먼저 구조적 사고를 하는 습관을 기르는 것이 좋다. 구조적 사고란 아직 형태가 없는 문제에 대해 문제해결 프레임Framework을 씌우는 것이다. 구조적 사고를 통해서 해당 문제를 더 큰 관점에서 이해할 수 있고, 문제해결이라는 목표에 가장 빠르게 갈 수 있는 길을 세울 수 있다. 구조적 사고는 사람의 사고 능력을 키우는 훈련이라기보다 기존에 생각하는 방법을 조금 더 구조화시켜 논리적으로, 그리고 단계적으로 브레인스토밍을 하는 것이다.

사고력의 확장을 위해서는 고차적 사고(Higher-Order Thinking)의 훈련이 필요하다. 고차적 사고는 해결해야 할 문제가 현재의 지식을 틀에 박힌 대로 적용해서는 풀 수가 없을 때 생겨나는 것이다.

고차적 사고는 철학적으로는 듀이의 '반성적 사고'로부터, 심리학적으로는 비고츠키의 '고등정신기능'으로부터 영향을 받았다. 특히 매튜 리프먼에 의해 정의적 측면과 인지적 측면, 그리고 사회적 측면과 개인적 측면을 동시에 갖는 하나의 통합된 사고 체제로 개념화되었다. 리프먼은 고차적 사고의 범주를 비판적 사고, 창조적 사고, 배려적 사고로 나누고, 그 통합적인 작용에 주목하면서 이를 철학 교육적인 입장에서 기본적인 교육내용이자 목표로 삼았다. '어린이를 위한 철학'에 관심이 컸던 리프먼은 처음에는 고차적 사고의 범주를 비판적 사고와 창의적 사고 두 가지로 보았으나, 뒤에 배려적 사고를 추기했다. 리프먼도 고차적 사고력의 다양성을 인정하고 있고, 실제로 학자들에 따라 범주 구분이 다양하다. 이 책에서는 고차적 사고력을 논리적 사고력, 비판적 사고력, 창의적 사고력의 3범주로 보는 견해를 따르기로 한다.

사고력 교육은 논리적 사고력과 더불어 비판적 사고력의 교육이며, 비판적 사고력은 창의적 사고력 교육과 관련이 있다. 어떤 사물이나 현상에 대한 기존의 입장을 비판적으로 검토하는 힘은 비판적 사고력이며, 기존 입장이 적절하지 않아서 새로운 입장을 밝히는 능력은 창의적 사고력이다. 논리적 사고력은 '이치를 논하거나 따지는 사고'이다. 논리의 개념은 3가지 측면에서 고려되어야 한다.[40]

① 내용적 측면 : 사물의 이치
② 사고 과정적 측면 : 사고를 이치에 맞게 이끌어가는 과정
③ 구성적 측면 : 체계가 서는 갈피 또는 짜임새

---

40) 박종덕(2005).《국어 논술 교육론》. 서울:박이정. 13면 참조.

따라서 논리는 내용, 사고 과정, 구성으로 이루어진 말이며, 논리적 사고력은 내용과 사고 과정, 그리고 구성 모두를 아우르는 사고력이다.

비판적 사고력이란 비평하여 판단하는 사고력을 의미한다. 사물의 옳고 그름을 가려 판단하는 사고력이다. 흔히들 비판적 사고에 대해 '무엇을 믿고 무엇을 행해야 하는지를 결정하도록 도와주는 합당하고 합리적인 사고'로 정의한다. 무엇을 믿고 행해야 하는지를 알려면 사물의 옳고 그름부터 가려야 한다. 결국 사물의 옳고 그름을 가려서, 믿을 수 있으면 행하고 믿을 수 없으면 행하지 않으려는 사고를 비판적 사고로 본다.

창의적 사고력은 창의성을 지닌 사고력을 의미한다. '새로운 의견을 내는 사고력'이다. 새로움은 창의성의 핵심이다. 그러나 무에서 유를 창조하는 것이 아니라 기존의 사물과 관련이 있는 것으로부터 생겨나는 사고력이다. 창의적 사고력은 어떤 문제나 기존의 사물과 관련하여 새로운 관점을 착상해 내거나 대안적 가설을 세워 문제를 해결하려는 사고력을 말한다.

문제해결 능력은 인간의 지적 능력 가운데 가장 고차적인 능력이다. '새로움'이란 말과 관련이 있는 말로 독창성, 창조성, 상상력이 있다. 독창성은 남의 것을 본뜨거나 빌려다 쓰지 않고 독특한 무엇을 착상하거나 만들어 내는 것을 말한다. 그러나 독창성만으로는 창의적 사고가 되기 어렵다. 독창성이 있으면서도 본질을 벗어나거나 불합리한 것이 있을 수 있기 때문이다.

문제해결 능력

문제해결 능력에는 창의적 사고가 핵심 요소다. 창조성은 전에 없던 것을 처음으로 만들어 내는 성질 또는 창조적 특성을 의미한다. 다만 무에서 유를 창조하기보다 어떤 것에 대한 새로운 시각이나 관점을 가미하여 나타낸다는 뜻이 강하다. 이러한 의미의 창조성은 상상력과도 밀접한 관련이 있다.

상상력은 실제로 경험하지 않은 현상이나 사물에 대하여 마음속으로 그려 보는 힘을 말한다. 상상력은 시인이 남다른 시 구절을 떠올리듯 주관적인 창조 행위의 실체이다. 일상의 언어에 들어 있는 뻔한 의미를 뛰어넘거나 일상의 언어와 경험을 재구성하여 새로 만드는 생생한 창조력이다.

사고력은 지능과는 구별되는 독립적인 기능이며, 학습과 숙련을 통하여 배울 수 있고 향상할 수 있다. 지능은 인지능력이며 사고력은 지능을 효과적으로 이용하여 '지식을 만드는' 기능이다.

지식과 사고력에 대한 대비는 블룸Bloom의 정신 과정 분류 체계에서 파악할 수 있다. 그는 지식과 이해력을 기초 정신 과정으로, 적용력, 분석력, 종합력, 평가력을 고등정신과정으로 분류하였는데, 블룸의 정신 과정 분류 체계는 다음 표와 같다.[41]

---

41) 이명준 외(2005).《논술·면접 지도 요령》. 서울:한국교육과정평가원. 15면

Bloom의 정신과정 분류체계

기초 정신 과정	지식 (knowledge)		· 개별적 구체적 사상에 관한 지식 · 방법과 수단에 관한 지식 · 보편적 추상적 사상에 관한 지식
		이해력 (comprehension)	· 의미 파악 · 번역 / 해석 · 외삽 / 내삽
고등 정신 과정	지적 역량 (intellectual Skill)	적응력 (application)	· 추상 개념의 적용 · 방법 및 원리의 적용 · 이론 및 체계의 적용
		분석력 (analisis)	· 요소의 분석력 · 관계의 분석력 · 조직 원리의 분석력
		종합력 (synthesis)	· 독특한 의사 전달의 구안 · 계획 및 시행 절차의 구안 · 추상 관계의 도출
		평가력 (avaluation)	· 내적 준거에 의한 판단 · 외적 준거에 의한 판단

원래의 블룸의 이해력에 대한 설명에는 의미 파악과 내삽은 포함되어 있지 않다. 번역, 해석, 외삽만 들어 있다. 그러나 한국교육과정평가원의 필자가 이 영역에 의미 파악과 내삽을 포함시키는 것이 적절하다고 보고 추가한 것으로 보인다.

사고력의 종류

김종률(2010)은 고차적 사고력의 범주를 다음과 같이 제시한다.

범주 \ 유형	논리적 사고력			비판적 사고력			창의적 사고력		
기본적 사고력	분석 分析	종합 綜合	추리 推理	판단 判斷	평가 評價	분변 分辨	방안 方案	발상 전환 發想轉換	입체적 관점 立體的 觀點
복합적 사고력	해석 解釋	논증 論證	추론 推論	논단 論斷	비평 批評	변증 辨證	문제 해결 問題 解決		

위 도표로 분류된 각 사고력의 개념을 설명하자면 다음과 같다.(△=기본적 사고력, ▲=복합적 사고력)

■ 논리적 사고력

△ 분석(analysis) : 얽혀 있거나 복잡한 것을 풀어서 개별적인 요소나 성질로 나누는 것. 개념이나 문장을 더욱 단순한 개념이나 문장으로 나누어 그 의미를 명료하게 하는 것이다.

▲ 해석(interpretation) : 사물이나 행위 따위의 내용을 자세히 풀어서 총체적 의미를 판단하고 이해하는 일 또는 그 내용을 말한다.

△ 종합(synthesis) : 여러 가지를 한데 모아서 합하는 것. 개개의 관념, 개념, 판단 따위를 결합해 새로운 관념이나 개념을 구성하는 일이다. 더욱 완전한 건해나 체계를 형성하기 위해 부분이나 요소를 결합하는 것. 결과로 나온 정합적인 전체는 부분의 단순한 합보다 진리를 더 완전하게 보여주는 것으로 여겨진다.

▲ 논증(argument) : 결론을 지지하는 이유를 밝히는 절차. 이러한 절차는 전제로부터 결론을 연역할 수 있도록 구성된다. 사물의 이치에 대해 직감이 아니라 개념, 판단, 추리 따위를 들어 밝혀가는 것을 이른다.

△ 추리(reasoning) : 사리를 미루어서 생각하는 것. 즉, 이미 아는 사실을 전제로 하여 미루어서 다른 사실을 알아내는 것이다.

▲ 추론(inference) : 이치를 좇아 어떤 일을 미루어 생각하고 논하는 것. 주어진 정보나 전제에서 출발하여 어떤 긍정할 만한 논의 형태를

통해 결론을 끌어내는 것이다.

■ 비판적 사고력

△ 판단(judgment) : 어떤 대상에 대하여 무슨 일인지를 단정하는 인간의 사유 작용, 또는 그 언어 표현. 논리학에서는 명제라고 부르기도 한다. 어떤 사물의 진위나 선악, 미추 등을 생각하여 판가름하는 것이다.

▲ 논단(conclusion) : 논의하여 판단을 내리는 것이다.

△ 평가(evaluation) : 사물의 가치나 수준 따위를 판단하는 것. 어떤 대상의 가치를 규명하는 일이다. 성과 판단 교육, 가치 판단경제, 성능 판단공학, 인품 판단 면접 등 여러 가지가 있다.

▲ 비평(review) : 어떤 대상을 분석하여 장단·시비·우열·미추·선악 등을 평가하여 가치를 논하는 것.

△ 분변(discern) : 사물의 시비나 선악 따위에 대해서 구별하여 앎. 어떤 사물의 같고 다름을 가리는 것이다.

▲ 변증(dialectic) : 대상을 직관이나 경험에 의하지 않고, 개념을 논리적으로 분석하여 조금씩 인식하는 조작을 이른다. 사리의 옳고 그름을 밝혀 논증하는 것이다.

■ 창의적 사고력

△ 방안(solution) : 일을 처리하거나 해결하여 나갈 방법이나 계획이다.

△ 발상 전환(idea conversion) : 어떤 생각을 해내어 다른 방향이나 상태

로 바꾸는 것이다.
　△ 입체적 관점(steric perspective) : 하나의 사물을 여러 관점에서 포착하는 것이다.
　▲ 문제해결(problem solving) : 해결하기 어렵거나 난처한 일대상을 풀어 결말을 짓는 것이다.

　그러나 위 도표의 요소들은 아래위로 각각 대응하거나 한정됨을 의미하지는 않는다. 기본적 사고력과 복합적 사고력 간의 관련이 칸막이에 갇혀 아래위로 직결되는 것만으로 한정되지 않는다는 말이다. 기본적 사고력은 대체로 단일한 사고이면서 복합적 사고력의 토대가 된다. 또한 다른 복합적 사고력으로 넘나들기도 한다.

　반면 복합적 사고력은 '복합'이라는 말 그대로 그 유형의 기본적 사고력 외에도 다른 기본적 사고력을 '복합적으로' 취한다. 이를테면 논증은 추리나 판단 등을 통해 사물의 이치를 밝히기도 하며, 비평은 분석을 통하기도 한다. 문제해결은 분석이나 판단을 활용해 해결 방안을 제시한다.

　사고력의 요소들은 대체로 따로 작동하기보다 통섭적으로 작용한다. 논리적 사고력 중 하나인 논증은 비판적 사고력인 판단을 동원하기도 하며, 비판적 사고력인 비평은 논리적 사고력인 분석을 사용하기도 한다.

　또한 비판적 사고력인 변증은 논리적 사고력인 논증을 활용하기도 하며, 창의적 사고력인 문제해결은 논리적 사고력인 분석과 비판적 사고력인 평가를 동원하기도 한다. 특히 논리적 사고력의 하위범주에 해당하는 분석은 세 유형의 사고력 모두에 오고 가는 특성을 보여준다. 따라서 논리적 사고력, 비판적 사고력, 창의적 사고력은 서로 간에 통섭적인 관계를 맺고 있다.

공부는 **왜** 해야 하나

하버드대 도서관의 30훈?

하버드. 세계적인 '공부선수'들이 모여드는 곳. 40여 명의 노벨상 수상자를 내고, 오바마 등 미국 대통령을 8명이나 배출한 대학이다. 유수의 대학평가들에서 해마다 부동의 1위를 놓치지 않는 세계 제일의 명문대. 그래서인지 하버드 하면 곧장 '공부벌레'가 떠오른다.

학생들의 학구열로 밤새 불이 꺼질 줄 모른다는 하버드대 도서관은 두말이 필요 없는 그 대학의 심장부다. 그래서일까. 요즘 우리나라 학생들에게 공부의 필요성이나 근학의 동기를 일깨워 주려고 흔히 드는 것에 〈하버드대 도서관의 30훈〉이라는 것이 있다.

지금도 인터넷 검색창에 '도서관 30훈'을 쳐보면 국내 무수한 사이트들에서 명문으로 모셔지는 예들이 화면을 채운다. 아예 그럴싸하게 영어 원문(?)까지 덧붙인 곳도 있다.

인터넷에 떠도는 가짜 선동

그러나 조금만 눈여겨보면 하버드의 심장부에 공공연히 내걸릴 내용으로 보기에는 갸우뚱거려지는 내용들이 적지 않다.

* 행복은 성적순이 아닐지 몰라도 성공은 성적순이다.
* 지금 흘린 침은 내일 흘릴 눈물이 된다.
* 개같이 공부해서 정승같이 놀자.
* 학벌이 돈이다.
* 지금 이 순간에도 적들의 책장은 넘어가고 있다.
* 한 시간 더 공부하면 아내의 얼굴이 바뀐다.

정말 이런 낯 뜨거운 문구들을 세계적인 석학들과 인재들이 좌우명으로 삼자고 내걸어 놓고 있을까? 이런 의구심을 필자보다 먼저 가졌던 이도 있었던 것 같다. 도서관학자 한 분이 마침 그 도서관에 갈 기회가 있어 정말로 그것이 어디 걸려 있는지 찾아보았다고 한다. 그런데 비슷한 낙서조차 찾을 수 없더란다. 사서에게 물어봤다가 도리어 이상한 사람 취급을 받고 말았더란다. 2009년 《월간 에세이》에서 보았던, 최정태라는 도서관학자의 술회다. 하긴 30가지를 훑다 보면 내용이 그럴싸한 구절도 없지는 않다.

* 내가 헛되이 보낸 오늘은 어제 죽은 이가 그토록 갈망하던 내일이다.
* 불가능이란 노력하지 않는 자의 변명이다.
* 노력의 대가는 이유 없이 사라지지 않는다. 오늘 걷지 않으면 내일은

뛰어야 한다.
* 가장 위대한 일은 남들이 자고 있을 때 이뤄진다.

아무래도 미심쩍다. 영어 문장까지 병기된 것을 보면 다른 나라 사이트들에도 당연히 뜰 만한데 정말 있을까. 출처가 있는 낱개의 문장들 말고, 'Harvard library 20 mottos'나 '30 Quotes at Harvard library'라는 제목으로 묶인 것을 찾아보니 중국과 일본 사이트에는 적잖이 나온다. 그리고 이 검색어들 뒤에 'nonsense'를 붙이니 하버드대를 비롯해 외국인들의 블로그나 사이트들에 조롱거리로 실려 있다. 아뿔싸! 동아시아권에서 누군가 자기 입맛대로 만들거나 조합해서 하버드를 판 거 아닌가. 그게 사실이라면 그럴싸해 보이는 것들조차 쓰레기 정보다.

그 문구들에 담긴 인식의 천박성을 보건대 그냥 덮고 넘어갈 일이 아니다. 하버드대 명성에 흠이 가는 것 말고도 우리 학생들의 면학 동기를 어지럽힐 수 있기에 더욱 그렇다. 필자는 이에 대한 의구심과 문제점에 대해 2010년부터 기회 있을 때마다 지면들을 통해 제기해 왔었다. 그러다 최근에 그 내력을 제대로 알게 되었다.

쓰레기 정보의 내력

인터넷 오픈 백과 〈나무위키〉 하버드대학교 항목의 '몇 가지 일화' 부분을 보면 관련된 여담이 실려 있다. 2007년, 하버드 도서관 벽에 '오전 4시까지는 자리를 뜨라.'는 문구가 있다는 낭설이 애초의 근원이라는 것이다. 그것이 씨가 되어 중국에서 '하버드대 도서관 20계명'이 처음 만들어진 것이 발단이었다고 한다. 이 때문에 한국에서는 2014년《하버드 새벽 4시 반》이라는 중국인의 책이 나돌고, "하버드생들은 새벽까지 밤새워 공부한다더라."는 헛소문이 퍼지기도 했다는 것. 심지어는 새벽의 도서관 사진까지 증거인 양 나돌기까지 할 정도였다고 한다. 하여, 하버드대 출신자들과 도서관 측은 도서관 내부를 사진으로 공개하고, 밤 11시면 문 닫는다고 일축하기도 했다고 한다.

이후 2008년 한 중국인의《하버드대 도서관》이란 책에 다시 이 거짓 20훈을 사실처럼 썼고, 그 책이 베스트 셀러가 되면서 동아시아 특히 중국과 한국에서는 이 거짓이 날개를 단다. 게다가 2010년경 한국에 전파되면서부터는 20개가 30개로 불어났단다. 그렇게 동아시아권에서 잘못된 정보가 번져가자 2012년 하버드대와 도서관 측은 직접 조사를 거쳐 거짓임을 명확히 하기에 이른다. 그리고 그 내용이《월 스트리트 저널》에 기사로도 실린다. 벌써 10년도 더 지난 기사여서 현재는 해당 사이트 리뉴얼과 변경으로 검색은 되지 않지만, 당시의 저널 제목과 게재일은 알 수가 있다.[42] 그것이 최근에는 다시, 30훈이 40훈으로 늘어났다는 얘기까지 들린다. 게다가 이번에는 그 진원지가 중국 아닌 한국이라는 의심을 받고 있다고 한다.

우리 교육의 양상은 이미 동아시아 교육의 전형이 되어 버렸다. 해당

---

42)《The Wall Street Journal》, "중국의 학생 세대는 하버드에 대한 거짓 정보로부터 영감을 얻는다(A generation of Chinese students draws inspiration from a hoax about Harvard)." Nov 15th, 2012 #1 #2

학교의 사실 확인과 네티즌 수사대의 참여까지 있었음에도 거짓 신화가 독버섯처럼 확산된 데에는 한국의 교육 풍토가 온상이 되어 준 연원도 있다. 인터넷 대중화로 만들어진 정보의 바다일수록 거짓 정보가 나돌 공간도 그만큼 늘어난다. 그러니 확산도 쉽고 조롱당할 리스크도 커진 것이 우리 교육의 눈먼 공부 행태다. 하버드대의 첫 조사 발표 때 중국이 조롱당했던 그 도마 위에 한국 학생들의 눈먼 신조가 오를 날이 머잖은 듯하다. 어쩌다 이 지경까지 된 것일까.

크로노스 콤플렉스와 부모의 기대

부모·자식 간의 사랑을 이르는 말로 '내리사랑·치사랑'이 있다. 부모의 자식 사랑(부성애·모성애)을 내리사랑, 부모에 대한 자식의 사랑(효)을 치사랑이라 한다. '내리사랑은 있어도 치사랑은 없다'는 말은 자식에 대한 부모의 사랑은 동물적 본능이어서 저절로 생겨나지만, 자식의 효도는 본능이 아니고 도리여서 배우고 노력하지 않으면 저절로 생겨나지는 않는다는 뜻이다.

그런데 이 내리사랑·치사랑이 공부의 동기가 될 수도 있다. 자식을 위하는 부모 마음이 자식의 공부에 투사될 수도 있고, 자식의 '열공'이 효도의 방법일 수도 있다. 세계적으로도 유별난 한국 부모들의 자식 교육열은 한국의 근대화에 주요 동력원이 되었다. '열공'으로 입신출세하여 집안의 자랑이 된 효자·효녀들의 성공 신화는 한국의 학생들에게 가장 잘 '먹히는' 동기부여 기재이기도 하다. 다만 이러한 동기는 공부의 본질 등에 터를 둔 내재적 동기가 아닌 '외재적' 동기라는 점이 한계다. 외재적 동기는 내재적 동기를 갉아먹을 정도가 되다 보면 오히려 역기능이나 부작용도 커지게 된다.

새들이 날갯짓을 익히는 과정을 보면 자연스러운 학습의 원리가 비친다. 어미는 새끼에게 날갯짓을 본능적으로 '시킨다'. 하지만 어미가 해 줄 수 있는 것은 많지 않다. 날갯짓 시범을 보이거나 먹이를 물고 좀 떨어진 데 앉아 기다리면서 새끼가 날개를 파닥이며 다가와 받아먹도록 유인하는 게 고작이다. 인간의 자식 뒷바라지도 크게 다르지 않다. 다만 성장 기간이 유독 길고 자립에 필요한 조건들이 복잡한 사람의 경우 부모 역할이 제한될수록 자식 교육에 대한 걱정은 커진다.

자식 사랑의 민낯

인류 초기 문명인 메소포타미아의 수메르 점토판에도 그런 내용이 나온다. 새뮤얼 크레이머Samuel Noah Kramer의 《역사는 수메르에서 시작되었다》에 소개된 내용을 보면, 자녀를 다그치는 부모 모습이 요즘 극성 학부모와 빼닮아 있다.

"어디에 갔었느냐?"
"아무 데도 가지 않았어요."
"아무 데도 가지 않았다면, 왜 집에서 빈둥거리고 있지? 학교에 가고, 너의 '학교 아버지'[43] 앞에 서고, 너의 과제물을 암송하고, 너의 책보를 열고, 너의 점토판에 필기를 하고, 너의 큰 형제가 새 점토판에 너를 위해 써 주도록 해라. 너의 과제를 끝내고, 너의 감독관에 보고한 뒤 나에게 와라. 그리고 거

---

43) 수메르의 학교들에서는 교사를 '학교 아버지', 학생을 '학교 아들'로 불렀다. 이것은 동양의 군사부일체 의식을 연상케 한다.

리에서 방황하지 마라. 내가 한 말 알아듣겠느냐?"

"알아요, 나중에 말씀드릴게요."

"지금 말해라."

"나중에 말씀드릴게요."

"어서 말해라."

TV 드라마 《SKY캐슬》에 그려진 극성 학부모의 들볶음이 연상되기도 한다. 수메르 기록물에는 그 외에도 가르치는 과정마다 체벌이 따르고, 교사의 환심을 사려고 선물 공세를 하는 모습도 나온다고 한다. 당시 초보 수준의 교육방식이나 시설 등을 엿보게 하는 풍속도지만, 특히 부모의 욕망이 자녀에 투사되는 모습은 원초적이면서도 유구한 것임을 엿보게 한다.

부모들의 유구한 다그침

이처럼 부모의 기대를 공부의 동기로 삼는 데에는 특히 유념할 것이 있다. 그리스 신화에 원형을 둔 '크로노스 콤플렉스 Kronos complex'가 그것이다. 크로노스 콤플렉스는 부모가 자식의 가능성을 차단하고 부모의 틀 속에 가두는 심리를 말한다. 그리스 신화 속 제우스의 아버지인 크로노스는 자식에게 죽임을 당하고 권좌를 빼앗길 거라는 불길한 신탁을 듣고 자식인 제우스를 삼켜 뱃속에 가둔다. 현대 심리학은 이 이야기를 빌어 자녀의 잠재력을 무시하고 주체적이지 못하도록 강압하는 부모의 심리를 지칭하는 용어로 삼았다.

크로노스 콤플렉스를 가진 부모는 자식이 그 기준이나 기대에 부응치 못하면 자식을 강박하고 자식 앞에 난폭해지기도 한다. 자신의 기대에 따르지 못하는 사도세자를 다그치다가 뒤주에 가둬 죽음으로 몰고 간 영조 임금 일화도 그 한 예다.

인정받기 위한 공부, **파에톤** 콤플렉스

　그리스 신화에는 인격화된 신들의 이야기가 많이 나온다. 그래서 그것들이 인간의 행동과 심리를 설명하는 원형으로 많이 쓰인다. 부모·자식 간의 이야기가 심리학에 원용된 사례는 앞서 소개한 크로노스 콤플렉스 외에도 꽤 있다.[44] 지나친 인정 욕구에서 비롯되는 파에톤 콤플렉스Phaethon complex도 그 하나다.

　파에톤은 태양신 헬리오스Helios와 에티오피아 왕비 클리메네Clymene 사이에서 난 반신반인의 혼외자다. 그는 신의 피를 받고도 인간계에 살다 보니 어릴 적부터 '아버지 부재 증후군' 같은 결핍감을 갖고 있었다. 이름은 태양처럼 '빛나는 자(파에톤)'라고 불렸지만, 아버지도 모르고 양아버지(에티오피아 왕)에게도 그리 사랑을 받지 못했다. "왜 내겐 아버지가 안 계시나요?" 하고 거듭 캐묻는 아들에게 어머니는 뒤늦게야 출생의 비밀을 일러준다. "너는 태양신의 아들이다." 그 말을 들은 파에톤은 그

---

44) 오이디푸스 콤플렉스, 엘렉트라 콤플렉스, 페드라 콤플렉스, 파에톤 콤플렉스 등이 있다.

제야 가슴을 펴고 으스대고 다녔다. 그러나 아무도 믿어주지 않았다.

마침내 파에톤은 어머니를 졸라 아버지를 찾아간다. 그리고 아들임을 증명해 달라고 한다. 아들을 뒤늦게 만난 헬리오스는 그동안 돌봐 주지 못한 안쓰러움에 뭣이든 원하면 들어주마고 약속을 한다. 그 말에 귀가 번쩍 띈 파에톤은 아버지의 태양 마차를 한번 몰아보고 싶다고 한다. 날개 달린 천마들이 하도 사나워 그 마차는 헬리오스 말고는 아무도 몰지 못하는 터였다. 헬리오스는 엉겁결에 약속을 하고, 금방 후회했지만 물릴 수는 없어 마차를 내주고 만다. 그리고 신신당부를 한다. '반드시 너무 높지도, 너무 낮지도 않게 하늘의 중간으로만 몰고 가라'고.

새벽이 되자 파에톤은 태양 마차를 몰고 하늘로 날아올랐다. 그러고 얼마나 지났을까. 생전 처음 마차를 모는 파에톤은 사나운 말들을 제대로 제어하지 못해 그만 고삐를 놓치고 만다. 마차는 천방지축으로 내달렸다. 너무 높이 날아 대지를 얼어붙게 하는가 하면 너무 낮게 날아 지상을 온통 불바다로 만들기도 했다. 아프리카 북부에 사막이 생기고 에티오피아인들의 피부가 검게 그을린 것도 그 때문이었다. 천지가 혼란의 회오리 속에 들고 폭주하는 마차 위에서 파에톤은 속수무책이었다. 마침내 보다 못한 제우스가 마차에 번개를 내리치고야 말았고 파에톤도 불덩이에 휩싸여 버렸다. 태양 마차는 헬리오스가 나서서 겨우 다시 제어하였다.

결핍은 과시를 낳고

파에톤은 사실 인간계에서 왕자로 지내도 그리 부족함은 없었다. 그럼에도 굳이 신의 아들로 인정받으려고 과욕을 부리다 재앙을 당한 것이다.[45] 사람 심리에도 이 같은 상황이 있을 수 있기에 이를 심리학 용어로 '파에톤 콤플렉스'라 한다.

파에톤 콤플렉스는 성장 과정의 애정 결핍으로 주변의 관심과 인정을 갈구하고 뒤늦게나마 채우려는 보상적 강박증이다. 칭찬이나 인정에 목말라 자신의 작은 성취도 자랑하거나 과시하고자 하며 어떻게든 자기를 내보이고 한다. 파에톤은 자신이 태양신의 아들이라는 것을 굳이 드러내려고 했다. 이런 인정 욕구는 남의 기대나 시선을 의식하는 강박관념의 소산이다.

인간은 자신뿐 아니라 남들에게까지 인정받고 싶어 하는 욕구가 있다. 이것을 바탕으로 자신감이나 자존감이 생기기도 하는데, 이는 생리적 욕구를 넘어서는 심리적 욕구다. 자기 능력을 남들에게 인정받는 일은 자신의 존재감과 가치를 확인하는 일이다. 자신이 가치 있는 존재라는 믿음은 자기 삶의 의미뿐 아니라 삶의 보람과 목표를 갖게 하는 기제다.

---

[45] 그리스 신화에는 비슷한 예가 하나 더 있다. 다이달로스(손재주 장인)의 아들 이카로스의 경우다. 하지만 두 신화는 비슷하면서도 초점이 다르다. 파에톤의 과욕은 '인정과 과시' 욕구에서 나온 것이지만, 이카로스의 과욕은 '과도한 이상理想 추구'의 결과라고 다르게 본다.

이러한 욕구는 남과의 비교나 대결, 투쟁 등을 통해 확인되고 평가된다. 그래서 인정 욕구를 승부욕의 하나로 보기도 한다. 강한 승부욕은 좋은 능력을 의미 있는 곳에 쓴다면 세상의 진화에 기여하는 긍정적 측면이 있다. 그러나 상급자의 위치에서 하급자를 무시하고 군림하려 들거나 지위를 지키려고 편법을 쓴다면 당연히 독이 된다.

공익에의 기여, 공적 자아의 완성

찰스 다윈Charles R. Darwin을 비롯한 진화론자들은 같은 생물종 내의 생존경쟁을 숙명과 같은 것으로 본다. 그 경쟁에서 이긴 개체만이 살아남고(적자생존) 그것이 진화의 주된 요인이라고 믿는다. 그러기에 살아남기 위한 경쟁은 자연의 섭리로 당연시한다.[46]

토마스 홉스Thomas Hobbes가 보는 자연 상태는 '만인에 대한 만인의 투쟁'이 불가피한 생존경쟁의 장이다. 재화가 한정된 상황에서 제 몫을 안 챙기면 살아남을 수 없으니 각박하게 경쟁할 수밖에 없다는 것이다. 그런데 사람 사는 세상이 그렇게 되면 동물들의 정글과 같아진다. 그래서 인위적 안전장치인 사회계약으로 만든 것이 국가와 같은 사회제도다.

그러나 크로포트킨P.A.Kropotkin은 모든 동물이 원래부터 경쟁보다 협

---

46) 다만 인간사회는 지적 노력으로 경쟁을 완화하는 미덕이 발휘될 수는 있다고 본다.

력으로 생존과 진화를 이뤄왔다고 본다.47) 생존 수단을 놓고 같은 종의 개체들이 벌이는 투쟁은 제한된 범위 내에서 산발적으로 나타날 뿐이다. 툰드라 지대의 동물들도 혹한 속에 먹잇감이 떨어지면 그 시련을 벗어나는 데 기력을 쏟느라 동종 내 다툼 따위는 매달릴 여지도 없다는 것이다. 적응한 자만 살아남는다는 적자생존론도 자연이라는 공동의 적(극한상황)에 맞선 '상황 대응 전략'이시 '너 죽어야 나 산나'는 식의 동종내 제로섬 전략이 아니라는 것이다.

케슬러도 자연 속에 상호투쟁과 상호부조가 모두 작동하지만, 생존에 더 효과적인 것은 상호부조라는 입장이다. 그 상호부조의 근원을 케슬러는 모성애로 본다.

경쟁을 이기는 협력

크로포트킨은 동물들의 이타적 행동의 또 다른 동기를 찾아낸다. 그는 독일의 대문호 괴테Johann Wolfgang von Goethe의 일화에서 힌트를 찾았다. 괴테 비서가 어느 날 괴테에게 굴뚝새 일화를 들려준다. 그 비서는 어미를 잃은 굴뚝새 새끼 두 마리를 잡아서 돌봐 주다가 어느 날 그만 놓쳐버렸다고 한다. 그런데 다음 날 그것들을 정원 내 개똥지빠귀 둥지에서 찾았는데, 개똥지빠귀 어미가 제 새끼들과 함께 돌보고 있더라는 것. 그 얘기를 듣고 괴테는 "만일 낯선 종에게도 먹이를 베푸는 행위가 모든 자연계에 일반적 법칙으로까지 받아들여지게 되면 많은 수수께끼가 풀

---

47) P.A, 크로포트킨, 《만물은 서로 돕는다》, 김영범 옮김(2005). 서울:르네상스.

릴 것"이라며 후학들에게 영감을 제공했다는 것이다.

 아프리카 초원의 반추동물들의 경우 맹수의 공격을 받으면 본능적으로 둥글게 방어진을 친다. 들소는 사자에게 잡힌 동료를 구하려고 천적에게 돌진하기도 한다. 북미 로키산맥의 늑대들은 먹잇감을 무리 지어 사냥한다. 크로포트킨은 그 행동들의 근원에 동정심이나 동료애 너머의 것이 있다고 본다. 기나긴 진화과정 속에서 서로 협력하고 돕는 힘의 크기를 자연히 알게 되고 공조와 연대 등 사회적 삶에서 얻는 공동의 이익과 기쁨이 몸에 배어서라는 것이다.

 군집 사회를 이루는 동식물들이 꼭 약한 존재들이어서만은 아니다. 개미나 벌 같은 곤충들뿐 아니라 먹이사슬의 꼭대기에 있는 사자나, 사자보다 약자라 볼 수 없는 코끼리조차 무리 지어 산다.

 인간 역시 집단을 이뤄 사는 사회적 동물이다. 가정과 마을, 씨족, 부족을 거쳐 국가라는 공동체를 이루며 그 속에서 살아왔다. 군집 내 사회생활은 구성원들의 관계 맺기와 역할 분담으로 이루어지고, 그것을 통해 공동의 이익을 만들어 간다. 그러나 그 안에 작동하는 동인은 다른 동물들과 인간이 구별된다. 동물들은 본능으로 그렇게 하지만, 인간은 본능에 의식적인 노력까지 더해 헌신의 미덕을 익혀 간다. 그 미덕 중 하나가 '공동체 의식'이다.

 공동체 의식은 자신이 어떤 집단의 일원이라는 소속감이다. 자기 집단이 자기를 지켜주는 울타리라는 든든함 속에서 자신도 그에 무언가 기여하고 싶어 한다. 그 힘이 모여 공동체가 유지·발전된다.

사람이 만든 최대 공유물

인간의 삶에 가장 큰 영향력을 발휘하는 공동체는 가정과 국가다. 가정은 인간이 태어나면서부터 만나는 혈연공동체요 살아가는 동안 의식주를 함께 해결하는 생활공동체다. 인간이 가장 먼저 소속되어 죽을 때까지 길흉화복을 함께 나눌 운명공동체이기도 하다. 그에 비해 국가는 서구적 개념으로는 개인의 집합체지만 동양적(유교적) 개념으로는 가정의 확장판이다.

국가는 개인과 가정이 보호받고 기댈 수 있는 가장 큰 조직이다. 사회적 동물인 인간이 만든 최대 규모의 공유물로서, 예나 이제나 인간이 그것을 떠나서는 살아가기 어려울 정도다.

나라를 지탱하고 지키는 것도 헌법적 주체인 국민 몫이다. 국가는 국민의 의무로 유지된다. 국방과 납세, 교육과 근로 등이 4대 핵심 의무다. 국방과 납세의무는 필수 의무이고 교육과 근로 의무는 의무이자 권리인 측면도 있다. 국민의 권리를 보장하는 것은 국가이기에 교육과 근로는 국가의 의무이기도 하다.

혈연공동체인 가정에 대한 사랑(가족애)은 본능적인데 국가라는 공동체에 대한 사랑(애국심)은 절로 생겨나지는 않는다. BC 5세기 아테네 민주정의 지도자 페리클레스는 "공적인 일에 참여하지 않는 인간은 해를 안 끼치며 조용히 사는 게 아니라 쓸모없는 인간"이라고 선언하기도 했다. 시민들의 적극적인 참여로 공적 영역이 활성화될 때 민주주의가 가능하고 그 아래서만 인간답게 살 수 있다는 것이다.

18세기 루소도 국가가 더 좋게 구성되면 될수록 시민들의 마음속에서는 공적인 것이 사적인 것을 그만큼 압도한다고 설파했다. 이러한 언명들은 사회의 공공성을 추구하는 삶이 인간적 삶의 본령임을 밝히는 것이다.

오늘날까지도 국가는 종교나 민족과 함께 개인에 가장 큰 위력을 발휘하는 개념이다. 만약 우리에게 국가라는 공동체가 없다면 어떤 상황이 될까. 우리는 태고 시절 조상들처럼 '만인의 만인에 대한 투쟁' 속에 생명과 재산을 스스로 지켜가야 할 것이다. 일제 강점기 만주벌판을 헤매던 선조들, 수천 년 나라 없이 설움 받던 유대인들과 지구촌 곳곳에서 지금도 생겨나는 난민들의 디아스포라 *diaspora*를 떠올려 보면 나라의 존재를 실감하게 된다. 그렇기에 애국심으로 국가에 헌신하는 사람은 당연히 존경과 추앙을 받는다.

더 큰 나 = 공적 자아

중학교 국어 교과서에 실린 다음 글 속 '어머님보다도 더 크신 어머니'가 바로 조국이다.

> 어머님! 어머님께서는 조금도 저를 위하여 근심치 마십시오. 지금 조선에는 우리 어머님 같으신 어머니가 몇 천 분이요, 몇 만 분이나 계시지 않습니까? 그리고 어머님께서도 이 땅에 이슬을 받고 자라나신 공로 많고 소중한

따님의 한 분이시고, 저는 어머님보다도 더 크신 어머님을 위하여 한 몸을 바치려는 영광스러운 이 땅의 사나이외다.

소설 《상록수》의 작가 심훈의 편지다. 당시 경성고보 학생이던 19세 심훈이 기미년(1919년) 3·1 독립만세운동에 참여했다가 서대문 형무소에 수감된 뒤 모친에게 보냈던 편지글의 일부다.

도산 안창호는 흥사단 동지들에게 '소아小我를 버리고 대아大我를 찾자'는 것을 강조하곤 했다. 작은 나와 큰 나. 사소한 이익과 자잘한 뜻에 매인 '개인적인 나'를 넘어 공익과 대의에 사는 '우리로서의 나'를 찾자는 것이다. 석가모니 부처의 '천상천하유아독존天上天下唯我獨尊'도 '하늘 위, 하늘 아래 오직 나만이 존귀하다'는 뜻이다. 이때의 유아唯我도 소아 아닌 대아다. 그래서 '나만이'가 아니라 천지간의 뭇 생명이 '나처럼' 존귀하다는 뜻이다.

인간의 **기계화**와 공부 기계

20세기 들어 2~3차 산업혁명이 이어지면서 급속한 공업화와 기계화 이면에 비인간화 그늘도 짙게 드리운다.[48] 국가 주도 공교육에는 양질의 노동 인력 양성의 필요가 반영된다. 산업화 흐름 속에서 유능한 기능 인력 수요가 쏟아진 것이다. 유능의 표준은 기계였다. 기계적 메커니즘이 공업 기반 사회의 작동 원리가 되고 생산성·효율성 제고가 시대정신이 된다. 교육 사조도 실사구시의 교육 방법론들이 주류가 되었다.

기계의 특성인 정확성·신속성이 사람에게도 잣대가 된다. 학생들도 문제의 정답을 재빨리 찾는 공부 기계(learning machine)가 되어야 했다. 그 흐름이 대표적으로 나타난 것이 대한민국이었다. 한국은 산업화 시대의 모범으로 불린 고도성장 과정에서 교육의 힘이 컸다. 한국의 역대 정부

---

[48] 찰리 채플린Charlie Chaplin의 1936년작 무성영화 《모던타임즈》는 산업화 물결 속에서 기계 같은 삶을 사는 인간을 그린다. "산업화한 현대 기계문명 속에서 작은 행복을 추구하는 인간성에 관한 이야기"라는 자막으로 시작하는 이 블랙 코미디 영화는 기계라는 반복적이고 상징적 이미지를 통해 기계 만능 사회의 병폐를 고발한다.

들은 교육의 도구적 실용성을 앞세운 시책을 폈다. 사회적 요구와 학부모들의 기대도 같았다. 근대화를 기치로 한 박정희 정부의 '조국 근대화의 기수·산업역군' 같은 인재상이 대표적인 예다.

그것은 사람을 생산시스템의 도구로 여기는 관점이다. 이러한 도구적 인간관에는 시스템을 유기체로 바라보는 기능주의가 깔려 있다. 사람을 도구나 부품으로 보는 시각이 극에 달한 것은 김영삼 정부 이후의 신자유주의(교육시장화) 정책이었다. 사람을 자원의 하나로 보면서 사람을 수단시하고 대상화했다. 과정보다 결과를 우선하고 사람보다 조직을 앞세우면서 사람의 안전보다 기계의 고장에 더 신경을 곤두세웠다.

'러닝 머신'이 되라던 시대

이것은 '인간의 비인간화·인간의 기계화'에 다름아니다. 기계는 아주 정확한데 사람은 그에 미치지 못하니 사람보다 기계를 더 믿는다. 그래서 학생들에게도 기계를 닮아가길 바란다. 기계처럼 정확하게 투입과 산출이 맞아떨어지는 학생, 가장 정확한 '공부 기계'일수록 유능한 우등생이 된다.

1980년대 후반 교사 대중운동으로 번진 참교육(전교협~전교조) 운동의 3대 강령 중에 '인간화 교육'이 들어 있었다. 이 개념은 파울루 프레이리 Paulo Freire의 '의식화 교육'에서 따온 것이지만, 이러한 시대 상황과도 무관치 않다. 한창 우리 교육이 중시하던 '쓸모 있는 사람 기르기'가 비인간화·기계화로 치닫고 있는 것에 대한 교사들의 문제의식이 반영돼 있었다. 당시 참교육운동은 우리 교육 현장을 지배하던 다양한 억압구조와 비교육적·비인간적 현실들에 대한 총체적 문제 제기인 동시에 교육 본질 찾기 운동이었던 것이다.

베스트원과 넘버원, 그리고 **정답의 노예**

우리 교육이 줄곧 지향해 온 인간상은 대개 '쓸모 있는 사람'과 '사람다운 사람', 두 유형이다. 쓸모 있는 사람 육성이 교육의 실용적 목적이라면 사람다운 사람 육성은 본질적 목적이다. 쓸모나 사람다움의 기준은 시대마다 달라진다. 어느 쪽을 중시하느냐도 마찬가지다. 후진국일수록 실용적 목적을 중시하고 가난한 가정일수록 자식이 쓸모 있는 사람이 되길 바란다.

교육이 '신분 상승의 사다리'로 비치면서 많이 배운 사람=유능한 사람으로 등치된다. '가방끈 길이(최종 학력)'가 배움의 양을 보증하는 지표로 비쳐 학력(學歷)주의[49]가 생겨나고, 학교 서열화와 함께 '간판(출신교·학연)'을 따지는 학벌주의도 대두된다. 이후 그로 인한 차별과 공정성 시비가 일자 객관적인 실력과 능력을 중시하는 능력주의(meritocracy)도 나타났다.

---

49) 서구에도 비슷한 개념으로 '양피지 효과'란 것이 있다. 졸업증서를 양껍질로 만든 데서 유래.

가장 쓸모 있기를 바라던 시대

이런 흐름 속에 학교 교육의 성과지표로 대두된 것이 학력學力주의다. 학교 교육력을 성적으로 재는 것. 실력은 곧 문제 풀이 능력이고, 그 지표가 시험점수와 석차·등급이다. 그리고 진학 실적이다. 그 학력이 진학이나 취업의 절대 지표가 되는 것은 물론, 책임이 있는 교사와 교육기관, 정부나 집권 세력에까지 영향을 미친다. 특히 경제위기나 각종 선거 때마다 학력 관련 데이터들이 입길에 오른다.

"학력 저하", 그 한 마디면 지표 뒤의 본질적 고뇌나 교육적 노력도 파묻혀 버린다. 그런 풍토 속에서 교육은 '입시교육-주입식 지도-암기 위주 공부'의 늪을 벗어나지 못하고, 그 그늘에서 불안감을 먹고 사교육이 파고든다.

이러한 성적 지상주의 교육의 한계가 드러난 것도 산업 현장이었다. "학교 우등생이 사회에서는 우등생이 못 되더라."는 반응과 함께 공부만 잘해서 점수만 높은 것이 사회에서는 도리어 쓸모가 없더라는 '학교 교육의 역설'이 고개를 들었다.

기업들도 '공부 기계·점수 벌레·정답 선수'를 넘어서는 새로운 유형의 인재를 길러 달라고 주문했다. 학교 우등생을 넘어 직장과 사회에서도 유능한, 국제무대에서도 경쟁력 있는 인재를 찾은 것이다.

산업화 정도에 맞춰 시대별로 요구된 인재상의 유형 속에는 시대정신과 그 흐름이 상징처럼 반영돼 있다. 다음과 같이 시대별로 요구된 인재상의 유형들은 당시 상황에서 역할 비중이 큰 핵심 인재(power elite)였다.

■ 한 일(一)자형 인재

1950~60년대까지 요구된 인재상이다. 그리 깊지는 않더라도 널리 아는 다방면형, 팔방미인형. 이른바 제너럴리스트generalist다. 계몽기, 백성들을 계도하는 데 필요한 잡학다식한 만물박사형. 기초교육에 종사할 초등교사나 일선 행정을 맡을 공무원들에게 요구되던 소양이다.

■ I자형 인재

1970~80년대에 요구되던 "한 우물을 판" 전문가형 스페셜리스트specialist다. 독일의 마이스터Meister나 우리나라 전통적인 장인匠人들과 같은 유형이다.

■ T자형 인재

1990년대에 요구되던 '一자형'과 'I자형'을 합친 유형이다. 'I자형'이 편협되고 위험할 수도 있어 '一자형' 자질까지 같이 겸비한 인재(engineer)를 찾았다. 이때부터 기업들 채용 전형에 일반상식이 필수로 추가된다. 상식과 전문성을 겸비한 인재 유형이다.

■ V자형 인재

2000년대 들어서면서 요구되던 인재상이다. 우물을 파도 한 우물을 파라던 인재가 I자형이었다면, 우물을 '깊이' 파려면 처음부터 '넓게' 파고 들어가야 한다는 인재상이 바로 이 유형이다. 처음부터 폭넓은 공부로 풍부한 식견을 섭렵해 가다가 특정 관심 분야로 천착해 들어간 인재상이다. T자형 인재보다 용량이 훨씬 크고, 미국 TV드라마 《맥가이버 MacGyver》의 주인공과 같은 문제해결력의 소유자다.

■ O자형 인재

2010년대 중반 4차산업혁명 개념이 나오고부터 다양한 분야에 해박하고 입체적으로 조망하는 융·복합적 다재다능형이 필요해진다. 오케스트라 지휘자(maestro)가 바람직한 인재상으로 떠오르고 있다. 21세기 들면서 떠오른 O자형 인재는 결국 산업화 시대 이후 중시해 온 '쓸모 있는 사람'의 완성형인 셈이다. 그런데 그 소양은 곧 '사람다운 사람'의 면모로 접근해 가는 모양새다. 산업화 시대에는 쓸모 있는 사람이 되면 사람다운 사람은 저절로 되는 줄 알았다. 기계를 닮아가라고 하면서 사람다

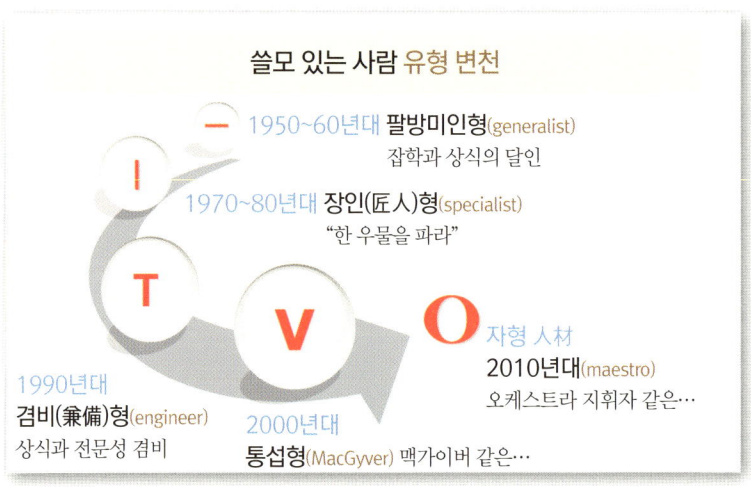

워지길 동시에 바란 것이다. '사람다운 사람'이라는 막연한 지향뿐, 방법론은 없는 구두선口頭禪에 그쳤다. 그렇다 보니 그 시대 우등생 출신 '일그러진 영웅'들도 적지 않았다.

그리고 마침내 '가장 사람다운' 사람이 '가장 쓸모 있는' 시대가 되었다. 아이러니하면서도 당연한 시대의 흐름이다.

온리원과 해답의 주인

산업화 시대, 기계의 성능을 견주듯 학생들의 능력이 획일적 잣대로 평가되면서 교육의 비인간화 현상은 심화되었다. 전국의 동년배 학생들이 한 줄로 세워지고 일등주의가 횡행하였다. "역사는 일등만을 기억한다"면서 모든 학생들에게 '베스트원Best1', '넘버원No.1'이 되라고 독려했다. 모두에게 일등이 되어야 한다고 하고, 될 수가 있다고도 했다. 일등만 살아남고 일등만 행복해질 수 있다고 했다.

그러나 사실상 그것은 집단적 허위의식이었다. 모두가 베스트원이 된다는 것은 구조적으로 불가능하다. 넘버원이어서 행복한 것도 시상대 위에서 집중조명을 받는 순간뿐임이 자명하다. 시상대를 내려서는 순간부터 톱 유지를 위협받기에 상위권일수록 강박관념과 공부 스트레스에 사로잡힌다. "일등만 기억하는 더러운 세상"이라는 조롱조의 개그 대사가 유행되면서 '온리원only1'이 새로운 모델로 떠오르기도 했다. 모든 아이들이 저마다 제 빛깔, 자기다움으로 인정과 존중을 받는다면…. 그런 온리원이야말로 누구나 가능하고, 그래서 바람직한 1등으로 비친 것이다.

사람다움이 쓸모 있는 시대

산업화 시대에 가장 쓸모 있을 것으로 기대된 넘버원 공부 기계는 다름 아닌 정답 맞히기 선수다. 세상 모든 문제에는 정답이 있다고 믿고, 가능한 수단과 방법을 총동원하여 정답을 찾으며, 누구보다도 빨리 찾아내는 데 최적화되어 있다. 그런데 직장과 사회에서는 왜 우등생이 되지 못할까? '정답의 노예'이기 때문이다. 하나뿐인 정답과 유일한 해법만 있는 문제는 교과서와 문제집 안에만 있을 뿐, 세상은 그보다 훨씬 얽히고설킨 문제 상황과 해법들투성이다.

그런 상황에서 필요한 인재가 '해답의 주인'이다. 세상의 문제들에는 다양한 해답들이 있고, 해답에 이르는 과정마다 무수한 해법들이 있을 수 있다. 학생들은 그 풀이 과정의 주인이 되어야 한다. 남이 정해준 한 가지 해법과 유일한 정답이 복잡한 삶의 만능키일 수 없기 때문이다.

기계의 인간화와 **호모 마키나**

　인간이 만든 가장 진화한 기계 컴퓨터. 연산 능력에서 인간을 앞지르기 시작해 점차 기억용량을 넘어서면서 인간의 두뇌를 보조하는 기계가 된다. 도구나 기구가 사람 손발을 보완하는 용구이고 기계가 인력을 절감하는 도구라면, 컴퓨터는 최초로 인간의 두뇌를 보조하는 기계로 진화했다.

　전자계산기로 시작한 컴퓨터에 인간의 사고 과정을 접목하면서 알고리즘을 지닌 지능형 기계가 된다. 두뇌를 대신하는 단계에 이르러서는 외뇌(exobrain)로까지 불린다. 기억을 넘어 인지와 판단까지 보조할 수 있는 기계. 그 지능형 컴퓨터는 다시 인공지능(AI)의 단계로 접어들고, 정답이 있는 문제일수록 사람이 컴퓨터와 경쟁이 안 된다는 것이 드러난다.

　AI의 진화가 어디까지 나아갈는지 예단하기 이르지만, 이런 추세라면 인간의 지능을 초월하는 특이점(singularity)이 오는 것도 시간문제다. 인간을 닮아가는 속도가 빨라질수록 그 시점도 당겨질 게 분명하다.

기계의 인간화. 기계가 사람을 닮아가려 한다는 것은 단지 기능 면에서 사람 뺨칠 기계를 사람이 만드는 일로 그칠 문제가 아니다. 사람이 생식과 출산을 통하지 않고 만드는 인조인간(cyborg)도 그것이 기계인 한 자동인형(로봇)에 불과하다. 하지만 그 로봇이 인간의 조작과 세팅을 넘어 자율지능을 가지고 스스로 학습하는 딥러닝 단계로 든다면 문제는 달라진다. 그래서 인간의 통제까지 벗어나는 데까지 이른다면 상상만으로도 끔찍하다. 그 정도가 되면 AI가 인간을 어떤 존재로 볼까. 인간이 기계의 노예가 되지 말란 법이 없다.

호모 마키나 Homo Machina. 기계와 더불어 살아가는 인간을 뜻하는 말이다. 인간이 편의를 위해 만든 기계가 점차 필수품이 되나 했더니, 기계 없이는 못 사는 정도가 되었다. 기계가 없으면 불편한 정도를 넘어 마비되는 지경까지 일어난다. 기계가 지배하는 현대인의 일상. 인간이 나날이 기계적 메커니즘의 노예가 되어가고 있다.

그런 가운데 몇몇 부문에서 AI와 인간의 대결이 벌어져 충격을 주었다. 그 상징적인 사건이 2016년 3월, 이세돌과 알파고의 바둑 대결이었다. 결과는 알파고의 4:1 완승. 이것은 이세돌의 1승이 도리어 기적이라 할 만큼 구조적 불공정 게임[50]이었지만, 아직은 사람의 차지로 여기던 영역을 기계에게 빼앗겼다는 점이 무엇보다 큰 충격이었다.

---

50) 알파고는 그 대결 전까지 모든 '인간계' 바둑 고수들(이세돌까지 포함)의 기보를 모은 데이터의 총합이었다. 그때까지 사람이 둔 모든 묘수들을 죄다 기억하고 활용하는 AI와 맞붙어 이기려면 이세돌은 알파고가 모르는 기상천외한 창의적 묘수를 두지 않는 한 이길 수 없는 상황이었다.

'머신이 러닝'하는 시대

그 세기의 대결이 던진 메시지는 컸다. 특히 교육계(더더욱 대한민국 교육계)에 던진 화두는 가히 메가톤급이었다. 학생들에게 기계를 닮아가라던 교육의 막다른 길목에서, 사람을 닮으려고 달려오는 로봇과 맞붙어 불계패를 당한 형국이었다. 이런 판에 기계를 닮아가라는 교육을 지속해도 될까. 알파고는 아직은 '약한 AI'임에도 한번 학습된 데이터는 결코 잊지 않는 괴물(monster)이다. 머잖아 자율지능을 갖고 판단과 결정 기능까지 갖는 '강한 AI' 수준이 된다면 인간과의 관계는 어떻게 될까.

AI가 사람과 비슷해지더라도 노예처럼 부릴 수 있다면 인간은 중세 귀족처럼 제2의 르네상스를 구가할 수도 있지 않을까. 하지만 그런 장밋빛 미래를 예측하는 이는 많지 않다. 진화된 기계가 인간의 노동을 대신하는 세상이 저절로 유토피아가 될 리 없기 때문이다. 1차산업혁명 이후의 러다이트Luddite운동은 그런 세상에 대한 우려와 저항의 시작이었다. 이후에도 그런 우려는 200년 넘도록 지속되고 있다. 유발 하라리 Yuval Noah Harari는 그것이 "늑대가 오고 있다!"고 외친 《이솝 우화》속 양치기 소년의 말과 같았다고 말한다. 번번이 거짓말이었다는 것일까. 아니다. 하라리는 "그 이야기의 결말은 결국 늑대가 실제로 왔다는 것이고, 그 시점이 바로 지금"이라고 말한다.[51]

---

51) 유발 하라리의 신문(《가디언》지) 인터뷰 내용. 구본권(2019)의 《공부의 미래》, p.79에서 재인용.

제러미 리프킨Jeremy Rifkin은 《노동의 종말》에서 일찍이, 진화한 기계가 인간의 노동을 대신함으로써 일자리를 뺏는 사태를 우려한다. "피곤을 모르는 기계들이 인간의 노동을 빼앗아 가고 있다. 기계가 새로운 프롤레타리아다. 노동계급에게는 해고통지서가 발부되고 있다."고 경고한다. 그 상황이 유토피아일 수 없다. 그런 디스토피아적 미래가 되지 않도록, AI가 대신하는 노동의 결과에 대한 공정분배가 필요불가결하다고 그는 말한다. 그리고 노동을 기계에 넘긴 인간은 문화적 영역, 공공부문, 사회적 경제 영역(제3섹터)의 직업에 종사하도록 교육받아야 한다고 역설한다.

결국 유능한 노동자가 되기 위한 공부보다 '사람을 사람답게 쓰기 위한' 공부가 더 필요하다는 얘기다. 초점은 '사람다움'이 어떤 것이냐다. 인문학적 성찰이 필요한 이유다. 기계가 인간을 닮아가는 과정의 마지막 고비가 바로 사람다움이다. 그것을 AI에게 뺏기지 않아야 지배를 받지 않는다.

인간에게 어려운 일이 AI에게는 쉽고 AI에게 어려운 일이 인간에게는 쉽다. '모라벡의 역설(Moravec's Paradox)'이다. 복잡한 수학적 계산은 인간에겐 골치 아프지만 AI에겐 문제도 아니다. 유치원생에게도 쉬운 계단 오르내리기는 AI에겐 초고난도의 문제다. 이를 두고 어떤 이는 "인간이 가장 싼 로봇이기 때문…"이라고 자조하기도 했다지만, '가장 싼 로봇'이 혹시 산업화 시대 우리가 학생들에게 부추겼던 모습은 아니던가.

기계가 스스로 학습하는 '머신 러닝'의 시대를 앞두고 인간을 '러닝 머신'으로 만들려는 교육은 더 이상 지속 가능한 교육이 아니다. 기계가 대신 할 수 있는 공부가 아닌, 기계가 따라오기 어려운 공부가 필요하다. 기계를 닮아가기 위한 공부가 아닌, 기계가 갖기 어려운 핵심역량을 기르는 공부가 필요하다.

부모의 **교육열**과 국가의 교육투자

　가정과 국가의 교육열은 학생들에게 얼마나 호되게 공부를 시키느냐로 잴 것은 아니다. 가정도 국가도 중히 여기는 일에 돈을 들인다. 가정의 경우 가계비 중 자녀교육비를 얼마나 쓰는지, 국가는 GDP 대비 '공부담' 교육비 비율이 얼마나 되는지가 교육열의 객관적 지표다.

　우리나라의 GDP 대비 교육비 비중은 OECD 국가 중에서도 높은 편이다. 그러나 그 중 '사부담' 교육비가 거의 절반이다. 교육비 절반가량을 민간에 떠넘긴다는 얘기다. 비용 부담을 학부모에 의존하는 비중이 높아지고 교육의 공공성이 떨어질수록 교육 불평등과 양극화는 심화된다.

부모 주머니에 기대는 나라

　교육의 기능은 흔히 4가지로 든다. △인격 형성 △문화 전승 △사회화 △가치창조. 이 중 인격 형성과 가치 창조는 진보적 기능, 문화 전승과 사회화는 보수적 기능으로 친다. 하나도 소홀히 할 수는 없지만 개인적으로는 특정 기능을 염두에 두고 면학의 동기로 삼을 수 있다. 우리나라 전통적 '서당교육'에서는 인격 형성과 문화 전승, 사회화 요구가 거의 전부였다. 선현들의 말씀 전수가 주 내용이었고, 그것을 익혀 예의 바른 사람도 되고 입신양명도 하기를 바랐다. 그런 바람은 근현대로 들어서도 달라지지 않았다.

교육을 신분 상승의 사다리로 여겨 자녀 교육에 '올인'하는 부모의 소망은 그대로 자녀에게 전이된다. 사회적 지위와 신분을 물려주고자 하는 부모의 욕망도 자녀의 학습관에 고스란히 대물림된다. 대한민국이 산업화 시대의 모범국으로 도약하는 데 교육의 역할이 컸음은 말할 것도 없다. 그 바탕에 학부모의 교육열과 학생들의 경쟁이 자리하고 있음도 주지의 사실이다. 하지만 그런 점들이 낳은 긍정 효과뿐 아니라 역효과나 부작용도 지나쳐 볼 수는 없다.

한국 학부모의 교육열은 오바마Barack Obama가 부러워하는 순기능도 있지만, 그것이 '내 아이만'을 위하는 이기적인 데 머물수록 역기능이 커진다. 지나친 사교육 열풍, 불법 과외, 조기교육, 조기유학, 치맛바람 같은 한국 교육의 병리 현상들이 경쟁교육을 부채질하고 교육 불평등을 심화시킨다. 정작 자녀들의 공부에도 부모의 과한 기대와 닦달이 독이 된다.

궁금증과 **호기심**, 학문의 바탕

"그것이 알고 싶다."

인간의 본원적 궁금증을 담은 말이다. 인간은 무언가를 궁금해하는 동물이다. 궁금하지 않으면 머릿속에 인식부터 잘 안 된다. 보아도 흘려 보고 들어도 흘려듣기에 기억으로 새겨지질 않는다. 일단 궁금증이 발동되면 해답은 물론 해답 주변의 정보도 꼬리를 물고 인식이 된다. 생각과 사고의 연쇄를 불러 탐구 과정이 된다.

"나는 별다른 재능은 없다. 단지 호기심이 왕성할 뿐이다."

알베르트 아인슈타인Albert Einstein의 말이다. 그는 천재적인 두뇌뿐 아니라 창의성에 비판의식까지 겸비한 대표적 지성이요 학자였다. 그런 그가 자신의 그 어떤 재능보다 왕성한 호기심이 학문의 바탕이 되었다고 말한 것이다.

현대 경영학의 아버지로 불리는 피터 드러커Peter F. Drucker도 호기심 전도사다. 그는 시대를 앞서가는 통찰력으로 1960년대부터 이미 지식기반사회의 도래를 예견하면서 '지식작업·지식노동자' 개념을 정립했다. 지식기반사회에서 지식노동자는 금방 진부해지기 쉬운 지식의 가치를 새롭게 하려고 부단히 노력해야 하며, 그 원천을 지적 호기심이라고 보았다. 자신도 지식노동자임을 자처하면서 말년까지 끊임없는 호기심으로 학습을 멈추지 않았다. "인간은 호기심을 잃는 순간 늙기 시작한다."면서.

인간만큼 호기심 많은 동물도 없다. '호모 큐리오Homo-Curio'라는 인간관도 그에 연유한다. 끝없는 탐험과 주거지 이동, 지속적인 발견과 발명의 원동력이 호기심이다. 진리를 향한 끝없는 호기심으로 기술과 학문을 발전시키고 문명의 이기들을 개발해 왔다. 인간의 역사는 호기심의 역사다.

인간의 네 번째 본능

호기심을 인간의 4번째 본능[52]이라 한 영국 작가 이언 레슬리Ian Leslie는, 《큐리어스》에서 호기심을 두 유형으로 나눈다. 주변의 것들을 널리 알고자 하는 여우형 호기심과, 특정 사물이나 사안의 본질을 깊이 궁금해하는 고슴도치형 호기심이다. "여우는 많은 것을 알고 고슴도치는 큰 것 하나를 안다."고 노래한 그리스 서정시인 아르킬로코스Archilochus의 시구절에서 따온 비유다.

---

[52] 인간의 본능(욕구)이론 중 가장 고전적인 것은 매슬로Abraham Harold Maslow의 '인간욕구위계이론'이다. 널리 알려진 5단계 이론 중 1단계 생리적 욕구(식욕, 성욕, 수면욕)가 흔히들 3대 본능으로 알려져 있다. 레슬리는 수면욕 대신 주거욕을 포함해 3가지 본능이라고 말하고, 호기심을 그에 이은 4번째 본능으로 소개한다.

세상에 대한 호기심은 새로운 경험에 대한 열린 마음과, 자기 생각과 다른 사안에 대한 융통성이 전제가 된다. 호기심이 많은 사람은 불분명한 것들을 그냥 지나치지 않는다. 불분명한 것을 해결해서 호기심을 충족시켜야 직성이 풀린다. 호기심은 알고 있는 것과 알고 싶어 하는 것 사이에서 나온다. 인간은 자기가 아는 것에 직간접 경험을 더해 지식을 넓히고 새로운 아이디어를 만든다. 새 아이디어는 풍부한 지식을 지닌 인간의 두뇌 속에서 영역 간 교차 수정을 통해 나온다. 그 과정에 작동하는 에너지가 호기심이다. 정보와 지식을 융합해 새로운 아이디어를 찾아내는 창조의 열쇠, 그것이 호기심이다.

레슬리에 따르면 호기심 발동법에도 두 유형이 있다. 수수께끼식과 미스터리식. 수수께끼식 풀이법은 '무엇·어디·얼마나' 등을 캐물어 가면서 해답을 추적해 가는 방법이고, 미스터리 풀이법은 '왜·어떻게' 등을 물어가며 해답에 접근하는 방법이다. 수수께끼는 이미 정답이 정해져 있지만 미스터리는 해답이 분명치 않아 해석의 쪽이 넓어신나. 미스터리 풀이법이 수수께끼 풀이법보다 호기심이나 지적 활동의 확장성이 크다.

두 가지 풀이법 모두 그 시작은 질문이다. 알고 싶고 궁금한 점을 바탕으로 답을 구하는 행위다. 질문은 마음의 문을 두드리는 노크요, 소통의 심지에 불을 댕기는 일이다.

모르는 제자가 물으면 아는 스승이 답을 주어 가르치는 것이 보편적 관계다. 동서양 고전들 대부분이 제자가 묻고 스승이 답한 대화록이다. 소크라테스Socrates의 《대화》편만이 예외다. 스승 소크라테스가 직접 제자에게 물어가면서 제자로 하여금 대답 도중에 자각하도록 이끄는 방법을 쓴다. 답변자의 사고력을 일깨워 진리에 스스로 접근하도록 유도하는 발문이기에 '산파술'이라 한다.

한 사내가 큰길을 내달리며 외친다. "내가 해답을 갖고 있다. 누가 질문을 갖고 있는가?" 탈무드 속 이야기다. 해답을 가진 채로 질문을 찾는다니 무슨 말인가. 역설적인 이 얘기를 통해 탈무드가 일깨우려는 것은 무엇일까.

그것을 짐작하게 하는 이야기가 있다. 한국과 이스라엘 학부모의 교육관을 비교하는 이야기다. 한국 학부모는 등굣길을 나서는 자녀에게 "선생님 말씀 잘 듣고 오너라." 하고 당부를 하는데, 이스라엘 학부모는 "선생님께 많이 여쭤보고 오너라." 하고 당부를 한다는 것이다. '잘 듣는 배움'을 중시하는 한국과 '잘 묻는 배움'을 중시하는 이스라엘의 학습관을 대비시키는 일화다. 이스라엘 수업 시간에는 시간당 80개 안팎의 질문이 쏟아지는데, 한국의 교실에서는 1~2개 나올까 말까 한다는 통계도 있다. 한국 아이들에겐 답변을 찾는 게 익숙해서 안전하고 편한 일이다. 질문거리를 찾는 일은 서툴러서 불안하고 불편하다.[53]

---

53) 2010년 11월 한국에서 개최된 G20 정상회의가 끝난 뒤 오바마가 기자회견 끝부분에 개최국인 한국 기자들에게 질문권을 주겠다고 제안하는데, 한국 기자들 중 어느 누구도 질문을 하지 못한다. 심지어 중국 기자가 대신 질문하겠다고 나서고, 오바마가 그것을 사양하며 한국 기자들에게 거듭 질문을 권해도 난감한

그런데 답변과 질문 중 기계에게 맡길 수 있는 일은 무엇일까. 당연히 답변이다. 인간이 찾은 답을 기억하거나 인간이 세팅한 대로 푸는 것은 기계에겐 쉬운 일이다. 그것은 기계에 맡길 수 있다. 그러나 질문거리를 찾는 것은 기계로서는 어렵다. 기계는 답을 위해 만들어지고 사람은 질문을 위해 존재하기 때문이다.[54]

유대인들은 자녀들에게 어릴 적부터 《탈무드》를 읽고 질문거리를 찾아보도록 한다. 이것이 '하브루타 학습법'이다. 토론과 질문이 중심인 하브루타식 공부는 거의 질문으로 시작해서 질문으로 끝난다.

공부를 잘하는 것은 좋은 질문을 갖는 것이다. 모르는 문제가 찾아져야 그것이 질문의 소재, 탐구의 발화점이 된다. 질문은 알고 싶은 호기심의 적극적 발동이다. 좋은 질문은 명쾌한 답보다 더 넓은 세계를 그 안에 담고 있다. 그래서 갸우뚱거림이 큰 학생일수록 잠재력도 크다.

궁금한 의문의 '답을 찾는' 일이 일반적인 공부지만, 하브루타식 공부는 좋은 '질문을 찾는' 일이다. 이런 공부의 이유와 동기가 학문의 길로 이어지는 것은 자연스럽다. 세계 인구의 0.25%에 불과하다는 유대인들이 노벨상 수상자의 30%를 넘는다는 통계도 이와 무관치 않을 것이다.

상황은 이어진다. 한국 기자들이 서툴렀던 것은 영어구사력보다 질문 자체였던 것이다.
54) 과학전문잡지《Wired》창간자 케빈 캘리의 말. 구본권(2019). 공부의 미래. 서울:한겨레출판. 재인용.

알수록 무지를 깨닫는 **메타인지**

'안다'는 것은 무엇일까. 공자는 《논어》〈위정〉편에서 "아는 것을 안다고 하고, 모르는 것을 모른다고 하는 것"이라면서, 분별지分別智 개념으로 앎(知)을 설파한다. 현대 인식론의 '메타meta인지'에 비견될 통찰이다. 메타인지란 자신의 인지 과정에 대하여 한 차원 높은 시각에서 관찰·발견·통제하는 정신 작용을 말한다.

공부의 저울

메타인지는 자신이 아는 것 위에서 내려다보는 앎이다. 자신이 안다고 믿는 것들을 다시 비춰주는 '인지의 거울'이자 자신이 아는 정도를 객관화하여 보게 되는 '공부의 저울'이기도 하다.

컴퓨터가 넘어서기 어려운 인간의 능력으로 '성찰적 인지'가 주목받는다. 가드너의 다중지능 중 자기성찰지능도 그중 하나다. 사람은 자기가 아는지 모르는지를 금방 알아차린다. "청주 우암산에 가서 딸 수 있는 보름달의 개수는?"이라는 질문을 받으면, 사람은 질문의 황당함이나 자신이 답할 수 있을지 없을지를 금방 알아차린다. 하지만 컴퓨터는 그렇지 못하다. 질문에 담긴 모든 변수와 자체 보유 데이터를 모두 검색한 뒤에야 "관련 데이터가 없다"거나 "답을 알지 못한다"는 답변이 가능하다. 성찰적 인지가 불가능해서다. 컴퓨터의 '빅데이터+속도'보다 인간의 '스몰데이터+메타인지'가 더 고품질의 사고를 할 수 있다는 의미다.

낯설다는 인식도 사람에게만 가능한 느낌이다. 익숙한 느낌도 '겪은 기억'의 산물이다. 하지만 기억을 낱낱이 뒤져보지 않아도, 척 보거나 들으면 바로 안다. 그것이 메타인지다.

인간이 아는 것에도 두 가지가 있다. 알고는 있지만 '설명은 안 되는 앎'[55]과 알고 있으면서 '설명도 가능한 앎'이다. 자신이 설명까지 할 수 있어야 제대로 아는 것이다. 이러한 '앎 위의 앎', 상위인지·초인지超認知가 메타인지다.

교육선진국들에서 메타인지를 높이는 데 관심을 두는 것도 미래형 학습력에 직결되기 때문이다. 미래 학력인 창의력, 비판적 사고력, 협동력, 소통력 등 핵심역량을 기르는 데 메타인지가 바탕이 된다.

---

55) 마이클 폴라니의 '암묵지(暗默知, tacit knowledge)와는 다른 개념이다. 암묵지는 분명히 알고는 있으면서도 말이나 글로는 표현하기 어려운, 경험과 학습으로 몸에 밴 지식(어머니의 손맛, 경영 노하우) 등이다. 반면, 여기서 말하는 앎은 잘 가르쳐주는 남의 설명을 들으면 이해는 되나, 자신은 아는 정도가 어설퍼 남에게 설명하기 어려운 앎을 말한다.

메타인지가 높으면 살아가면서 만나는 문제들을 객관적으로 조망하면서 답을 찾을 수 있다. 메타인지가 낮은 학생은 자기 역량을 객관적으로 알지 못한다. 자기성찰지능도 낮기 때문이다. 자신을 돌아보는 거울과 저울이 없으니 자기 과신이나 자만에 빠지기도 하고, 열등감이나 자신감이 부족해 주눅 들기도 한다.

메타인지는 호기심이나 궁금증같이 더 알고자 하는 마음에 연료가 되어 준다. 무엇을 알든 제대로 알고 싶어진다. 자신의 무지를 자각할 때 비로소 궁금증과 질문거리가 생긴다. 알면 알수록 모르는 영역이 또렷해져서 더 알고 싶은 의욕도 생긴다. 질문과 탐구 전략까지 떠오른다. 메타인지가 높은 아이는 실용적인 필요 때문에만 공부를 하지 않는다. 세상의 이치를 깨닫고 비밀을 캐는 일 자체가 재미있어서 공부를 한다. 그런 학습자는 탐구 전략도 스스로 짠다. 아무리 공부가 재미있더라도 과몰입은 병이라는 점까지 안다.

어리석지 않으려고, **사랑**하려고

"아는 것이 힘이다."

베이컨Francis Bacon의 말로 전해지는 명언이다. 출처는 그의 명저《노붐 오르가눔》[56]이라고 알려져 있다.[57] 그러나 이 책이 명저인 것은 그 명언 때문이 아니라, 과학과 사상사에 큰 획을 그은 '귀납법' 때문이다.

진리를 캐는 법

베이컨은 그 책에서 자연을 정복하기 위한 도구로 두 가지를 제안한다. 하나는 인간이 가진 4개의 우상(idola)을 깨는 것이고, 또 하나는 자연

---

56) Novum Organum : 아리스토텔레스가 쓴《오르가논Organon》에 대항하는 의미로 '새로운 오르가논'을 표방한 책 이름. 직역하면 '과학의 새로운 도구(신기관)'라는 의미다.
57) 하지만 그 책 어디에도 이 말은 없다고 한다. 다만 그 20여 년 전에 쓴 다른 글에서 유사한 표현을 했고,《노붐 오르가눔》에서는 "인간의 지식과 힘은 일치한다"는 구절이 그나마 가장 근접한 내용이라고 한다. 비슷한 뜻을 담은 글로 치자면 이미《구약성서》잠언에 "지혜로운 남자는 용감하게 행동하고, 지식을 갖춘 남자는 힘을 발휘한다."는 구절도 있다고 한다(〈위키백과〉).

의 법칙을 탐구하는 귀납법이다. 과학 탐구를 위해서는 기존 학설의 틀도 깨야 하고, 새로운 진리를 찾는 데 쓸 수 없는 낡은 접근법도 깨야 한다는 것이다.

베이컨의 '오르가눔'은 아리스토텔레스Aristotles 논리학 '오르가논'에 대항하는 새로운 귀납법을 제시한다. 그는 아리스토텔레스의 3단 논법식 귀납 추론은 연역법을 뒤집어 놓은 형식에 불과해 새로운 사실을 밝혀내는 접근법이 못 된다고 보았다. 이미 '참'이라고 다 알려진 것을 구체 사례로 확인하는 데 머물기 때문이다.

과학의 생명은 형식논리를 넘어서는 탐구와 검증을 통해 새로운 진리를 찾는 데 있다. 알지 못했던 대상에 대해 개별 사례들을 관찰하면서 가설을 세우고(가설추리), 무수한 실험을 통해 입증해 가면서 보편적인 법칙을 찾아야 한다. 전제와 결론이 꼭 맞아떨어지지는 않더라도 '확률적 개연성'으로 진리에 접근하는 것이 베이컨식 귀납법이다. 이런 탐구 중심 논증법은 이후 인류 문명사에서 '발견의 시대'를 열어갔다.

또 하나, 그의 우상론偶像論은 인간이 가지고 있는 흔한 마음의 습관 4가지를 우상으로 상정하고 이를 타파해야 과학적 접근을 할 수 있다고 보았다. 우상은 어리석은 숭배의 대상으로, 나무나 돌로 깎은 인형을 지칭한 라틴어 이돌라idola에서 온 말이다. 베이컨은 인간의 의식을 지배하는 4개의 우상을 들고 그것들을 깨버리지 않고는 진리를 찾지 못한다면서, 이를 '학문의 적'으로 규정한다.

▲ **종족의 우상** idola tribus

인간의 눈으로만 세계를 봄으로써 생기는 한계다. '새가 노래하고 나비가 춤을 춘다'는 표현의 경우, 새는 지저귀고 나비는 날갯짓 한 것뿐인데 사람처럼 감정을 이입해 표현한 것이다. 이런 접근은 문학일 수는 있지만 과학은 아니다.

▲ **동굴의 우상** idola specus

인간은 흔히 '우물 안 개구리'처럼 세상을 본다. 성별, 인종, 학력, 기질 등 자기의 입장과 제한된 시야의 동굴에 갇혀 세상을 보면서 그것이 전부인 줄 안다.

▲ **시장의 우상** idola fori

언어 때문에 생겨나는 왜곡된 인식이다. 시정의 소문이나 민심처럼 사람의 입을 타고 전해지다 보면 사실도 일그러진다. 그것에 사로잡히면 실체와 본상을 못 보고 만다.

▲ **극장의 우상** idola theatri

대중의 눈이 쏠린 무대나 미디어에 나오면 권위가 더해져 보인다. 지위나 학력 등에 주어지는 위세도 이것의 하나다. 베이컨은 당시의 학계나 종교계에 이런 우상이 만연돼 있다고 보았다.

편향에서 떨쳐 나기

이런 한계들은 인간적 삶 속에서 몸에 배는 것들이다. 《편향의 종말》

의 저자 제시카 노델Jessica Nordell의 표현을 빌리면 '옷감에 섞어 짠 은실처럼 문화 속에 짜 넣어져' 있다. 이것이 인간다움일 수도 있지만 그와는 별개로 진리를 찾는 데에는 떨쳐내야 할 편향임이 분명하다.

분별력과 시비지심은 세상살이와 진리 탐구의 기본 자질이다. 하지만 확신도 지나치면 도그마dogma가 된다. 자신의 편벽을 모르는 채 독단에 사로잡히면 나만 옳다는 자시지벽自是之癖에 빠진다. 치우쳐서 빚어지는 어리석음을 벗지 못하면 오류를 낳고, 오류는 남을 해치기도 한다.

노델에 따르면, 인간의 마음에는 자기가 의식하고 인정하는 '신조'와 자신도 모르는 '고정관념'과 '연상'이 있다. 신조가 능동적인 선택이라면 연상은 자기도 모르는 채 몸에 배는 '문화적 지식'이다. 신조가 신청해서 구독하는 신문이라면, 연상은 원치 않아도 배달되는 스팸 메일 같은 것이다. 스팸 메일은 자기 뜻과 무관하게 수신함을 채우고 발송자 명부에서 벗어날 길도 없다. 그런 암묵적 편향이 무의식적 차별로 이어진다. 암암리에 작동하는 이런 회로는 우리 행동 전반에 배어있는 '문화의 얼룩'이다.

무지의 어리석음보다 더 큰 어리석음은 거짓을 참으로 믿는 어리석음이다. 무지를 벗어나기 위해서도 공부가 필요하지만 거짓 믿음에서 벗어나기 위해서도 공부가 필요하다. 그렇다면 공부는 그처럼 실용적 유익만을 위한 것일까. 공부의 필요성은 그 너머에도 있다.

사랑하면 알게 되고, 알게 되면 보이나니 그때 보이는 것은 전과 같지 않으리라.

미술사학자 유홍준이 《나의 문화유산 답사기》에서 언급해 유명해진 말이다. 문화유산을 사랑하는 마음이 있으면 제대로 알고 싶어지고, 알고 나면 그만큼 새롭게 보인다는 뜻이다. 문화유산뿐 아니라 모든 것이 "사랑하면 알고 싶고 알고 나면 다시 보인다."는 의미로 자주 회자된다.

유홍준의 그 책이 베스트 셀러가 되면서 이 말을 둘러싸고 오용 논란이 일기도 했다. 유홍준이 처음 이 말을 언급하면서 정조 때 문인 유한준의 표현이라 소개했는데, 일부 독자들로부터 잘못 옮겼다는 지적을 받는다. 원래 유한준이 '알고 나면 사랑하게 된다'[58]고 한 것을 유홍준이 '사랑하면 알게 된다'고 바꾸었다는 것이다. 이에 유홍준은 그 책 2권의 부록을 통해 다른 글에서 처음 인용할 때는 정확히 했는데, 이 글에서 다시 인용하면서 자기 나름의 해석을 기억으로 착각해서 그리되었다고 밝히면서 '원용'으로 이해해 달라고 해명했다.

사실은 사실대로 정확해야 하지만 기행문이나 평론 등에서는 해석의 영역 또한 별개의 비중을 갖는다. 직접 인용은 일자 일획을 달리해도 왜곡이지만 이해와 해석, 논평의 영역이라면 원용 정도는 용인될 만하다.

---

58) 유한준의 원래 표현은 "알고 나면 정말로 사랑하게 되고, 사랑하면 제대로 보게 되고, 볼 줄 알면 모으게 된다(知則爲眞愛 愛則爲眞看 看則畜之而非徒畜也)"였다고 한다 (→유홍준의 답사기 2권 부록). 당대 유명 수장가인 김광국의 화첩 발문에 부친 글로, 미술품을 제대로 알면 그것을 사랑하게 되는 바, 그런 마음으로 모았으리라… 하는 덕담의 표현이었다.

파울루 프레이리도 이런 읽기를 '이해를 둘러싼 창조의 경험'이라 했다.

사랑하려고 알기

앎과 사랑의 관계도 인과율로 따질 문제는 아니다. '사랑하면 알게 된다'거나, '알면 사랑하게 된다'는 두 문장 모두 필연성 있는 명제도 아니다. 거짓이 아님도 물론이다. 둘 다 개연성을 지닌 명제일 뿐이다.

> 아무것도 모르는 자는 아무것도 사랑하지 못한다. …(중략)… 이해하는 자는 또한 사랑하고 주목하고 파악한다. 한 사물에 대한 고유한 지식이 많으면, 그럴수록 사랑은 더 위대하다.

에릭 프롬Erich Fromm이 《사랑의 기술》에서 소개한, '로마의 히포크라테스Hippokrates'로 불리던 파라켈수스Paracelsus의 말이다. 이성 간의 사랑도 상대에 대한 관심과 이해에서 시작된다고 했던 에릭 프롬의 사랑관도 같은 맥락이다. 사람이든 사물이든 일이든, 알면 알수록 아끼게 된다. 객관적 조건이나 평가와 상관없이 자기가 아는 만큼 애착이 가는 법이다.

> 자세히 보아야 / 예쁘다. // 오래 보아야 / 사랑스럽다 // 너도 그렇다.

많이 알려진 나태주 시인의 시 〈풀꽃〉 전문이다. 자세히 보는 것 자체가 관심의 발동이고 관심이 커지면 다 예뻐 보인다.

사랑하면 알게 되고 알면 알수록 더 사랑하게 된다. 앎과 사랑이 서로 소용돌이치며 커지는 것이다. 그리스 현자들은 모든 학문의 뿌리로 여겼던 철학을 필로소피아philosophia로 불렀다. 이 말은 사랑philos과 지혜 sophia의 합성어다. 지혜에 대한 사랑 또는 애지愛智를 뜻한다.

인간의 학문이 지혜에 대한 사랑에서 시작된 것이니, 공부의 이유도 이것을 벗어나면 본질을 잃는 것이다.

즐거운 배움, **행복**한 삶을 위해

인간에게는 살아있는 동안 즐기며 행복을 마련하는 것밖에는 좋은 것이 없음을 나는 알았다. 모든 인간이 자기의 온갖 노고로 먹고 마시며 행복을 누리는 것, 그것이 하느님의 선물이다.

구약성경의 지혜서 중 하나인 〈코헬렛〉서 제3장 12절에서 13절까지의 말씀이다. 사람은 누구나 행복하게 살기를 바란다. 그 행복의 기준이나 양상, 정도는 다르더라도 노력 없이 주어지는 행복은 없다. 코헬렛도 행복은 노고를 통해 마련하는 것이며, 그런 이치가 하느님의 선물이라고 했다.

하늘의 선물, 모두의 꿈

아리스토텔레스를 비롯한 많은 철학자들도 다양한 행복론들을 펼쳐왔다. 그 행복론들에 공통된 것은 물질적·정신적 조건과 개인적·사회적 조건의 균형이 필요하다는 점이다. 물질적 풍족과 정신적 만족의 조화가 필요하고, 개인과 공동체가 고루 잘 살아야 행복감이 높아진다. '최대 다수의 최대 행복'은 공리주의자들뿐 아니라 누구나 그리는 꿈이다.

버틀란드 러셀Bertrand Arthur William Russell은 행복이 누구에게나 찾아오는 약속된 미래가 아니고 노력해서 정복해야 할 대상이라고 여긴다. 행복의 정체를 파악하기 위해서는 불행의 원인을 아는 것이 필수다. 러셀은《행복의 정복》에서 불행의 원인과 행복으로 가는 길로 나누어 설명한다. 러셀은 불행의 원인을 어두운 인생관이나 세계관, 경쟁, 피로, 권태, 질투, 부질없는 죄의식, 피해망상, 여론의 횡포 등으로 본다.

문제는 경쟁에서 이기는 것이 행복의 주요한 원천이라고 지나치게 강조하는 것이다. 성취감이 행복한 삶에 도움을 준다는 것을 부정하지는 않는다. 젊었을 때 세간의 이목을 끌지 못하던 화가는 사람들로부터 재능을 인정받게 되면 더 행복해질 것이다. 나는 일정한 시점까지는 돈이 행복을 증진시킬 수 있다는 사실도 부정하지 않는다. 하지만 내가 생각하기에는 일정한 시점을 넘어선 경우에는 그렇지 않다. 나는 성공은 행복의 한 가지 요소에 불과하기 때문에 성공하기 위해서 나머지 요소들을 모두 희생한다면 지나치게 비싼 대가를 치른 셈이라고 생각한다.[59]

행복한 사람이 되기 위해서는, 대외적인 관심의 폭을 넓혀서 가능하면 자기 자신의 운명이나 불행에 집착하는 옹졸한 태도부터 버리라고 러셀은 권한다. 우리 자신의 내면세계보다 광활한 바깥 세계야말로 우리 행복의 보고寶庫라는 생활 태도, 어떠한 불행도 이겨낼 수 있는 의지

---

[59] 버트런드 러셀(1930). Conquest of Happiness. 이순희 옮김(2005). 행복의 정복. 서울:(주)사회평론. 56쪽

와 용기, 밝고 명랑한 인생관이 더 중요하다는 것이다. 뭔가에 도취해야만 느낄 수 있는 행복은 거짓 행복이며 충족감을 줄 수 없는 행복이다. 자신의 능력을 충분히 발휘하고 자신이 몸 담고 있는 세상을 완전히 인식하면서 느끼는 행복이야말로 진정한 행복감을 주는 행복이다.

러셀은 또한 행복해지기 위해서 지켜야 할 중요한 것들로 △건강 △능력 △소득 △사회적 의무 이행 등을 들고 있다.

현대로 들어 행복의 구체적인 방법론을 연구한 것이 긍정심리학이다. 긍정심리학에서는 행복의 외적인 조건보다 사람들의 마음에 관심을 둔다. 긍정심리학의 창시자 마틴 셀리그만 Martin Seligman은 행복이 좋은 유전자나 행운을 타고난 사람이 누리는 것이 아니라 누구나 노력해 만들 수 있는 것으로 규정한다. 그리고 자신의 강점과 미덕을 찾아서 발휘하는 삶이 참된 행복으로 가는 지름길이라고 설명한다.

행복이 노력에 의해 증진될 수 있고 배울 수도 있는 것이라는 생각이 일반화되면서 모든 나라들의 정책지향에도 당연히 들게 된다. 대한민국 헌법도 모든 국민의 행복추구권을 명시하고, 교육기본법도 '인류공영'에 이바지할 목적을 담고 있다. OECD교육 2030 학습나침반도 '개인과 사회의 웰빙'을 지향한다. 보수 정권으로 불린 박근혜 정부 교육시책에도 '꿈과 끼를 끌어내는 행복교육'이 들어 있었다.

교육으로 가능한 행복

교육의 가치는 교육받은 이의 인생을 좋은 삶으로 이끄는 데 있다. 누구나 잘 살기를 바라고 그 준비로 교육을 받는다. 그것을 학문적으로 접근해 '행복교육론'을 정립한 이가 넬 나딩스Nel Noddings이다. 《행복과 교육》에서 나딩스는 행복이 교육의 목적이 되어야 한다고 주장한다. 훌륭한 교육은 개인과 집단의 행복에 기여해야 한다는 것이 그의 주된 논지다.

나딩스는 행복을 '미래형'으로 인식하게 하는 데에 종교도 한몫했다고 본다. 종교들의 기복신앙은 행복을 내세에서 찾게 만든다. 현재의 불행을 숙명처럼 받아들이고 감내하도록 이끌어 완화한다. 나딩스는 행복을 미래에서 찾고 현실 개선 노력을 방기하면 신이 아닌 인간의 나쁜 통제에 길들이는 결과를 낳게 된다고 본다.

나딩스는 또 행복에 이르는 과정에서 미화되기 쉬운 고통도 언급한다. '고통 없이 얻는 것은 없다(No pain, No gain)'는 식의 고통 미화나 정당화를 반대한다. 힘든 학교, 엄격한 훈육을 옹호하는 니체Friedrich Nietzsche를 비판하면서, 군인은 주로 외적 훈련을 통해 길러지지만 학자는 사랑과 따스함 같은 내적 훈육을 통해 길러진다고 말한다.

중세의 인문주의자 에라스무스Desiderius Erasmus도 엄격한 훈육의 해악에 대해 일찌감치 인식하고 경계론을 강하게 내세웠다. 그는 학대와 체벌을 일삼는 폭력적 지도는 물론, 엄격한 훈육 위주의 수도원식 교육도 경원시했다. 체벌은 교사 자신이 겪은 어린 시절의 억압에 대한 복수심에서 나온다고 지적한다. 그가 《우신예찬》에서 풍자한 신학자나 성직자들의 폭력적 권위 못지않게 교사들에게도 그것이 있다는 것이다. 독단적이고 당파적인 교리, 교조적인 해석과 일부러 어렵게 가르치는 지도법 등은 권력을 누리려는 지배욕이나 사적 욕망의 발로라고 따끔하게 지적한다.

인문주의 교육관을 대표하는 저작으로 알려진 《아동교육론》에서 에라스무스는 인간의 행복이 교육에 기반하고 있음을 강조한다. 그리고 행복의 전제조건으로 본성, 방법, 실천 세 가지를 제시하는데, 이것들 모두에 교육과 학습이 관련된다고 본다.

그가 아동교육에서 특히 강조하는 것도 아이들이 공부를 '놀이'처럼 즐거운 것으로 여기게 만드는 '온화한 교수법'이다. 아이들이 공부의 즐거움과 내재적 가치를 알기도 전에 공부에 대한 혐오감을 심어주는 것은 가장 큰 해악이라며 경고한다. 공부에서 자발적 선호가 그 어떤 강압적 다그침보다 훨씬 효과적이라는 인식이다. 그는 훈육도 가급적 회초리가 아닌 친절한 말로, 육체적 고통보다 따뜻한 꾸지람으로 해야 한다고 주장한다. 부득이한 체벌도 인간적이고 최소한에 그쳐야 한다고 당부한다.

물론 체벌의 필요성을 전면 부정하지는 않는다. 다만 체벌을 효과적인 지도법이라고 믿으며 광범위하게 구타가 행해지던 당시 학교들을 '고문 장소'라고까지 비판하며 경종을 울린 그의 지적은, 가톨릭 사제이자 신학자였던 자신의 신앙에 바탕을 둔 것이기도 했다.[60]

---

60) 성경 속 바울로(Paul) 서간 중에 "아버지 여러분, 자녀들을 성나게 하지 말고 주님의 훈련과 훈계로 기르십시오(에페소서. 6:4)"라는 구절이 있고, 솔로몬 지혜서

나딩스도 같은 관점에서 행복한 교육을 위해서는 고통의 최소화나 고통에서의 탈출부터 필요하다고 본다. 성장을 위한 고통이 의도적으로 주어지거나 정당화되어서도 안 된다. 미래의 행복을 위한 현재의 고통도 '응분의 고통'이 될 수는 없다. 얼마간의 고통이 공부에 나쁘지 않다는 주장도 바람직하지 않다. 공부가 힘들고 어려워야만 가치 있는 것도 아니다.

나딩스는 이어 2단계 접근으로 요구(Needs)와 기대(Wants)의 적극적 충족을 제안한다. 행복이 교육의 목적이라면 그것을 가르치는 것만으로는 부족하다. 교육 목적, 내용, 방법, 평가 등 교육과정 전반에 일관된 접근이 있어야 한다. 그리고, 공부가 원래 재미있고 진리 탐구가 즐거운 것이라는 관점이 바탕이 되어야 한다.

아울러 나딩스는 시설, 가정, 지역사회 여건 등 최소한의 교육 환경과 교육 복지의 확충이 뒤따라야 한다고 말한다. 그리고 배려를 바탕으로 한 공동체적 사고, 다양성을 인정하는 민주주의로의 인식 변화 등이 뒷받침돼야 한다는 것이 나딩스가 제시하는 '행복교육론'의 핵심 요소다.

인 잠언 편에는 적절한 체벌을 자녀 훈육의 방법으로 드는 구절들이 있다(잠언. 13:24, 22:15, 23:13-14, 29:15). 한편, 에라스무스의 이런 교육관은 현대 아동중심 교육이론과 진보주의 교육관의 기틀이 된다. 체벌의 비교육성에 대한 주장도 칸트Immanuel Kant와 헤르바르트Johann Friedrich Herbart 등에게로 이어진다.

그레이트 헝거를 채우는 공부

　아프리카 칼라하리 사막의 부시맨들에게 전해지는 두 가지 굶주림에 대한 이야기가 있다고 한다. 그레이트 헝거Great hunger와 리틀 헝거Little hunger가 그것이다. 리틀 헝거는 끼니를 굶어서 생긴 배고픔이지만, 그레이트 헝거는 더 큰 배고픔인 '의미에 대한 굶주림'이다. 인간에게는 먹을 것이 없어서 생긴 생리적 굶주림보다 의미를 채우지 못한 정신적 굶주림이 더 큰 고통을 준다. 헝거는 굶주림인 동시에 갈망이기도 하다. 인간을 가장 고통스럽게 만드는 것은 그들의 삶에서 의미를 찾을 수 없도록 하는 것이다.

가장 큰 갈망, 의미 찾기

　긍정심리학의 창시자 마틴 셀리그먼은 저서 《긍정심리학》에서 인간의 삶을 세 가지로 나누어 본다. '쾌락적인 삶', '행복한 삶(good life)', '의미 있는 삶'이 그것이다. 쾌락적인 삶은 긍정적 정서를 최대한 많이 느낄 수 있게 열중하는 삶이며, 행복한 삶은 자신의 강점을 발휘하여 참되고 풍요로운 만족을 얻는 데 열중하는 것이다. 그런데 의미 있는 삶은 행복한 삶보다 한 가지 특징이 더 있다. 바로 자신의 대표적인 강점을 '자신보다 더 큰 무엇'에 이바지하는 데 활용하는 것이다. 이 3가지를 아우를 때 진정한 삶이 된다고 본다.

다니엘 핑크Daniel Pink가 제시하는 21세기 인재의 6가지 조건(키워드) 중에도 '의미'가 들어 있다. 다니엘 핑크는 《새로운 미래가 온다》에서 21세기의 주요한 키워드로 '의미'를 설명하면서, 로고테라피logotherapy[61]의 창시자 빅터 프랭클Viktor Emil Frankl의 접근법을 소개한다.

빅터 프랭클은 젊은 시절 나치의 홀로코스트Holocaust를 직접 겪으면서, 생과 사를 넘나드는 극한상황 속에서도 목적의식과 의미를 유지할 수 있는 사람들이 생존율과 상황 대처 능력이 더 높음을 관찰하게 된다.

무엇보다 프랭클 스스로 절망의 심연에서 생존 이상의 삶의 의미와 목적을 찾고자 노력하면서 그 과정을 기록했다. 그렇게 하여 세상에 나온 책 《삶의 의미를 찾아서》[62]는 인간 영혼으로 향하는 상이사 의미 있는 삶의 안내서라는 평가를 받으며 큰 반향을 불러일으켰다.

인간은 의미를 추구하면서 기본적인 원동력, 인간 실존에 힘을 부여

---

[61] 의미치료법. logo는 '의미'를 뜻하는 그리스어. 로고테라피는 개인이 고유한 의미를 발견하고 추구하도록 돕는 것을 목표로 한다.
[62] 이 책의 국내 번역본은 《죽음의 수용소에서(이시형 옮김)》라는 제목으로 출판되었다. 이시형이 《삶의 의미를 찾아서》라는 제목으로 번역한 국내 번역본은 프랭클의 1966년 미국 대학 강연록이다.

하는 동력원을 얻는다. 그래서 로고테라피는 실존 치료라 불리기도 한다. 이것은 환자에게 가장 중요한 목적인 의미를 찾도록 돕는다. 그처럼 정신적 웰빙을 지향하는 로고테라피는 현대 심리치료의 중요한 영역으로 자리 잡는다.

로고테라피는 환자가 이뤄낼 과제의 의미에 초점을 둔다. 프로이트 Sigmund Freud식의 정신분석은 정신질환 환자 진단 시 과거의 욕구불만이나 상처에서 문제의 원인을 찾지만, 로고테라피는 의미 상실에서 원인을 찾는다. ▲이전에는 무엇에 의미를 두고 살았는가 ▲그런데 지금은 왜 그것이 더 이상 의미가 되지 못하는가 ▲새롭게 찾을 수 있는 삶의 의미는 무엇인가를 환자와 함께 모색하는 것이다⟨⟨위키백과⟩⟩.

프랭클은 자신의 삶에 대한 책임을 지고 매 순간 의미를 찾는 것의 중요성을 강조한다. 개인이 의미 있는 활동에 참여하고, 사랑의 관계를 발전시키고, 타인에 대한 책임감을 찾음으로써 목적을 발견할 수 있다고 믿는다. 또한 고통 속에서도 의미를 찾을 수 있고, 고통이 성장의 기회가 될 수도 있다고 주장한다. 하지만 고통이 의미 발견의 전제조건은 아니라는 점도 분명히 한다.

프랭클은 개인의 가치를 식별하고 추구하는 것의 중요성을 강조한다. 가치는 개인에게 의미 있는 것을 나타내고 그들의 선택과 행동을 안내한다. 자신의 가치관을 발견하고 그에 맞춰 살아가는 것은 만족스럽고 의미 있는 삶을 위해 매우 중요하다.

의미 – 21세기 키워드

다니엘 핑크는 21세기야말로 과거 어느 때보다 의미를 추구하는 삶을 살아갈 수 있는 환경이 조성되었다고 본다. 빈곤으로부터의 탈출과 물질적 풍요, 기술의 발전 등은 의미 있는 삶의 추구에 이상적인 환경이 되고 있다. 다니엘 핑크가 소개하는 다음과 같은 언급들도 어느덧 우리의 생활과 일에서 의미가 중심이 되고 있음을 보여주는 통찰이다.

무엇으로 살 것인가의 문제는 해결됐지만 무엇을 위해 살 것인가는 해결되지 못했다. 삶의 수단은 있지만 삶의 목적은 없다. 물질주의의 시대적 가치(경제적·물질적 안정을 최우선으로 여김)에서 '후기 물질주의'의 시대적 가치(자기 표현과 삶의 질을 강조)로 서서히 이동하고 있다. — (로널드 잉걸하트, 미시건대 교수)

물질에 대한 욕구에서 삶의 가치에 대한 욕구로의 이동은 역사상 가장 큰 규모로 진행되고 있으며, 우리 시대에 가장 수된 문화적 발전으로 기록될 것이다. — (그렉 이스터브룩, 미국의 저널리스트) [63]

20세기 행동심리학은 동기유발 기제로 두 가지가 있다고 본다. 첫째 (드라이브 1.0)가 '결핍'이고 둘째(드라이브 2.0)는 '보상과 처벌'이다. 결핍은 생물학적 욕구를 부르는 기제다. 배가 고프면 먹이를 찾고 졸리면 잠을

---

63) 다니엘핑크(2005). A Whole New Mind. 김명철 옮김(2006). 새로운 미래가 온다. 212~213쪽 재인용.

자려고 하는 것처럼 말이다. 그리고 보상과 처벌은 환경적 조건이다. 말(馬) 길들이는 데 쓰는 당근과 채찍이 그 예다. '당근과 채찍' 요법은 사람 관리나 교육에도 쓰였다. 잘하면 상을 주고 잘못하면 벌을 주는 것을 교육의 기본이라 믿기도 했다.

그러나, 다니엘 핑크는 《드라이브》에서 당근·채찍 요법의 한계를 지적한다. 산업혁명 이후 생산성 증진 기제로 애용되었던 당근과 채찍 요법은 ❶성과를 도리어 감소시키며 ❷스스로 하고자 하는 내적 동기를 훼손하고 ❸창의성을 고갈시키며 ❹좋은 일이어서 하고자 하던 선행도 피하게 만들고 ❺편법이나 반칙에의 유혹에 빠져들게 만들며 ❻중독성을 유발하고 ❼근시안적 사고에 매몰되게 하는 등 7가지의 치명적 결함이 있다고 보았다. 그래서 21세기에 바람직한 동기를 '드라이브 3.0'으로 이름 짓고, '스스로 하고 싶어서 하는 내적 동기'로 규정한다.

리틀 헝거를 채우려는 동기가 드라이브 1.0이며, 그것을 강화해 당근과 채찍으로 부추긴 것이 드라이브 2.0이다. 그러나 그레이트 헝거는 이러한 동기로 채워지기 어렵다. 스스로 하고 싶어서 하는 내적 동기라야 가능하다. 그 내적 동기가 드라이브 3.0이다. 삶의 의미를 찾아 그레이트 헝거를 채우는 데는 드라이브 3.0이 작동해야 한다.

'의미 있는 삶'을 준비하는 공부 또한 억지로 되어질 수 없다. 그것을 강화하려고 당근과 채찍(상벌)에 의존하려다가는 위에 언급한 7가지 치명적 결함을 피할 수 없게 되어 버린다. 21세기형 역량을 기르는 교육과 공부에서 필히 유념할 부분이 아닐 수 없다.

어떻게
공부해야 하나

HOW

좋은 경쟁 아곤, 나쁜 경쟁 안타곤

공부의 방법을 본격 논의하기 전에 먼저 살펴볼 것이 경쟁에 관한 것이다. 경쟁을 바라보는 관점에 따라 공부 방법이 달라질 수도 있기 때문이다.

경쟁의 논리

경쟁은 같은 목표의 달성을 두고 서로 이기거나 앞서려고 다투는 것을 말한다. 생물들 간에 제한된 환경을 서로 유리하게 쓰려고 벌이는 겨룸도 이에 해당한다. 경쟁이란 말과 그림자처럼 붙여 쓰이는 말도 '생존~'인 것을 보면, 생명을 타고 난 존재가 살아남고 자라는 데도 경쟁력이 있어야 유리한 것은 자명한 듯싶기도 하다. 인간이 '만물의 영장'이라는 말도 만물과의 생존경쟁에서 최종 승자로 꼭대기에 섰다는 말이다. 인간이 눈부신 문명을 이루어 온 것에도 경쟁이 유발한 에너지가 동력이 되었음은 더 말할 나위도 없다.

경쟁이 모든 생명체들에게 숙명과 같은 것이라면, 그리고 긍정적 에너지원도 될 수 있다면 그것을 최대한 북돋울 방법을 찾는 것도 등한히 할 일이 아니다. 인류사를 돌아보면 이 경쟁을 미덕으로 여기고 정신문화의 DNA로 삼은 나라가 그리스이고, 경쟁을 '경제 이데올로기'로 삼고 부추겨 온 것이 자본주의다.

고대 그리스인들은 바람직한 경쟁을 아곤agon으로 부르면서 '거룩한 시도'로 여겼다. 아곤은 가장 인간다우면서도 가장 신과 가깝게 닮고자 하는 노력이기에 거룩하게 여겼다. 그것이 선을 넘어 신을 위협할 정도가 되면 신의 질투도 받고 응징까지 당할 수도 있지만, 인간의 범위 안에서 서로 신을 닮고자 경쟁하는 것은 가상하고 아름답다고 본 것이다.

그리스인들은 인간의 노력으로 도달할 수 있는 최대의 경지를 '아레테arete'라고 불렀다. 아레테는 인간이 신 앞에 보일 수 있는 최대의 미덕이었다. 그것은 사람뿐 아니라 신의 피조물에 다 들어 있다. 가령 의자를 예로 들면, 의자의 아레테는 의자가 제공할 수 있는 최적의 기능, 즉 궁극의 '의자다움'이다. 따라서 인간에게 있어서의 아곤은 그 아르테(인간으로서의 최대치)에 누가 먼저 도달하고 누가 가장 신에 가깝게 닮느냐 하는 경쟁이기에 미덕인 것이다.

올림픽 경기는 아곤이 가장 상징적으로 발휘되는 장이었다. 올림픽은 원래 신을 위한 종교적 축제였다. 그 과정이나 결과로 얻어지는 성취나 승리는 모두 신을 기쁘게 하기 위한 찬양이었다. 동시에 야만의 공포로 얼룩지던 전쟁을 설레는 놀이로 문명화하여 즐기고자 한 잔치마당이었다. 운동경기뿐 아니라 음악과 춤, 조각과 연극을 포함한 종합예술의 경연장이기도 했다. 문화의 경연장은 전쟁에서 죽음과 피, 그리고 그것을 부르는 맹목의 적대를 걷어내고 짜릿한 재미를 더한 아곤의 장이었다. 눈 뜨고는 못 볼 공포의 난장을 짜릿한 긴장과 통쾌한 흥분이 오가는 볼거리로 만든 그리스 문화의 상징이었다.

참가하는 모든 이들은 성취와 승리를 위해 수년간 치열하게 자신의 잠재력과 아레테를 갈고닦는다. 그 자체가 신에 대한 최고의 헌신이면서 인간다움의 최대치를 피워내는 자기실현이었다. 올림픽 승자에게 주어지는 대가 중 최대의 보상은 신화 속 영웅과 같은 반열에 오르는 명예였고 그것을 상징하는 월계관이었다.

어떤 종목이라도 경쟁의 상대는 있다. 그를 제압하고 꺾어야 승리도 따른다. 그러나 승리 자체가 목적이 아니라 최종의 미덕은 신을 기쁘게 하는 것이다. 신을 기쁘게 하려면 무조건 이기기만 하면 되는 게 아니다. 정정당당히, 떳떳하고 아름답게 이겨야 한다. 그래서 그 속에 규칙도 있고 넘지 말아야 할 금도도 있다. 그것이 전쟁에서의 전투와 다른 점이다. 아곤을 아름다운 경쟁, 예술로 승화한 경쟁이라 부르는 이유다.

이러한 그리스의 아곤에 대해 철학적 의미와 연원을 밝힌 이가 독일의 니체Friedrich Nietzsche다. 니체는 1872년, 《호메로스의 경쟁》이라는 책의 서문에서 그리스의 아곤이 호메로스Homer의 서사시들로부터 유래했다고 밝힌다.[64] 호메로스의 서사시 《일리아드》와 《오디세이》는 영웅

---

64) 형식은 서문이었지만, 그 어떤 저작의 본문에 못지않은 철학적 사유를 담은 무

들의 끝없는 경쟁들을 다루고 있다. 그 시들에는 자신의 명예를 지키기 위해 처절하게 죽어가는 영웅의 모습들이 그려진다. 그러나 그들이 추구한 명예는 누군가의 치욕을 필요로 한다. 그들의 대결은 남을 죽여야 자기가 사는 제로섬 Zero sum 게임이다. 아니, 도리어 '그러다 다 죽는' 마이너스섬이기에 비극이다. 응징이 보복을 낳고 보복이 다시 복수로 이어져, 피로 피를 씻는 이혈세혈 以血洗血 의 연쇄다.

이런 야만의 혈투는 결코 바람직한 경쟁이 아니다. 그들이 목숨과 맞바꾸어 지키려 한 명예도 사실은 그리 숭고하지도, 아름답지도 못했다. 공동체에 남겨지는 것은 비극적 명예의 허상이었다. 홉스가 말하는 원시 정글의 '만인에 대한 만인의 투쟁'은 국가라는 공동체로 인해 집단화되었을 뿐이다. 그래서 그런 비극이 남긴 교훈이 유혈 난장의 잿더미로부터 미덕적 요소만을 수습해내려는 노력으로 이어진다.

승리의 쾌감 뒤에 공포와 전율이 도사리는 비극의 사이클에서 인간의 선택지는 두 가지가 있을 수 있다. 잔혹한 현실 속 실존의 덧없음을 느끼고 '실존에 대한 구토'로 나아가는 길이 그 하나요, 경쟁의 미덕을 살리고 경쟁이 갖는 긍정 에너지를 질적으로 승화시키는, 다른 차원의 경쟁을 즐기는 것이 또 다른 하나다. 그리스 사람들이 선택한 것은 둘째 선택지였다.

게였다. 니체의 모든 사유의 핵심에는 시종일관 아곤 Agon 즉, 경쟁(Wettkamp)이 있다. 니체는 어떤 데서는 Agon을 쓰기도 하고, 또 어떤 곳에서는 WettKamp를 쓰기도 한다(이상엽,2013).

호메로스가 영웅들의 무용담을 노래한 음유시인이라면 신과 인간의 삶에 눈을 돌린 음유시인이 헤시오도스Hesiodos다. 그는 신의 계보를 노래한 《신통기》에서도 인간을 닮은 신의 면모를 담고자 했고, 《노동과 나날》에서는 인간들의 일상적 노동과 삶의 의미를 담고자 했다.[65]

헤시오도스는 불화와 다툼의 여신 에리스에게 두 가지 면모가 있다고 보았다. 하나는 극단의 파멸과 불행, 죽음을 부추기는 측면이고, 다른 하나는 질투와 시샘, 미움을 부추기는 측면이다. 둘 다 부정적이긴 하지만 헤시오도스는 '상대적으로 좋은(덜 나쁜) 에리스'의 측면을 주목해 보고자 했다. 그나마 두 번째 면모인 질투와 시샘은 인간에게 의욕을 불러일으킬 수 있는 긍정적 측면도 있다. 가령 남의 성공을 질투하고 시샘하는 마음에 불을 지르는 것이 경쟁심을 자극함으로써 게으름을 떨치는 동기부여가 된다면, 그것은 긍정적 측면일 수가 있는 것이다.

니체는 그리스의 아곤이 바로 이 '좋은 에리스'의 작용에서 나온 것으로 본다(이상엽, 2013). 호메로스의 서사시들 속 처절한 유혈 보복전의 현장 곳곳에도 에리스는 있었다. 그 에리스는 '나쁜 에리스'였다. 그러나 그 광란의 회오리 속에서 영웅들은 스러져 갔지만 공동체 그리스에는 역설의 교훈이 남았다. 경쟁의 미덕만 살려내고 악덕은 묻어버리게 된 것이

---

[65] 헤시오도스는 호메로스의 시풍에 비해 인간적이고 교훈적인 면이 많아 '교훈시의 아버지'로 불린다. 대표작의 하나인 《노동과 나날》에서 인간의 시대를 '황금-은-청동-영웅-철'의 다섯 시대로 대별한 것이 많이 알려져 있다. 웅혼한 호메로스의 시풍에 비해 섬세한 시풍으로, 호메로스와 함께 참가한 시경연대회에서도 그를 꺾고 우승한 적도 있다고 한다.

다. 그것이 그리스인들의 선택이었다. 니체는 여기서 아곤이 유래했다고 본다. 호메로스 이전의 눈먼 경쟁은 아곤과 대비되는 안타곤antagon이 된다. 아곤에 반(anti-)하는 나쁜 경쟁이라는 의미다.

이렇게 하여 인간의 실존에 새로운 승리 공식이 만들어진다. 아곤을 통한 승리만이 진정한 승리로 찬양된다. 아곤을 통해 창조적 천재도 탄생하며 새로운 가치도 등장하고 새로운 삶의 지평과 에토스ethos도 만들어진다.

예술, 경쟁을 순화시키다

니체는 안타곤을 아곤으로 승화시키는 데에 시詩라는 예술의 힘이 작용했음을 주목한다(이상엽, 2013). 그래서 아곤을 예술적 경쟁, 창조적 경쟁으로 부른다. 그가 보기에 재능은 경쟁 속에서 더욱 만개한다. 경쟁 과정에서 진정한 예술가도 나온다. 음유시·합창시의 대가들인 핀다로스Pindaros와 시모니데스Simonides는 서로 시샘을 자극제로 삼아 경쟁하면서 쌍벽을 이루었다. 그 어떤 분야든 뛰어난 존재들은 서로를 의식하고 자신을 돌아보면서 분발하기도 한다. 니체는 시, 음악, 운동경기, 학문, 정치, 법정 등 어디서나 아곤이 새로운 도전과 창조의 원천이 된다고 보았다.

다만 아곤의 장에 절대적 강자는 위험한 존재다. 아곤의 활력을 죽이고 위축시키기 때문이다. 니체가 소크라테스를 호되게 비판한 것[66]도

---

66) 니체가 말년에 시도한 우상 깨기의 첫 표적이 소크라테스였다. 니체는 역저《우

가장 크게는 그가 서양철학에서 지니는 지위나 권위의 지나친 절대성 때문이었다.[67] 특히 대화 상대에게 무지를 자각하도록 일깨우는 그의 변증법(산파술)이 안타곤에 해당하는 제압술이라는 것이다. 상대를 끝내 아포리아aporia의 혼돈으로 몰아 입을 닫게 만드는 방법이기에 독배를 들라는 판결을 받아도 마땅했다는 것이다.

아곤의 장 그리스에서는 진리조차 보편적 진리보다 다양한 견해들 가운데 상대적으로 앞서는 견해가 있을 뿐이다. 그 위상은 언제고 바뀔 수 있고, 또 바뀌어야 한다. 진리 탐구의 장에는 독점적 지배자가 나와서도 안 된다. 진리는 경쟁 속에서 갈고 닦이는 것이지 챔피언 가리기로 승부를 내는 것이 아니다. 그런데 소크라테스는 그 아곤의 장에 제압용 칼을 차고 나온 '안타곤의 검술사'였다는 것이다. 때문에 아곤의 미풍을 익혀야 할 그리스 청년들에게 안타곤을 퍼뜨리려 한 소크라테스는 단죄받아 마땅했다는 것이다.

아곤의 궁극적 목적은 경쟁자를 제압하기보다 자신을 성상시키는 데 있다. 자신과 맞선 상대는 자기에게 자극과 영감을 주고 분발케 하는 선의의 파트너. 상대하기에 더 큰 고통이 따를수록 상대가 강하다는 뜻

상의 황혼》의 첫 장에서 서양 전통 형이상학의 시조始祖 격인 소크라테스에게 회초리보다 무자비한 '망치'를 든다.

[67] '세상에 소크라테스보다 많이 알고 지혜로운 사람이 없다'는 소문이 돌자, 누군가 그 진위를 두고 신탁을 구한 일도 있었다고 한다. 그러자, 델포이의 신녀조차 단호하게 그렇다고 했다고 한다. 일설에 따르면, 아테네의 모든 이들은 자신의 무지를 알지 못하지만 소크라테스만이 그것을 알았기에, '메타인지까지 겸비한 현자'였다는 것이다.

이다. 이때의 고통은 성장에 보약이 된다. 물론 강자들 간에도 역량에 따른 순위는 존재한다. 그러나 이런 위계는 불변의 계급이나 질서가 아니다. 승패는 존재하나 비교를 통해 자신을 돌아보며 성장을 확인하기도 한다. 결국 니체가 보는 그리스의 아곤은 자신의 삶을 긍정하고 자기 성장을 위해 남도 존중하는 태도다. 삶을 긍정한다는 것은 일상 속의 어려움을 긍정적으로 마주하면서 극복을 통해 성장하려는 태도를 말한다.

소크라테스 재판의 배경과 관련된 또 하나의 그리스식 제도가 있다. 도편추방제Ostracismos가 그것이다. 아테네 민주정의 정점에서 시행된, 독재자가 될 위험이 있는 인물을 국외로 추방하는 제도다. 아무리 잘못이 없는 인물이라도 시민들이 도자기 조각에 이름을 적어 가장 많이 나오면 10년 동안 국외로 추방해 버린다. 이유도 묻지 않고 토론도 없으며 해당자에게 변소의 기회도 주지 않는다. 별다른 과오가 없고 선정을 베푼 자라도 권력이 집중되다 보면 개인이나 공동체 모두에게 독이 된다. 민주정의 발전을 저해한다. 그 이전 참주정에서 얻은 교훈이었다. 절대권력자의 뛰어난 리더십보다 일반 시민들의 집단지성이 진실에 훨씬 가깝고 아테네의 번영을 위한 길이라고 본 것이다.

이러한 그리스의 아곤을 학술적으로 정리한 사람은 스위스 사학자 야코프 부르크하르트Jacob Christoph Burckhardt이다(이상엽, 2013). 부르크하르트는 '미술사'라는 학문 영역을 처음 연 이로, 스위스에서는 지폐 모델로 쓰일 만큼 자랑스러운 존재다. 부르크하르트 사후에 그의 제자들이 유고를 모아 펴낸 《그리스 문화사》는 니체의 책과 더불어 아곤을 고대 그리스 사회와 서양의 정신적 맥락으로 올려세운 역저로 평가된다.

19세기 말에 부활한 근대 올림픽은 고대 그리스의 올림픽 정신을 세계화한 세계인의 스포츠 잔치다. 서양식 경기 종목 위주로 구성된 한계는 있지만, 선의의 경쟁인 '아곤의 경연장'으로서 세계인의 관심과 참여 속에 치러진다. 역대 올림픽 영웅들의 일화들 중에는 진정한 경쟁-아곤의 정신을 엿보게 하는 사례들이 적지 않아 감동을 준다.

아름다운 경쟁?

1960년 로마 올림픽과 1964년 동경 올림픽 마라톤 경기에서 2연패를 달성한 에티오피아의 아베베 비킬라 Shambel Abebe Bikila 선수의 일화도 그중 하나다. 그는 우승 후 인터뷰에서 어려웠던 경쟁 상대가 누구였느냐는 질문에 이렇게 답한다.

> 같이 뛴 다른 선수가 아니라 중도에 자꾸만 주저앉고 싶던 나 자신, 그리고 익숙지 않은 운동화 속 모래 알갱이와 싸워 이겼다. 나는 남들과의 경쟁에서 이기는 것보다 내 고통을 이기는 것을 소중히 생각한다. 고통과 괴로움에 지지 않고 끝까지 달리다 보니 승리로 연결되었다.

진정한 경쟁인 아곤의 의미를 보여준 명언이다. 신자유주의 무한경쟁 시대를 일컫는 '팔꿈치사회 Ellenbogengesselschaft'라는 용어가 있다. 달리기 경주에서 상대를 이기려고 팔꿈치로 견제하듯 하는 눈먼 경쟁 풍조를 상징하는 말이다. 그런 시대엔 과정이야 어떠하든 결과로 승부가 갈라지므로 무조건 여겨놓고 보는 것이 상책이요 미덕이다. 실제의 달리기 경주에서도 팔꿈치를 어떻게 쓰느냐에 따라 등위와 기록이 달라진다. 팔꿈치를 좌우로 흔들며 달리는 주법으로는 기록 향상을 기대하기 어렵다. 기록은 앞뒤로 흔들면서 달려야 향상된다. 그러나 기록보다 메달 색깔이 중요하다면 팔꿈치를 견제하는 데 쓰고 싶어지는 것이다. 경쟁상대를 의식해 팔꿈치를 좌우로 흔드는 것이 '안타곤 주법'이라면, 앞뒤로 흔들며 기록과 싸우는 것은 '아곤 주법'이다. 안타곤 주법의 경쟁상대가 다른 주자라면, 아곤 주법의 경쟁상대는 '어제의 자신'이며 '힘든 달리기를 멈추고 자꾸 주저앉으려고 하는 자신'인 것이다.

올림픽은 세상의 축소판일 수도 있다. 세상은 올림픽보다 더 살벌한 경쟁이 벌어지는 링일지도 모른다. 인간은 날로 문명화해가는 제도 속에 살아가지만 어느 곳에나 '팔꿈치사회'와 '정글의 자유'를 꿈꾸는 이들은 있다. 그들은 늘 안타곤의 경쟁을 꿈꾸고 미화하며 부추긴다. 제국주의가 그랬고 신자유주의가 그랬으며 교육시장화 정책도 그랬다. 교육시장주의자들은 언제나 무한경쟁교육을 경쟁력 강화 방안으로 믿어마지 않는다.

그러나 문명화된 세상이 정글과 같지는 않다. 무한경쟁이 그 누구의, 그 어떤 경쟁력을 길러주지도 못한다는 사실은 이미 상식이 되었다. 그뿐 아니다. 경쟁만능주의도, 승자독식주의도, 경쟁숙명론도, 경쟁유해론도, 경쟁무용론도 모두 치우친 면들이 있다. 이젠 경쟁에 대해서도 한 측면만을 보기보다 입체적으로 좀 더 깊이 들여다볼 필요가 있다.

교육도 공부도 긍정 에너지를 살리고 키우는 일이다. 공부에도 아곤의 공부가 있다. 그것을 설레고 즐겁게, 짜릿하고 신나게 해야 한다. 운동과 게임처럼 말이다.

고전적인 배움과 익힘

한자어 '학습'의 낱자를 뜯어보면, 그 안에 배우고 익히는 모습과 상황이 그림처럼 담겨 있다. 배울 학學 자는 '아이(子)가 책상(冖) 앞에 앉아 두 손(臼)으로 배울 것(爻)을 잡은 모습'이다.[68] 이 글자가 만들어진 것이 한자 형성 초기(은나라~진나라)였을 텐데, 배우는 형상을 제대로 잡아냈다. 아이가 책을 펴들고 책상 앞에 앉은 모습, 배움의 전형적인 포즈다.

익힐 습 자는 새가 날갯짓을 익히는 형상에서 딴 글자다. 날개 우羽자와 흰 백白 자를 합쳤다. 익힌다는 뜻을 담을 글자를 구상하던 중에 새가 날갯짓을 익히는 장면이 눈에 들어왔을 법하다.[69] 아래 '흰 백白' 자는 본디 '스스로 자自' 자였다가 후대에 바뀐 것이라고 한다. 새의 날갯짓은 오직 스스로 익히지 않으면 안 된다. 어미 역할은 시범을 보이고 지켜보

---

[68] 學 자 형상에 대해, '점쟁이가 두 손(臼)으로 윷가락(爻)을 던지며 점치는 것을 아이(子)가 집(冖)에서 보고 배우는 장면'으로 보는 견해도 있다 - 이기훈(2021), 《우리 한자 808》, 서울: 책미래
[69] 《예기》〈월령月令〉편에 "한여름이 되면 매가 배우기 시작한다(孟夏之月 … 鷹乃學習)."는 부분에 학습學習이라는 단어가 처음 보인다고 한다.

는 것에 머문다.

전통적인 공부는 공자가 《논어》에서 언급했듯이 '배우고 때로 익히는 것(學而時習)'이다. 선현들의 지혜를 물려받은 배움 위에 제 것으로 만드는 익힘을 더하는 것이다. 같은 것을 배우는 것은 한 번으로 끝나지만 익힘은 때때로다. 한번 배운 후에는 시도 때도 없이 익혀야 한다.

배움보다 익힘

자전거나 피아노, 그림을 배우는 예를 보자. 가르치는 이는 한두 번 요령을 가르쳐 줄 뿐이고, 배운 이는 그것이 몸에 배도록 거듭해서 익혀야 한다. 월드 클래스 축구선수 손흥민도 감독의 지도를 받고 나면 필히 개인 연습을 한다고 한다. 집단으로 하는 배움보다 별개로 하는 개인 연습에서 클래스의 차이가 생겨난다.

축구 기량을 익히는 것도, 책을 보는 것도 다 공부다. 머리로 하는 공부는 '공부 머리'가 좋은 사람이 좀 더 유리하고, 축구도 '축구 지능'이 좋은 사람이 더 쉬울 것이다. 그러나 공부를 머리로만 하는 것은 아니다. 머리에 익힌다는 것은 이해하고 새기는 것이다. 그런 뒤에는 몸에도 배게 해야 한다. 몸에 익히는 것과 머리로 익히는 것의 양과 질이 같을 수는 없다. 하지만 기본원리는 같다. 머리에든 몸에든, 익히는 것의 기본원리는 '숙달되도록 반복하는 것'이다.

학업성적도 배움보다 익힘에서 판가름 난다. 머리로 이해하고 끝나서는 자기 것이 되지 않는다. 몸으로 익혀 몸에 배어야 제 것이 된다. 그래야 질문에 답할 수가 있다. 남에게 설명할 수 있어야 제대로 아는 것이고 설명할 수 없는 앎은 자기 앎이 아니다.

우리나라 학생들의 공부 행태는 어떤가. 입시생들은 하루 15시간 이상을 공부에 매달린다. 학교나 학원의 수업은 거의 내려받기식 배움의 연속이다. 익힘이 없는 공부는 받아적기만 하는 필기나 같다. 공책에 적어놓기만 하면 내 앎이 되는 게 아니다. 인터넷 강의 파일을 아무리 많이 받아놓아도 보고 익히지 않으면 내 앎이 아니다. 익혀놓지 않은 지식은 전원이 끊기면 날아가는 휘발성 기억(RAM)처럼 실력으로 남지 않는다.

익힘 – 거듭 반복해 몸에 새기기

'익히다(習)'라는 우리말의 사전적 의미는 무엇일까. '익다'에 사동 접사 '히'를 붙여 '익게 하다'라는 의미다. 그러면 '익다'의 뜻은 무언가. 다양한 뉘앙스가 그 말에 있다. ①다 자라서 여물다. 영글다(成熟). ②삶기거나 구워져 먹기에 알맞게 되다(熟). ③빚거나 담근 음식물이 맛이 들다(熟成). ④여러 번 겪어보아 몸에 익숙하다(能熟). ⑤자주 보거나 들어 낯설지 않다(親熟).

이 중에 공부와 관련된 '익힘'은 어느 것일까. 일단 ④, ⑤와 가까워 보인다. 그러나 ①~③의 뜻들도 무관하지는 않다. ①'다 자라 여물다'조차도 '성숙成熟'이니, 모든 익힘은 숙熟과 관련된다. 즉, 공부에서의 '익힘'은 숙련熟練의 의미다. 어떤 것을 몸에 배도록 익히고 단련70)한다는 뜻이다.

---

70) 몸에 배게 하는 단련에도 2가지가 있다. '연練'은 누에고치를 끓는 물에 넣어 삶는 것이고, '연鍊'은 달군 쇠를 찬물에 넣어 급랭시키는 담금질이다.

위의 어떤 '익다'도 금방 이뤄지는 것은 없다. 시간도 필요하고 노력도 들여야 한다. 숱하게 되풀이된 반복이 있어야 그런 상태가 된다. 어릴 적 배운 걸음마, 말, 자전거, 피아노… 어느 것 하나도 반복 없이 익혀진 것은 없다. 몇 번이고 거듭해야 익숙해진다. 익숙해져야 몸에 배고, 몸에 배어야 뇌리에도 새겨져 제 것이 된다. TV 프로그램《생활의 달인》에 소개되는 각 분야 달인들도 그 경지에 오른 과정을 보면 하나같이 누적된 반복 작업의 결과들이다. 공부도 마찬가지다. 머리에 기억할 필요가 있는 정보는 반복해 읽고, 쓰고… 그 횟수가 많을수록 오래 기억될 확률도 높다.

짧게, 자주, 지속적으로

반복에는 '쉼'도 있어야 한다. 무작정 단조로운 되풀이만 거듭하면 우리 뇌는 이를 중복된 정보로 알고 한 번으로 인식해 버린다. 단조로운 되풀이(중복)가 아니라 일정한 주기로 쉬었다가 되풀이(반복)를 지속하라는 것이 뇌의 요구다. 더 잘 기억하기 위해서는 몰아서 하는 공부보다 분산 학습이 더 효율적이라고 본 에빙하우스Hermann Ebbinghaus의 '간격 효과'도 이에 근거한다. '끊임없는' 반복이 아니라 '끊임(쉼)이 있는' 반복이어야 한다. 쉼 없는 작업은 쉼표 없는 악보와 같다. 결국 '익힘을 위한 반복'의 가장 기본적이고 효과적인 패턴은 3가지다. '짧게, 자주, 지속적으로'가 그것이다.

익히는 것의 종착 지점은 주로 두뇌. 그러나 두뇌 말고도 입이나 손발 등 몸에 익히는 것들도 있다. 스포츠 선수들의 온갖 기량들, 그리고 장인이나 달인들의 손기술, 가늠질, 감각 등은 대개 몸에 익혀지는 것들이다. 이른바 '손지식', '발지식' 들이다. 그들의 기량과 기술 연마의 주된 비결은 지속적인 반복이다. 숱한 시행착오 속에 자기만의 장기나 비기秘技도 몸에 배게 한다.

그런 기량의 연마·연습도 공부의 일종이지만, 머릿속에 지식을 쌓는 일반 학생들의 공부도 머릿속뿐 아니라 입, 심지어는 손에까지 익힐 수 있다. 손에 익히는 것의 예로는 컴퓨터 자판 숙달하기, 화가들의 붓질, 악기 연주자들의 탄주법 등이다. 입에 익히는 예로는 가수들의 발음법이나 방송인들의 발화법 등이다.

몸에 배어야 내 것

입에 익히는 공부법의 하나로 암송이 있다. 문자가 없던 시절, 중요한 내용의 전승에 쓰인 것이 암송이었다. 구전문학도 그 한 예이고 종교단체들의 경전 암송도 그에 든다. 가장 오래된 서사시로 알려진 《오디세이아》와 《일리아스》도 음유시인 호메로스Homer의 구술시였던 것이 수많은 이들의 입으로 구전되다가 후대에 문자로 채록된 것이다.

문자가 나온 뒤에도 그것을 익히는 데 암송이 쓰였다. 동양의 서당들에서 한자를 익히는 데도 암송은 필수였다. 자획의 필순과 자형을 눈과 손에 익히는 것과 함께 소리 내어 반복해 읽음으로써 입과 귀에 익혔다. 그것이 이른바 소독素讀법이다. 이것도 역시 암송의 한 형태다. 암송은 입에 익히는 방법이지만 귀에 익히기도 한다. 암송이나 소독은 일단 의미는 접어두고 무한 반복하며 기계적으로 읊조리는 방법이다. 그렇게 입과 귀에 익히고 새기는 것이다. 기계적인 암기를 입으로 읊조리면서 한다고 '암송'인데 읊는 데에는 자연스럽게 성조와 리듬이 들어간다. 음악적 패턴이 효과를 높이기 때문이다.

 이런 암송의 효과를 활용한 것이 종교의 전례 음악이다. 불교의 반야심경을 외우는 데도 성조가 들어가고, 기독교의 기도문들은 단조롭게 암기하는 것보다 가락을 얹어 찬송가로 배우는 것이 입에 더 잘 붙는다. 이슬람교 무슬림들에게 경전 《쿠란》의 암송은 신앙의 표징이다. 특히 《쿠란》의 문장은 운율과 리듬이 강해 외우기도 좋다고 하며, 암송 영상들을 보면 뜻을 모르는 사람에게도 유려한 곡조로 들린다.

원초적 공부법, **기억술**

■ 되씹고 되새기기

　반추동물은 1차로 삼킨 먹이를 다시 게워 되새김질하는 초식동물이다. 이들은 육식동물들의 먹이가 되기 쉬워 무리 지어 살면서도 맹수들에게 먹힐까 늘 불안하다. 부드러운 것들을 골라 먹지만 소화가 쉽게 안 된다. 그래서 먹이를 보면 일단 앞니로 뜯어 삼키고, 안전한 곳에 가서야 게워서 소화가 되기 쉽게 어금니로 다시 간다. 그것이 되새김질이다. 하루 9~12시간에 걸쳐 3만 번 정도의 되씹기를 한다고 한다. 먹이를 씹어 먹는 동물의 경우 저작咀嚼 활동이 활발할수록 소화 흡수도 잘 되고 두뇌와 위장 활성화에도 도움이 된다. 되새김질하는 시간이 긴 젖소가 우유의 질도 좋고 생산량도 많다고 한다.

　우리가 하는 공부에도 반추동물의 되새김질에서 배울 것이 있다. 소도 풀 뜯는 데 들이는 시간보다 되새김질하는 데 들이는 시간이 더 길다. 공부도 마찬가지다. 기억은 꺼내 쓰거나 피드백하는 과정에서 뇌와의 연결이 단단해진다. 그래서 외운 것을 반복해서 떠올리며 중얼거리거나 써보면서 손에 익혀야 한다. 계속 써보아야 정확히 아는지 진단이 가능해 잊은 부분을 보충할 수도 있다.

기억할 것을 되새김질하는 복습 방법으로, 심리학자들이 기억 여부를 측정하는 데 쓰는 '기억 인출법'들을 빌릴 만하다. 바로 회상, 재인, 재학습이다.

▲ 회상 Recall

아무런 단서 없이 나름의 기억력으로 머릿속에 새겨져 있는 정보를 끄집어내는 것이다. 단답형·서술형·논술형 지필고사, 또는 구술이나 면접시험에서 메모 없이 답변할 때, 그리고 교안 없는 강의나 원고 없는 연설 등에서 쓰는 기억 인출법이다.

▲ 재인 Recognition

단서와 힌트가 있고, 그것이 학습된 정보와 일치하는지 여부를 확인하는 기억 인출법이다. 객관식 선다형 문항이나 관련 항목 잇설하기 문항, 오픈 북 시험(Open book Test) 등에서 쓰는 기억 인출법이다. 메모나 자료를 보며 하는 강의나 연설 등의 경우도 같다.

▲ 재학습 Relearning

인출이나 인출 연습이라기보다 한 번 더 하는 공부다. 처음 하는 학습이 아니어서 내용도 낯설고 생소하지 않아 이해도 쉽고 시간도 덜 걸린다. 그래서 절약법(savings method)이라고도 한다. 그 효과는 이전 학습의 충실도(학습효과)에 비례한다.

원초적 공부법, 기억술 189

■ 그림우월성효과, 이중부호화이론

우리가 사람을 알아볼 때, 얼굴은 기억나는데 이름은 아리송할 때가 많다. 사람은 문자보다 이미지를 더 정확하게, 그리고 오래 기억하기 때문이다. 한 컷의 만평이나 카툰이 백 문장의 기사보다 전달 효과가 높다.

이미지가 문자보다 오래 기억되고 인상적인 이유는 시각이 눈에 비치는 사물의 형체, 색깔, 질감 등 두뇌 기능의 다양한 기능을 입체적으로 사용하여 인식하기 때문이다. 인간의 오감 중 가장 섬세하고 쓰임이 많은 감각이 시각이다. 인체의 감각 수용체 중 70% 가량은 눈에 있다고 한다. 또한 이미지는 문자보다 훨씬 자극적이며 정확하게 연상결합을 불러일으킴으로써 창의적 사고와 기억력을 높인다.

심리학 용어에 '그림 우월성 효과 Picture superiority effect'라는 게 있다. 그림이 단어보다 더 쉽게 인지되고 기억도 더 잘 된다는 것을 말한다. 같은 내용도 언어정보로만 접하면 3일 뒤에는 10%밖에 기억을 못 하지만, 이미지와 함께 제공된 정보는 65%를 기억한다고 한다.

그림과 문자는 인지 속도도 다르다. 이미지는 문자보다 처리 시간이 6만 배나 빠르다는 주장도 있다. 일반인들이 텍스트 중심의 '읽는 잡지'보다 그림과 사진 중심의 '보는 잡지'를 선호하는 이유나, 아이들이 그림책이나 만화책을 덜 부담스러워하는 이유가 여기에 있다.

다음 그림은 필자가 국어수업 시간에 썼던 PPT 슬라이드 중의 한 컷이다. 언론 매체의 기사가 전하는 사실과 진실을 구분하기 쉽도록 시각 이미지화한 것이다. 청각 자료는 넣지 않았으나 시각 이미지를 활용해 이해를 돕고자 했다.

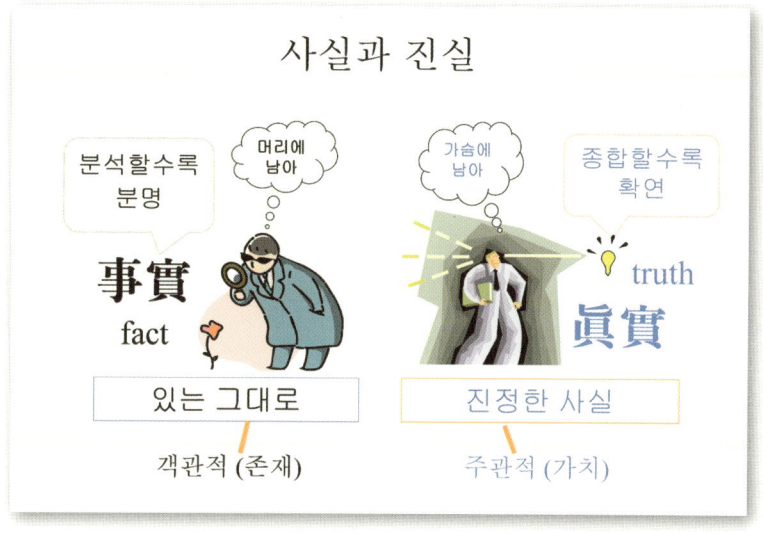

그림 우월성 효과에 기반을 두고 전달 효과를 높이기 위한 시각 이미지들로는 이 외에도 데이터를 시각화한 인포그래픽infographics, 일정표 또는 연대표(timelines), 만평이나 카툰cartoon strips, 도표(diagrams), 그래픽 오거나이저graphic organizers[71] 등이 있다.

---

71) 그래픽Graphic을 이용해 생각을 이미지화하면서, 체계 있게 정리하고 의미 있게 구성한(Organizer) 것. 마인드맵mind map도 이에 속한다.

요즈음 효과적인 강의나 발표에 애용되는 각종 프레젠테이션presentation 도구들도 최대의 전달 효과를 겨냥한다. 다채로운 폰트로 작성하는 텍스트를 기반으로, 그림과 인포그래픽, 사진 등 시각 이미지를 넘어 애니메이션, 음향과 음악, 동영상까지 모든 시청각 이미지들을 최대한 결합해 전달 효과를 극대화하고자 한다.

이 프레젠테이션 도구들의 배경 이론이 알랭 페이비오Allan Paivio의 '이중부호화이론(dual cording theory)'이다. 사람의 기억 시스템에는 시각적 자극과 음성적 자극을 다루는 2가지 채널이 있는데, 이것들은 각기 나누어 저장되면서도 서로 연결되고 통합되어 있어, 하나의 자극 정보보다 꺼내기가 더 쉽고 기억 효과도 높다는 이론이다. 그래서 수업 지도에서도 음성정보와 시각 정보 중 한 가지만 쓰는 것보다 둘을 함께 제시하는 것이 학습에 더 효과가 있다는 것이다. 인간이 하루 평균 보고 기억하는 이미지의 양은 1만 개를 넘는다고 하며, 이 중 대부분이 단기기억으로 소실된다(《나무위키》). 따라서 눈에 효과적으로 들어오는 이미지라 하더라도 잘 구성하고 조직하여 머릿속에 저장하는 것이 필요하다.

시각적 이미지를 머릿속에 체계화하는 기억술로 가장 널리 알려진 것은 토니 부잔Tony Buzan의 마인드맵mind map이다. 마인드맵은 많은 양의 지식을 한 장의 종이에 핵심어(Keyword)와 그림, 여러 색의 방사형 곡선 등을 활용해 그려 넣고 부호화한다. 기억술로서 가장 유구한 전통을 자랑하는 '장소법'도 이 마인드맵의 하나다.

■ 기억의 궁전 짓기, 장소법

일반적인 기억법은 정보를 이해한 뒤 머리에 저장하는 것이다. 그러나 삶 속에서 접하는 정보들은 이해와 상관없이 기억해야 할 것들도 많다. 접하는 당시보다 나중에 돌이켜보고야 중요해지는 것들도 많기 때문이다. 학생들이 공부하며 기억해야 할 지식들이 대부분 그렇다.

말을 기록하는 문자라는 기호체계가 만들어지기 전까지 인간은 삶에 유용한 지식들을 머릿속 기억으로 저장해 두는 수밖에 없었다. 기억력은 곧 능력의 용량이었다. 문자사용이 대중화되고서도 기억력의 힘은 줄지 않고, '외뇌'라 불리는 디지털 저장장치가 상용화된 요즘에도 기억력의 중요성은 떨어지지 않고 있다.

서양에서 기억술(Ars Memoriae)은 설득력을 좌우할 무기였다. 그래서 수사학의 일부로 다루어졌다. 로마의 원로원에서는 토론이나 변론에 메모가 허용되지 않아 기억술이 중시되었다. 당시는 송이도 귀해 인쇄는커녕 필사도 쉽지 않던 시대였기에 기억력은 교양인의 중요한 소양이었다. 수도사나 신학자 등이 성경 등의 서적들을 외우는 데에도 그리스의 기억술을 배워 사용하였다.

시모니데스의 '기억의 궁전'

기억술의 원조는 그리스 음유시인인 시모니데스Simonides라고 알려진다. 기원전 5세기경, 그가 직접 겪었던 참사 일화가 기억술이 태어난 배경으로 전해진다. 당시엔 연회 등 큰 행사에 문화공연 형식으로 시 낭송을 곁들이곤 했다. 요즈음 연예인들처럼 음유시인들을 초청해 시를 낭송케 하고 보수를 주었다. 당대 인기스타였던 시모니데스는 그날, 어떤 폴리스의 왕이 주최한 대연회에 초청받아 그를 찬양하는 시를 헌정했다. 모든 시가 그렇듯 그 헌정시에도 비유를 통한 칭송이 곁들여졌다. 왕의 위업을 쌍둥이 별자리 주인공에 비유해 한껏 띄워 주었다. 객석에서는 큰 박수가 터져 나왔다. 하지만 정작 기뻐해야 할 당사자의 반응은 달랐다. 비유법을 이해하지 못한 왕은 출연료의 절반은 비유에 쓰인 쌍둥이 별자리 형제에게 가서 받으라며 약정액의 반만 주었다. 시모니데스는 왕의 횡포가 황당하고 어이없었지만 달리 어찌할 방도도 없었다. 그때 마침 시종 하나가 오더니 전갈 하나를 전했다.

"바깥에 말 탄 청년 둘이 와서 시인님을 뵙고자 합니다."

그 말에 시인은 새로운 섭외가 들어오나 하고 자리를 떴다. 그리고 밖으로 나와 두리번거려 보았지만 거기에는 아무도 없었다. 그때였다. 벽력같은 굉음을 울리며 그가 방금 나왔던 대연회장 석조건물이 폭삭 주저앉았다. 순식간에 벌어진 참사. 엄청난 규모의 지진이 났던 것이다. 몇 걸음을 경계로 생사가 갈리고 건물 안에 있던 이들 모두가 거대한 돌기둥과 석판에 깔려 압사하고 말았다. 시신들은 신원도 알아보지 못할 정도로 처참했다. 그런데 시신들을 수습하는 과정에서 시모니데스의 뇌리에 참사 전 행사 장면들이 차츰 떠올랐다. 행사장 구석구석에 앉아있던 손님들의 자리와 이름들이 파노라마처럼 되살아났다. 그래서 압사자들의 신원 파악에 결정적 도움을 줄 수 있었다. 훗날 시모니데스는 자기를 밖으로 불러내 살린 정체불명의 청년들이 혹시나 신화 속 쌍둥이 형제들이 아니었나 싶다고 했다.

행사가 있던 연회장내 구석구석을 떠올리며 회상을 더듬어 간 그의 기억방식은 기억술이 공간적 질서와 배열의 원리에서 나왔음을 알려준다. 이러한 기억술은 로마로 전수되면서 16세기 이탈리아 선교사 마테오 리치Matteo Ricci의 일화도 낳았다. 우리가 임진왜란을 겪던 시기 명나라에 파견되었던 천주교 선교사(신부) 마테오 리치는 비상한 기억력으로 명나라 관리들의 관심을 단숨에 사로잡았다. 처음 본 한자 400자를 아무렇게나 뒤섞어놓아도 한번 척 훑어보고 순서를 다 기억해냈다. 기억력이라면 내로라하던 과거 급제자 출신 명나라 대신들도 혀를 내두를 정도였다. 리치는 그 기억력으로 중국어도 금방 배워 성경을 한역해 선교하고 그들이 신기해하는 기억술에 관해서도《서국기법西國記法》이란 책을 써 소개하고 전수해 주었다. 그 기억법이 바로 시모니데스의 방법이었고 그것을 '기억의 궁전 짓기'로 이름 붙였다.

'기억의 궁전 짓기'는 인간의 공간지각과 이미지를 연결해 머릿속에 저장하는 기억법이다. 각자에겐 누구나 눈감고도 찾아갈 수 있는 익숙한 장소가 있다. 그것을 시모니데스가 되살려낸 연회상처럼 기억의 기반으로 삼고, 기억할 것들의 이미지를 연결해 저장하는 방법이다. 장소는 자기 주변의 가장 익숙한 곳이거나 자기가 그려 본 가상 공간이어도 된다. 익숙한 자기 집 주변의 밋밋한 곳에 가상의 시설을 더 그려 넣어도 된다.

키케로의 '여정법'

로마 시대 키케로Marcus Tullius Cicero의 '여정(journey)법'도 여행경로에

기억할 것을 대입하는 방법으로서 장소법의 하나다. 장소법은 '기반결합법'이라고도 한다. 기억 저장의 기반을 먼저 만들고 그것에 이미지를 결합하기 때문이다.

　필자의 중고교 시절, 양주동 박사의 암기요령을 TV에서 듣고 시험공부에 응용하곤 했었다.[72] 그것이 지금 돌아보면 이 방법이었다. 윷놀이 말판 위에 기억할 것을 써놓고 외우거나 급우들의 출석번호와 이름에 기억할 것을 결합해 이야기를 지어 외우곤 했다. 그 방법이 여정법, 기반결합법이었던 셈이다. 신체 부위에 차례로 기억할 것을 결합하는 것도 같은 방법이다. 우리 몸 혈자리 360개를 머릿속에 그리며 익힌 뒤, 그것을 바탕으로 기억을 확장해 가는 것도 마찬가지다. 1년 중 하루하루를 로드맵Roadmap 연상으로 떠올릴 수 있다면 그 하루하루에 기억할 것을 연결할 수도 있다.

　이러한 방법들은 모두 기억할 대상을 상응하는 시각적 이미지로 변환시킨 후 그를 미리 구축해 놓은 상상적 공간(Locus)의 질서에 따라 배치해 기억하는 방법이다. 기억술이 현재의 행위를 판단하기 위해 과거의 사물과 사건을 떠올리는 데 도움을 줄 수 있다면, 기억술은 윤리적 덕목의 실천 방법으로도 수용이 가능해진다.[73]

---

72) '국보1호'를 자처하며 해박한 지식과 달변으로 유명하던 양주동 박사가 일본 유학시절 친구들과 함께 암기 대결을 벌였던 일화를 소개하면서 자기의 암기법을 소개했었다.
73) 수사학적 전통에서 생겨난 기억의 기술은 중세를 거치면서 차츰 그 성격과 적용 범위를 확장하게 된다. 가장 큰 변화는 기억이 인간이 갖추어야 하며 또 훈련

이러한 장소법들은 모두 대뇌의 해마에 있는 장소세포(place cell)[74]의 특성을 이용한 것이다. 장소 뉴런은 장소 기억에 관여한다. 장소 기억은 움직이면서 사는 동물에게는 생사를 좌우할 생존술의 하나이다. 그래서 머릿속에 오래 남는다. 다만 이 장소법은 복잡한 사항을 연결하기엔 난점이 있다. 한 자리에 너무 과도한 정보를 채우다 보면 혼란스러워져서 단편적인 사항들을 기억하는 데 주로 쓸 만하다.

■ 기억의 단위 청킹

① 025816793
② 02 581 6793
③ (02) 581-6793

위에 나열된 ①~③의 숫자들은 같은 전화번호를 달리 표기한 것이다.

을 통해 강화될 수 있는 덕목으로 인정됨으로써 기억술에도 윤리적 실천 방법으로서의 성격이 부여되었다는 것이다. 토마스 아퀴나스는 인간의 모든 지식이 감각에서 출발한다는 아리스토텔레스의 철학적 입장에서 '감각(sensibilia)을 통해 지성(intelligibilia)에 도달하는 것이 인간에게는 자연스러운 것'임을 인정하였다. 심지어 아퀴나스는 기억에 오래 남기 위한 이미지의 조건으로 '기괴하고 충격적인 이미지'를 제작하는 imagines agentes의 원리를 긍정하기도 하였는데, 이는 기억을 위해 감각적, 시각적 이미지를 사용하는 기억술을 철학적으로 정당화시켜 주는 결과를 낳았다(김남시, 2012).

74) 1970년대 영국 런던대 교수 오키프는 '길눈이 밝은 사람'이 왜 있을까를 궁금해한다. 그가 밝힌 바로는 그것은 해마에 자리한 신경세포인 '장소세포(place cell)' 때문이다. 해마는 대뇌 안쪽에 자리한 채 기억을 저장하고 상기시켜 '기억의 제조공장'으로 불린다. 그중에서도 장소세포는 공간을 탐색, 기억해 구분할 수 있다. 장소를 옮기면 이것이 활성화돼 위치를 인식한다.

①은 낱낱의 숫자들을 늘어놓은 것이고, ②는 지역 번호와 국번호, 가입자 번호를 따로따로 덩이를 지어 쓴 것이다. ③은 그 덩이들을 기호까지 덧붙여 구분해 놓은 것이다. 같은 번호의 숫자들인데 어떤 것이 눈에 잘 들어오고 기억하기 쉬울까. 당연히 ①보다는 ②, ②보다는 ③의 숫자들이 그렇다. 그래서 전화번호 표기를 대개 ③처럼 하는 것이다. 무슨 차이일까.

모르던 전화번호를 듣거나 보고 전화를 걸려면 번호판을 누를 때까지 잠시라도 그것을 머릿속에 넣어 두어야 한다. 우리 감각 기관(눈·코·귀)이 지각한 정보(감각기억)가 두뇌로 가서 '잠시(길어야 2~3분)' 고인다. 컴퓨터로 치자면 RAM의 역할이다. 그것이 '잠시'인 것은 눈에 보이는 대로 다 머릿속에 담아둘 수가 없기 때문이다. 사람이 하루 평균 보고 기억하는 이미지만도 1만 개가 넘는데 이것을 다 기억할 수도, 그럴 필요도 없다. 이 중 대부분은 '잠시 고였다가' 날아가고, 특히 간직할 몇 가지만 장기기억으로 남는다. 우리 머릿속에 머무는 동안 장기기억으로 새겨둘 것을 고르는 작업을 한다. 이것을 단기기억 또는 작업기억이라고 한다.[75]

그 단기기억(작업기억)의 용량은 얼마나 될까? 그것에 유독 관심을 가진 이가 미국의 조지 밀러 George A. Miller였다. 그는 1956년 〈마법의 숫자 7±2: 인간의 정보처리능력의 한계〉라는 논문을 통해 7±2가 그 한계 용량인 것으로 밝히고, 7을 '마법의 숫자 magic number'라 칭했다.[76]

---

[75] 작업기억은 감각기억을 처리하는 과정이므로 '뇌의 메모장' 또는 '마음의 칠판'으로 비유되기도 한다. (〈나무위키〉)
[76] '매직넘버 7'이 주목을 받으면서, 밀러의 가설은 일상의 생활문화를 지배하는

밀러는 그 연구에서 실험 참가자들에게 낱개의 정보들을 나열해 보여주고 기억량을 측정했는데, 그 결과 기억해내는 정보의 수가 10개를 넘어가기 어렵다는 것을 알게 되었다. 7개가 넘어서면 대개 지각의 오류가 나타났으며, 이는 다른 정보에 대한 실험들에서도 같은 양상을 보였다. 즉 숫자, 단어, 사물 등 제시 정보 간의 차이는 없었다. 밀러가 특히 주목한 것은 매직넘버 7의 단위가 정보 단위인 비트bit가 아니라 청크chunk, 곧 '의미덩이(덩어리)'라는 점이었다. 인간은 의미덩이 단위로 정보를 기억한다는 사실이다. 덩어리 크기는 상관이 없었다. 철자 7개든 단어 7개든 단기기억에 저장하기 위한 노력은 비슷했다. 그래서 정보의 덩이짓기(chunking)에 따라 더 쉽게 기억하고 기억용량도 늘릴 수 있음을 알아냈다.

2001년, 넬슨 코원Nelson Cowan은 그동안 40여 년간 '법칙'으로까지 인용되면서 아성을 자랑하던 밀러의 가설에 이의를 제기했다. 그는 〈마법의 숫자 4±2: 기억력 부족의 재구성〉이라는 논문을 통해 7 대신 4를 마법의 숫자로 내세우면서, 단기기억을 위한 한계 용량이 '3~5개의 청

법칙(Miller's Law)으로까지 통용된다. 가령, ▲전화번호가 7~8개 숫자로 구성되는 것 ▲스토리가 있는 예술 장르들(소설·만화·연극·영화) 등에서 작품당 주요 캐릭터 수가 대개 5~7명 정도인 것 ▲패널토의 등에서 효율적 논의의 적정 참가자 수가 7명 미만인 것, 심지어는 ▲일주일을 7일로 삼고 ▲무지개 색깔을 7개로 파악하는 문화 ▲7개의 별을 묶어 북두칠성으로 파악하는 것 ▲한국의 주민등록번호 뒷자리를 7자로 하는 것 등도, '7의 법칙'에 따른 현상으로 알려지기까지 했다. (물론, 인지심리학적 가설 하나를 사회 전반의 보편법칙이라고 보는 것은 무리라는 지적들이 나오고 밀러의 해당 가설에도 이론이 제기되기도 한다.)

크chunk'라 주장하기도 했다(〈위키백과〉).

밀러와 코원의 견해 차이는 단기기억의 용량이 4에서 7까지 거의 2배에 가깝다. 하지만 이것은 실험자의 문제라기보다 피실험자들의 연령차(40년)에서 생긴 것일 개연성도 없지 않다. 특히 디지털 시대 기기 의존 현상들로 인한 인간의 인지력 저하 때문일는지도 모른다.[77] 하지만 두 가설에서 공히 주목할 점은 사람의 기억이 '의미덩이'로 이루어진다는 사실이다. 청크는 단순한 낱개의 정보가 아닌 의미덩이다.[78] 그 의미덩이가 기억의 단위다.

의미덩이로 기억하기

예를 들어 'I♡U28work42A59'라는 정보가 주어졌을 때를 가정해 보자. 밀러의 가설을 적용하면, 이를 무의미한 낱자의 나열로 본 사람은 I♡U28wo 정도를 기억하는 데 비해, 그 속에서 I♡U와 work라는 의미덩이를 인지한 사람은 I♡U28work42A 안팎까지 더 기억해 낼 수 있다는 것이다.

아무렇게나 널려 있는 것들은 체계적으로 분류해 관리하는 것이 좋다. 기억도 마찬가지다. 의미 없이 나열된 정보들을 '의미덩이'별로 나

---

77) 디지털 시대로 접어들면서 스마트기기들에 대한 의존이 언어, 기억, 지능, 의식 등의 감퇴를 초래한다는 주장이, 'IT 증후군', '디지털 치매' 등의 용어와 함께 제기되고 있다.
78) 언어학에서는 띄어쓰기와는 또 다른, 한 호흡으로 내뱉는 말의 덩어리를 칭하기도 한다.

누어 유목화流目化(chunking)하면 더 많은 저장은 물론 인출과 활용도 쉬워진다.

공부할 것들을 읽어서 생긴 감각기억은 머릿속 단기기억의 창고에서 덩이 짓기 작업을 거치면서 장기기억으로 새겨진다. 여기서 덩이 짓기 유목화가 기억의 용량을 늘리는 데 큰 몫을 한다. 컴퓨터 파일을 압축해 저장 용량을 늘리듯 이 덩이 짓기를 잘 활용하면 더 많은 내용을 더 쉽게 기억할 수 있다.

■ 발음 변환

시각과 달리 소리는 생겨난 순간에 금방 사방으로 퍼지면서 사라진다. 따라서 청각의 단기기억에서는 짧은 시간 동안 소리를 반복하며 '귀에 쟁쟁'한 효과로 기억을 유지하는데, 이를 음운 고리(loop)라고 한다. 이렇듯 청각을 이용한 기억술은 리듬과 어울리는 청각 단기기억의 특성 탓에 언어유희나 라임, '몬더그린[79]'을 이용한 경우가 많다.

고대 구전문학 시기 음유시인들이 서사시를 읊조리면서 같은 말을 되

---

[79] 특정한 발음이 본인이 아는 엉뚱한 발음처럼 들리는 현상. 특히 외국어의 발음의 일부 또는 전부가, 듣는 이의 모국어로 '의미를 가지고 있는 것'처럼 들리는 현상이다. 이 단어의 어원은 〈머레이의 잘 생긴 백작(The Bonny Earl of Murray)〉이라는 스코틀랜드 발라드 가사 중 "그리고 그를 풀밭에 눕혔네(And laid him on the green)"라는 구절을 "그리고 몬더그린 아가씨(And Lady Mondegreen)"로 잘못 알아들었다고 고백한 미국 작가의 에세이에서 유래했다(〈나무위키〉). 우리나라에서는 개그맨 박성호가 《개그콘서트》〈뮤직토크〉 코너에서 개그 포멧으로 활용해 유행어까지 낳은 "오빠 만세!(Eric Carmen의 노랫말 중 'All by My Self'를 이렇게 듣고 부른 예)"가 '몬더그린'의 한 예다.

풀이하고 라임을 반복한 것은, 내용에 운율(리듬)을 얹어 전달 효과를 높이면서도 그것이 내용의 기억에도 좋았기 때문이다. 무턱대고 내용을 머릿속에 욱여넣는 것보다 시각적 효과(이미지)와 청각적 요소(리듬감), 억양, 어조 들을 더할수록 수용자의 공감도를 높임은 물론 전달자 스스로 작품의 이해와 표현에 음악적 요소에 기댄 측면이 크다.

기억력을 높이는 데에 이 같은 청각적 요소를 활용하는 것이 의외의 효과를 낳기도 한다. 필자의 중학생 시절, 'magnificent'를 '맥麥닢이 선터'로 '광활한·웅장한'의 뜻을 기억하라시던 영어 선생님의 힌트가 지금도 인상적인 기억으로 남아 있다.

■ 두문자어 기억법

애크러님Acronym은 영어의 약자와 같은 두문자이(initialism)를 말한다. 원어가 'Organization for Economic Co-operation and Development'인 국제기구경제협력개발기구를 'OECD'로 줄인다든지, 'Programme for International Student Assessment(국제학업성취도평가)'를 'PISA'로 줄인 것처럼, 여러 단어 묶음으로 이뤄진 개념어를 간단히 줄여서 만든 새로운 단어다.[80]

이 애크러님의 조어법을 빌려 기억하고 싶은 대상의 머리글자를 엮어서 만드는 방법이 '두문자어 기억법'이다. 기억할 정보의 머리글자를 기

---

80) 애크러님은 'January(1월)'를 'Jan.'으로, 'monday(월요일)'를 'Mon.'으로, 'infomation(정보)'을 'INFO'로 쓰는 것과 같은, 철자가 많은 단어를 줄여서 쓰는 abbreviation(생략어)과는 다른 개념이어서, 혼동하지는 말아야 한다.

억의 고리(인출단서)로 삼는 방법이다. 예를 들어, 태양계 행성의 이름과 순서를 외울 때 '수금지화목토천해'로 한다든지, 화학 주기율표를 외우고자 할 때 '수헬리베 붕탄 질산플네 나마 알규인황 염아칼갈…'로 하는 예들이 바로 머리글자 꿰어걸기다. 영어 접속사를 기억하기 위해 For, And, Nor, But, Or, Yet, So의 앞글자만 따서 'Fanboys'라고 하는 것도 이 방법이다.

다만 이것은 의미를 배제한 기계적 암기술이다. 방법이 단순해서 애용되긴 하지만, 기억해야 할 것들의 원개념을 제대로 연결하는 작업이 없을 시엔 무용지물이 되어 버린다.

■ 효과적인 노트 필기법, 코넬 매소드

공부에서 교과서만큼이나 중요한 것이 노트다. 때문에 노트를 잘 정리하는 일은 공부의 성패에 큰 비중을 차지한다. 공부 잘하는 학생치고 노트필기를 소홀히 한 학생은 없다. 노트는 지식과 정보를 기억하는 두뇌에 버금가는 학습과제의 저장고이기에 '손안의 뇌(外腦, exobrain)'라고 부를 만하다. 머릿속에 새기는 장기기억도 잘 정리해 두어야 필요할 때 꺼내기 쉽듯이, 노트도 언제든 보고 익히고 활용할 수 있도록 효과적이고 체계적인 작성과 관리가 필요하다.

노트 정리의 핵심은 간략화와 도식화다. 교과서를 그대로 필사하거나 강의를 녹취록처럼 세세히 기록한다고 잘하는 필기가 아니다. 공부를 잘하는 학생들에게는 대개 나름의 필기법이 있지만, 체계나 효과가 공인된 것은 많지 않다. 그런 점에서 코넬 매소드Cornell method로 많이 알려진 필기법은 잘 익혀 쓸 만하다.

코넬 노트 필기법은 1950년 미국 코넬대 월트 퍼크Walter Pauk 교수(영어교육학)가 학생들의 학습을 돕고자 고안한 노트 양식이다. 이것의 가장 뚜렷한 특징은 노트를 4칸으로 나누는 구성 방식에 있다(그림 참조).

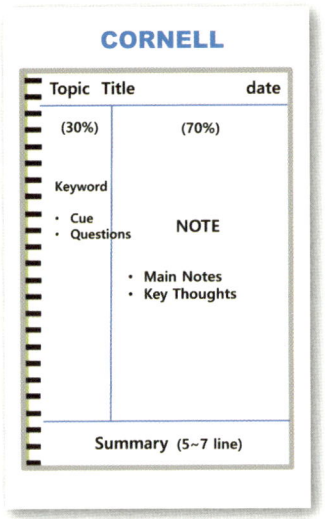

맨 위 Title 칸에는 해당 수업의 단원명이나 주제, 그리고 작성일을 적는다.

Note 칸은 강의 시간 중의 주요 학습과제나 핵심 생각을 필기하는 주된 영역으로서, 강의자의 판서나 지도 내용을 기록한다. 약어나 개조식 표기가 바람직하다.

왼쪽 열쇳말(Keyword) 칸은 수업 후에 핵심어나 궁금증, 단서(cue)나 질문을 적는 곳이다. 복습할 때, 필기 영역을 가리고 이곳을 보면서 필기 내용이 떠오르면 제대로 활용하는 것이다.

아래 요약(Summary) 칸은 필기한 내용을 요약 정리하는 곳이다. 한 가지 개념이 한 줄을 넘지 않고, 페이지당 5~7줄을 넘지 않는 것이 좋다.

이처럼 단순한 구획으로 틀을 나눈 이 필기법의 뼈대는 '5R'이라 불리는 '5단계 정리법'이다.

① Record(쓰기) : 수업이나 강의를 들으면서 주요 학습 내용을 필기함으로써 읽고 끝내는 것보다 눈과 손에 익혀 머릿속에 담는다.

② Reduce(줄이기) : 필기 과정에서도 약어나 개조식 표현으로 내용을 간략화하지만, 열쇳말 칸이나 요약 란에서 거듭거듭 축약해 가면서 핵심을 새긴다.

③ Recite(외우기) : 필기 란을 가리고 열쇳말 칸의 단서나 질문만 보면서 노트필기 내용을 떠올리면 내용을 익히는 데 도움이 된다.

④ Reflect(되비추기) : 이미 알고 있던 내용과 새로운 내용을 연결하면서 첨삭한다. 빠진 부분이나 군더더기, 오류를 수정하면서 되비추어 본다.

⑤ Review(되새기기) : 주기적으로 노트를 확인하며 눈과 머리에 되새긴다.

코넬식 필기법은 능동적인 학습, 입체적이며 종합적인 필기, 효과적인 복습을 촉진하는 강력한 학습 기술이다. 이 방법을 활용하면 이해력, 기억력뿐 아니라 전체적인 학습력을 높일 수 있다. 기존의 펜과 종이로도 작성할 수 있지만, 'Cornell Method 템플릿'을 제공하는 메모 작성 앱이나 소프트웨어 같은 디지털 도구를 활용할 수도 있다.

이 필기법은 인문 과목에 최적화된 것이라고는 하나 과목과 상관없이 두루 활용될 수 있다. 교과목 특성에 맞게 칸(section)의 구성을 바꾸면 된다. 필자도 수업 현장에서 국어 교사로 재직 시 이를 변형한 국어 공책 필기법을 구안해 학생들에게 권하기도 했다.

필자가 구안한 양식의 주안점은 스스로 학습한 내용과 수업 시간에 학습한 내용을 따로 구분해 정리하는 데 있다. 스스로 학습한 내용으로는 예습이나 복습, 숙제, 나름의 질문거리, 또는 친구에게 배운 것 등을 기록하고, 수업 시간 학습 분에는 수업 시간에 선생님의 판서와 설명 내용을 기록하는 것이다.

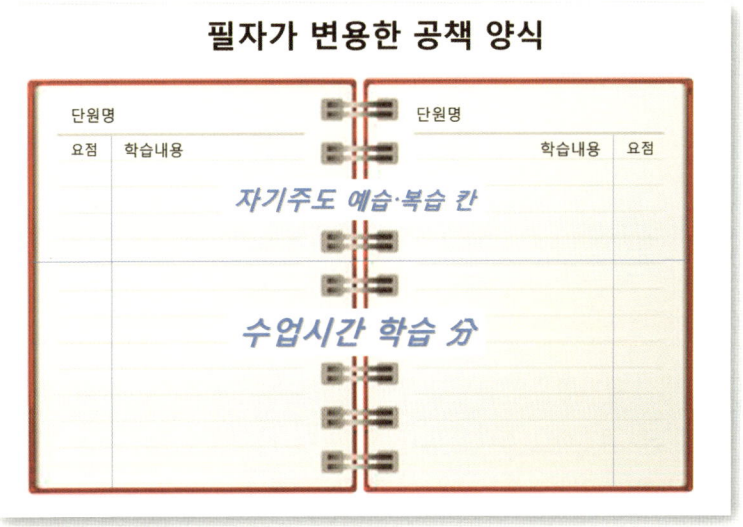

공책의 양 날개 쪽에는 요점 정리 칸을 두고 열쇳말(keyword)이나 생각의 단서(Cue)를 적거나 자기만의 기억법, 특별히 기억할 것, 또는 나름의 참고 표시(※ ? ! * … 등)를 하도록 했다.

공부의 핵심은 자기 주도성에 있다. 필기법도 자기 나름의 것이 있어야 한다. 자기 공부의 흔적이 나타나 보이는 양식이면 더욱 좋다. 가장 어리석은 필기법은 강의자의 판서를 고스란히 베껴쓰기만 해 놓고 그게 자기 것인 줄 착각하는 것이다.

■ 연상기억법

기억하고 싶은 대상을 이야기로 만들어 기억하는 방법이다. '연상결합법'이라고도 불린다. 은행 계좌번호나 전화번호, 차 번호 등을 기억하기 쉬운 말로 연상하게 정하는 것이 대표적인 연상기억법, 이야기법이다.

22-7942-7579-2875-1472-2453

(둘이-친구사이-최고친구-이빨치료-일사천리-이사오삼)

■ 걸개고리말 기억법

벽에 나란히 박은 걸개 못(peg)이나 땅에 박은 말뚝(peg)처럼, 순서가 정해져 있는 낱말을 고리 삼아 기억해야 할 것들을 줄줄이 꿰어 연상하는 기억법이다.[81] 우리 머릿속에 순서가 못 박혀 있는 아라비아숫자, 알파벳, 가나다라 등을 '걸개고리 말(peg word)'로 삼는 것이 흔히 쓰인다.

아라비아숫자의 경우 1=일꾼, 2=이불, 3=삼촌, 4=사자, 5=오징어, 6=육개장, 7=칠면조, 8=팔씨름, 9=구멍, 10=십자가 등과 같이 숫자를 떠올리면서 즉각 연상될 수 있는 낱말을 머릿속에 일단 못(peg) 박아 둔다. 연상의 고리는 발음이나 모양 어느 것이든 상관없다. 쉽게 즉각 떠올릴

---

81) '팩 워드 기억법(Peg word mnemonic)'보다 '걸개고리말 기억법'이라고 하면 이해하기 더 쉬워 필자가 이름 붙임.

수만 있으면 된다. 알파벳의 경우라면 A=지게, B=배불뚝이, C=머리띠, D=임산부, E=독수리, F=낙제점, G=고릴라, H=사다리…처럼 하든지, 한글의 경우라면 가=가슴, 나=나무, 다=다리, 라=라디오, 마=마술사, 바=바지, 사=사장님, 아=아내, 자=자물통, 차=차량, 카=카메라, 타=타조, 파=파랑새, 하=하늘…처럼 할 수도 있다.

그리고 기억해야 할 것들을 '걸개고리말'들과 결합해 기억하면 머릿속에 저장되는 순서는 저절로 된다. 예를 들어, 장보기 할 품목이 '비누, 볼펜, 아이스크림, 마늘, 모기향, 참외, 파리채, 계란, 먼지털이, 망치'라고 할 경우, "일(1)꾼이 비누가 필요하단다. 이(2)불에 볼펜 칠이 묻었대. 삼(3)촌은 아이스크림을 좋아하는데. 사(4)자는 마늘을 못 먹지. 오(5)징어 잡이 배에 모기향은 왜? 육(6)개장에 참외를 썰어 얹어? 칠(7)면조 꼬리를 파리채로 쓸까. 팔(8)씨름 장원에 계란 한판, 구(9)멍 청소를 먼지털이로? 십(10)자가 위에 걸린 망치…" 이처럼 팩 워드에 기억할 대상을 걸어놓으면 우스꽝스럽더라도 그럴수록 기억은 잘 된다.

만약 이 목록을 한글 팩 워드(가나다)에 걸어본다면 "'가'슴에도 비누칠하기. '나'무로 만든 볼펜. '다'리 위 아이스크림 장수. '라'디오에 마늘 얹어놓기. '마'술사의 소품 모기향. '바'지춤에 참외 숨기기. '사'장님은 파리채만 들고 있고. '아'내 애장품 먼지털이. '자'물통을 망치로 열다…" 그런대로 연상해낸 이미지가 머릿속에 새겨진다.

장기기억을 만들고 꺼내는 힘

무엇을 배워 자기 것으로 만든다는 것은 배운 것을 몸에 익히고 새겼다가 필요할 때 꺼내도록 한다는 뜻이다. 살면서 오감으로 느껴진 무수한 감각기억 중에 주의를 기울여 지각한 정보는 머릿속에 들어와 단기기억(작업기억)으로 일차 저장된다. 이것이 학습장소(작업공간)에 남아 있는 기억이라면 그것을 차곡차곡 정리해 보관해두는 머릿속 하드웨어가 장기기억이다. 이 장기기억만이 자기 것이기에, 그것에 이르는 과정을 충실히 하는 게 관건이다.

동일한 수업을 받는 학습자들이 보고 듣는 감각기억은 거의 같다. 그런데 주의를 기울여 지각하는 과정에서 차이가 난다. 지각은 눈이나 귀에 포착되어 관심의 영점이 맞춰지는 것을 말한다. 그래서 눈여겨보고 귀 기울인 학생과 주의가 산만했던 학생은 '지각 정보'에서 격차가 난다. 어떤 정보에 주의를 기울이는 것은 해석의 과정이어서 사전지식의 유무가 차이를 만든다. '아는 만큼 보인다'는 말처럼 사전지식의 유무로 빈익빈 부익부 현상도 일어난다. 사전에 하나라도 더 알고 있던 학습자가 좀 더 쉽게 익힌다는 의미다. 스포츠 경기나 바둑 해설만 봐도 그것을 듣기 전의 이해 수준에 따라 경청 집중도나 이해의 깊이가 달라진다.

감각기억에 들어온 정보 중 주의를 기울인 지각 정보가 작업기억의 처리대상이 된다. 작업기억은 그 용량과 지속시간에 제한이 있다. 작업기억 안에서 정보 지속시간은 종류에 따라 다른데, 보통 몇 초에서 길어야 2~3분이다. 작업기억 처리용량은 사람에 따라서도 다르지만, 조지 밀러에 따르면 숫자 개수로 쳐서 보통 7±2개(5~9개) 정도라고 한다. 영어권 국가 사람들은 많아야 7개, 한국인들은 보통 9개 정도를 기억한다고 한다.[82]

기억 오래 저장하기

그렇다면 이 개수를 늘릴 방법도 있을까? 당연하다. 일정하게 널려 있는 낱자를 덩어리로 만들어 묶어서 기억하는 것이다. 신용카드 번호나 통장번호, 전화번호, 자동차 번호 등의 경우, 묶음 단위로 하이픈(-)을 넣어 덩이짓기(chunking)를 하는 것도 그 때문이다.

바둑 고수들은 대국 후에 그 전황을 어떻게 일일이 복기할까? 기억력이 그만큼 좋은 것인가. 아니다. 바둑 까막눈들이야 행마기록을 보고도 이해를 못하지만 고수들은 기보 없이도 주고받은 공방의 양상을 훤히

---

[82] 이것은 한국인들의 기억력이 뛰어나서라기보다 숫자 명칭이 단음절이어서 외기 쉬워서일 것으로 본다. 같은 사람도 무작위로 제시되는 알파벳(ADKS…)이나 한글자음(ㄱㅎㅌㅈ…)에 대해 한 번에 기억할 수 있는 개수는 각기 달라진다고 한다.

떠올릴 수 있기 때문이다. 이러한 기억작업(학습과정)에는 흘리거나 놓치는 것도 있을 수 있고, 깜빡 잊는 것도 있을 수 있다. 이런저런 방해나 간섭도 끼어들 수 있다. 집중과 몰입을 흩트리는 소음이나 공상 등으로 주의가 산만해지면 기억의 파지나 안착에 방해가 일어난다.

작업기억을 장기기억으로 챙기는 데에는 정보를 지식으로 만드는 처리정리작업이 필요하다. 도서관에서 신간 서적을 들여와 서고에 정리할 때 분류해 제 위치에 놓는 작업이 필요하듯, 정보를 자기 지식체계 안에 잘 집어넣어야 한다. 자기만의 기억술을 활용하는 방법도 이 단계의 작업이다. 무턱대고 달달 외는 '암기'도 그 하나인데, 일테면 조선왕조 계보(태정태세문단세…)를 외울 때처럼 '머릿글자 차례로 꿰기' 같은 식이다.

장기기억에 보관한 지식을 작업기억으로 다시 불러내는 것이 '인출'과 '활용'이다. 시험 볼 때나 퀴즈 풀 때처럼 말이다. 알쏭달쏭, 어사무사 於思無思한 경우도 없지 않다. 이때 어떤 실마리가 찾아지면 답이 번쩍 떠오르고 전체도 줄줄이 풀려나온다. 그래서 저장하는 기억마다 난서들 만들어 두는 게 좋다. 역사적 사실이나 관련 인물의 이름을 기억하고자 할 때, 관련된 일화나 처음 접할 때의 정황을 같이 기억해 두는 것이다. 인출 연습에서 가장 좋은 방법은 토론이나 친구에게 가르쳐 보는 것이다. 가상답안이나 오답 노트 만들기도 비슷한 방법이다.

파지곡선, **학습곡선**, 더닝 크루거 효과

어떤 일의 성과는 일정한 질(quality)이 유지되는 조건이면 양(quantity)에 따라 결정된다. 걷기 운동의 예를 보면, 동일인이 같은 보폭과 속도로 걷는다고 할 때 10분 보행한 거리보다 20분 보행한 거리는 그만큼 더 멀다. 그러므로 20분 보행한 사람의 노력은 10분 보행한 사람보다 2배의 성과를 내고 2배의 보상을 받을 자격이 있다.

그렇다면 2배의 노력으로 2배 먼 거리를 보행한 이에게 주어질 수 있는 보상은 무엇일까. 건강에 미친 효과가 2배 되는 것이다. 하지만 이것이 충족되려면 걷기와 건강의 상관관계가 필요충분조건으로 직결되어야 한다.

하지만 세상의 모든 일은 그처럼 단순하지 않다. 상황마다 조건들이 복잡하게 얽히고설켜 있다. 운동량과 건강은 비례할까? 무조건 그럴 리는 없다. 식사량과 건강 또한 직결되지는 않는다. 학습량과 성적은 어떨까? 그 또한 비례한다고 단언하기 어렵다. 운동량, 식사량, 학습량…, 그것들이 각각 건강과 성적에 필요조건일 수는 있되 충분조건은 아니다.

운동과 건강, 식사량과 건강, 학습량과 성적 간에, 양적 충족이 상응하는 성과로 이어지지 않는 이유는 그것이 기계 아닌 사람의 일이기 때문이다. 사람의 건강과 성적에 생리적 메커니즘이 작용하기 때문이다. 그래서 일의 양과 성과의 상관성을 공부에 적용해 본 이가 독일의 에빙하우스Hermann Ebbinghaus이다.

사람은 기계가 아니어서 유기체로서의 신체적·정신적 한계를 지닌 존재다. 그래서 에빙하우스는 사람의 두뇌가 가진 망각기능을 놓쳐보지 않고, 학습의 바탕이 되는 기억과 망각에 대한 실험연구를 맨 처음 시도했다.

에빙하우스의 망각곡선

그는 스스로 피험자가 되어 무의미한 정보를 기계적으로 암기한 후 시간 경과에 따른 기억량을 백분위(%)로 살펴보았다. 한번 기억한 뒤에는 추가적인 암기를 하지 않은 채로 유지되는 기억량을 그래프로 만들고 이를 파지곡선(retention curve)이라고 불렀다. 이 용어는 다양한 분야 연구에서 망각곡선(forgetting curve)이라고 바뀌 불리면서 두루 알려졌다.[83]

그의 '파지곡선 가설'[84]에 따르면, 망각은 기억 후 10분이 지나면서부

---

83) 같은 지표라도 보기 나름이지만, 인간에게 '기억유지'보다 '망각'이 더 주목할 현상이기에, 이후 이 가설이 응용되면서 망각곡선으로 불렸다.
84) 사례수가 적은 점(1인-연구자 자신), 무의미한 데이터를 기계적으로 암기한 점 등의

터 생겨나기 시작해 20분경에 가장 많이 일어나 41.8%가 잊히며, 1시간이 지나면 55.8%, 하루 후에는 66.3%, 한 달 후면 기억의 78.9%를 잊어버린다고 한다. 한번 공부한 뒤 복습하지 않을 경우 하루가 지나면 1/3 정도만 머리에 남고, 한 달 후에는 1/5 정도만 남는다는 얘기다.

그래서 그는 다시 기억유지 시간을 연장하기 위한 실험을 시도한다. 그 결과 더 많은 양을 더 오래 기억하려면 잊히기 전에 재학습(복습)이 필요함을 확인한다. 다만 복습에서는 처음보다 더 간단한 공부로 같은 효과를 볼 수 있다. 학습효과가 불러오는 능률성 때문이다. 이후 다시 망각이 일어날 때 거듭 기억을 되살리는 복습을 한다. 복습이 2~3차례 이어지면 기억유지의 주기와 폭이 넓어지고, 거듭 반복 확인한 내용들은 장기기억으로 쌓인다.

재학습은 일정한 시간 간격을 두고 여러 차례에 걸쳐 분산학습 하는 것이 효과적이다. 에빙하우스는 이를 간격 효과(spacing effect)라 불렀다. 몰아서 하기보다 쉬엄쉬엄 여러 번 하는 게 낫다. 오래 기억하려면 여러 차례 곱씹는 것이 좋다. 한꺼번에 들어오는 많은 정보보다 사이사이 쉬면서 반복적으로 들어오는 정보를 뇌가 더 잘 기억하기 때문이다.

에빙하우스는 이를 토대로 최적의 반복 학습 시기를 제시하기도 했다. 10분 후 반복하면 1일 동안 기억되고, 1일 후 반복하면 1주일 동안,

문제로 '가설'에 그치고 있는 점이 한계지만, 100여 년을 지나는 동안 다양한 분야에서 응용되며 영향을 미치고 있다.

1주일 후 반복하면 1개월 동안, 1개월 후 반복하면 6개월 이상 기억된다는 것이다. 아울러 가장 중요한 것은 처음 학습 때 꼼꼼히 이해하고 저장하는 것이라고 덧붙인다.

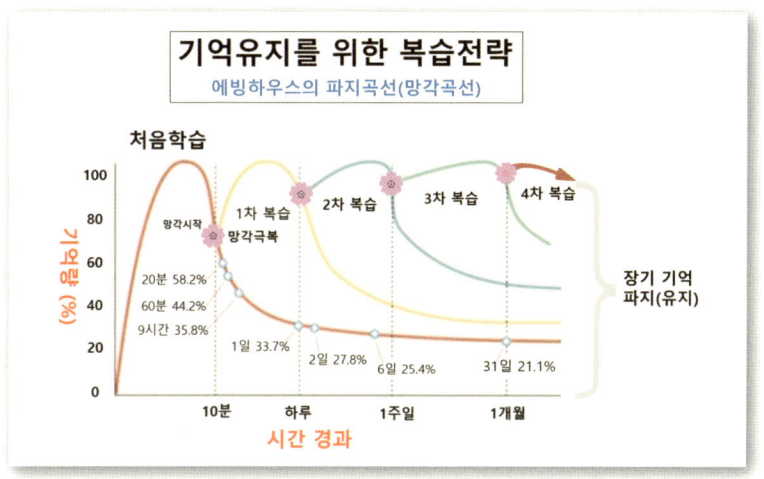

이 가설에 기반한 후대 연구자들의 복습전략도 대체로 '잊기 전에 붙잡아 두기'이다. 마인드맵mind-map 창시자 토니 부잔Tony Buzan은 최초 학습 60분을 기준으로 10분 후 5분, 하루 뒤 5분, 1주일 뒤 3분, 한 달 뒤 3분, 6개월 뒤 3분씩을, 최적의 복습 주기 및 소요 시간으로 권한다.[85]

학습효과의 누적, 학습곡선

어떤 일이든 처음 할 때는 익숙지 않아 시간이 더 들지만, 계속할수록

---

85) 강성태(2016).《66일 공부법》. 서울:다산북스. 137쪽.

하기는 쉬워지고 성과는 더 높아진다. 경험이 기억과 몸 안에 쌓였다가 발휘되기 때문이다. 이런 인지 현상을 학습효과(Learning effect)라 하고 그것을 도표로 모형화한 것이 학습곡선(Learning Curve)이다.

학습곡선은 특정한 대상을 학습하는 데 들인 시간 대비 성취도를 나타내는 그래프이다. 에빙하우스의 파지곡선 그래프에서 복습이 시작되는 망각극복지점을 연결하면 학습곡선이 된다. 파지곡선이 단위시간 분의 학습양상이라면, 학습곡선은 파지곡선이 누적된 중장기적 학습양상이다.

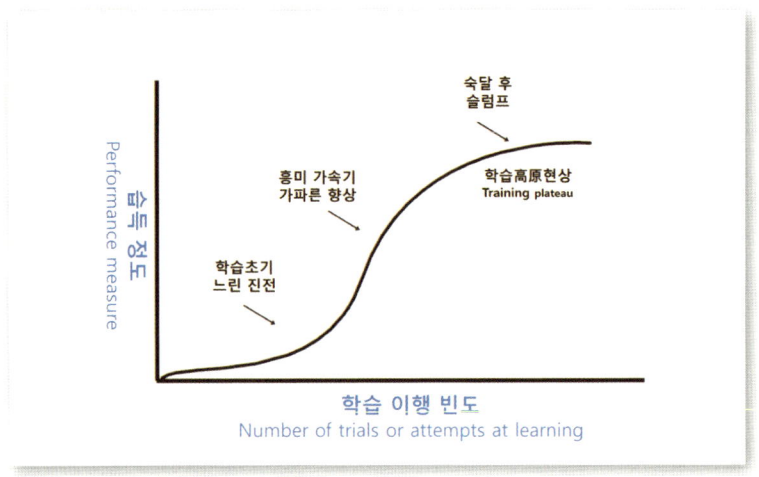

가로축은 학습을 시도한 빈도(횟수)나 시간이고 세로축은 습득(성취) 정도이다. 위 그림과 같은 S자 모양의 그래프가 가장 일반적인데, 초반에는 모르는 개념과 용어가 많아 습득 속도가 느리지만 일정 정도를 넘어서면 습득 속도가 빨라지고, 그 단계를 넘어 숙달 단계에 이르면 습득 속

도가 다시 느려진다.

'학습고원현상'으로도 불리는 숙달 후 정체기는 브리안W.L.Brian이 학업성취도를 도표로 나타내는 과정에서 발견한 것으로, 역량이 어느 만큼 올라선 뒤에 겪는 슬럼프 시기이다. 상승 곡선을 그리던 학습 효과가 한동안 정체되는 현상을 말한다.

S자 학습곡선은 학습자별로 발달과업처럼 거쳐 가는 1회성 패턴이 아니다. 짧지 않은 학업 여정에서 여러 차례 겪을 수도 있고 주기와 횟수는 학습자에 따라 다를 수 있다. 특히 학습자의 학습 태도뿐 아니라 더닝 크루거 효과(Dunning-Kruger effect)와 같은 인지 편향으로도 나타난다.

더닝 크루거 효과

더닝 크루거 효과란 미국 코넬대 데이비드 더닝David Dunning 교수와 대학원생 저스틴 크루거Justin Kruger가 코넬대 학생들을 대상으로 진행한 실험을 통해 밝혀낸 인지 편향의 심리 현상이다. 그들의 연구에 따르면, 능력이 부족한 사람은 자신을 과대평가해서 자기 실력(실제 측정치)보다 기대점수(지각된 능력)가 오히려 높고, 능력이 충분한 사람은 오히려 과소평가해 기대점수를 실제 자기 실력보다 낮게 잡는 경향이 있다는 것이다.

그들은 코넬대 학생들을 대상으로 운전, 체스, 테니스 및 유머 감각, 문법 지식, 논리적 사고력 등 다양한 부문들을 테스트해 보았다. 그 결과

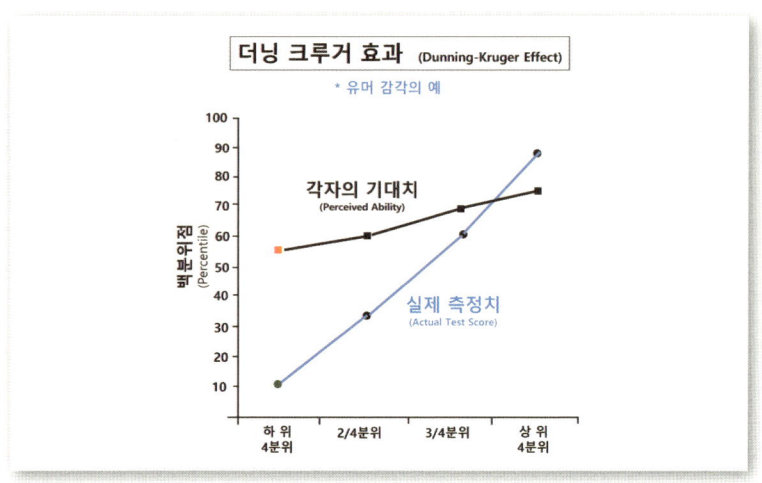

점수가 낮을수록 자신의 실제 측정치에 비해 성취기대치가 높았고, 높은 성적을 받은 대상자들은 오히려 그 반대 경향을 보였다.

이 그래프[86]는 유머 감각을 측정한 사례인데, 실제 측정치는 편차가 심한데도 지각하는 정도는 크게 편차가 나지 않는다. 즉 유머 감각이 아주 떨어지는 사람도 자신이 보통 수준은 된다고 과하게 착각하며, 아주 뛰어난 사람은 도리어 자신을 보통 수준 조금 넘는 정도로 낮추어 여긴다는 것이다. 더닝과 크루거의 관찰 실험은 유머 외 운전이나 체스, 논리적 사고력 등 다른 부분들에서도 거의 비슷한 양상을 보였다.

또 이러한 인지 편향은 공부에만 나타나는 것도 아니다. 지식뿐 아니

---

86) 출처 : 〈나무위키〉에 링크된 연구자(더닝)의 해당 연구논문(PDF)

라 다른 능력이나 경험에서도 광범위하게 나타난다. 능력이 없는 사람은 잘못된 판단을 내려 잘못된 결론에 도달하지만 자신의 실수조차 알아차리지 못한다. 그로 인해 환영적 우월감으로 자신의 실력을 실제보다 높게 평균 이상으로 평가하는 반면, 능력이 있는 사람은 자신의 실력을 과소평가해 환영적 열등감을 가지게 된다. 더닝과 크루거는 "능력 없는 사람의 착오는 자신에 대한 오해에서 기인한 반면, 능력이 있는 사람의 착오는 다른 사람에 대한 오해에서 기인한다."고 본다(《위키백과》).

'하룻강아지 범 무서운 줄 모른다.', '빈 수레가 요란하다.', "무식하면 용감하다.', '벼는 익을수록 고개를 숙인다.'와 같은 우리 속담들도 같은 현상을 담은 속담들이다. '우물 안 개구리에게 바다를 설명할 수 없다.'고 한 《장자》의 구절도 같은 시각이다. 사람들은 아는 것이 적고 안목이 좁을수록 세상의 크기뿐 아니라 자신의 크기도 알지 못한다. 메타인지가 낮은 사람은 자신이 아는 만큼이 세상의 전부인 줄 안다. 그만큼 두려움이나 주저도 적다.

다음 도표는 인터넷상에서 '더닝 크루거 효과' 곡선으로 잘못 전해지고 있는 그래프이다.[87] 실제로 더닝과 크루거는 그룹별 성적 기대치와 실제 성적을 비교한 것뿐인데 지식 및 경험의 양과 자신감의 관계로 바꾸어 보여준다. 그럼에도 그럴듯하게 전해지는 것은 이 도표가 학습곡선과 더닝 크루거 효과를 섞은 양상이기 때문이다. 현실 속의 일반적인

---

87) 더닝과 크루거의 논문이나 저서에 나오지 않는 출처 불명의 그래프(《나무위키》)를, 필자가 다시 독자들의 이해를 돕기 위해 용어 등을 바꿔 그린 것이다.

현상을 나름대로 설명하는 '속설'로 여겨줄 만하다. 이 도표는 다음처럼 두 가지 해석이 가능하다.

① 한 사람의 지식이나 경험치가 쌓여감에 따라 달라지는 자신감의 크기
② 특정 부문의 지식이나 경험치가 다른 사람들 간에 보이는 자신감의 크기

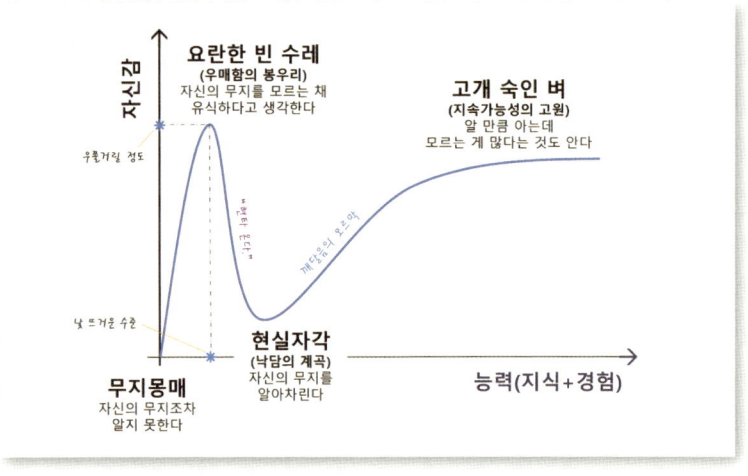

아무것도 모르는 상태로부터 조금씩 알아가다 보면 늘어가는 실력 이상으로 자신감이 높아진다. 그것이 점점 쌓여가다가 정점에 이르면 자신의 무지는 모르는 채로 아는 것이 한껏 자랑스러워진다. 실력은 얕은 수준임에도 자신감은 넘쳐 우쭐거릴 정도다. 속설에서 '우매함의 봉우리'라고 부른다. 그러다 어느 순간 아는 것이 늘수록 자신감 아닌 자괴감이 들기 시작한다. 메타인지가 발동하면서 현실을 자각하는 상황이

된다. 그리고 드디어 자신의 무지를 알아차리고 자신감이 바닥을 친다. 이른바 '낙담의 계곡'이다. 그리고는 다시 긍정의 메타인지가 발동하면서 능력도 자신감도 같이 늘어간다. '깨달음의 오르막'이다. 그러다 어느 지점에 이르면 성장세가 완만해지면서 안정화된다. 알아야 할 것을 어느 만큼 알게 되면서 배울 것이 참 많다는 것까지 안다. 벼가 익을수록 고개를 숙이듯이 많이 알아가고 능력이 커질수록 진리 앞에 겸손해진다. 학습곡선의 학습고원현상처럼 '지속가능성의 고원'이 우상향으로 완만하게 이어진다. 그러나 자신감의 높이는 뭣 모르던 시절의 '우매함의 봉우리'보다 높아질 수는 없다. 메타인지에 겸손까지 더해 배움이 깊어져도 우쭐거릴 정도가 되지는 않기 때문이다.

공부의 기본, **책 읽기**

책 읽기는 가장 대표적이고 보편적인 공부법이다. 그래서 효과적인 책 읽기는 동서고금으로 애용된 공부법의 기본이다. 그렇다고 책 읽기가 단순하고 쉬운 것은 아니다.

> 사람들 대부분은 읽는 방법을 배우는 데 오랜 시간이 걸린다는 사실을 알지 못한다. 나는 80년이 걸렸고, 지금도 완전하다고 할 수는 없다.

독일의 천재적인 대문호 괴테의 이 말은, 독서가 무턱대고 읽기만 하면 되는 것이 아니라 효과적인 독서법이 따로 있다는 말이다. 제대로 된 독서, 효과적인 독서의 방법도 배워야 한다는 의미다.

학교 교육의 독서법 SQ3R

1946년 미국의 교육철학자 로빈슨Francis P. Robinson이 개발한 SQ3R은 가장 널리, 그리고 효과적으로 사용되고 있는 독서법 모형이다. 로빈슨은 이 독서법을 대학생을 위해 개발해 군인들을 대상으로 독해 교육에 적용해 본 후《효과적 공부(Effective Study)》를 통해 소개했다.

개발자 로빈슨 박사의 주장에 따르면 Survey(훑어보기)-Question(질문하기)-Read(읽기)-Recite(되새기기)-Review(다시보기)로 이어지는 5단계를 원활하고 효과적으로 훈련시키면 학생들은 읽기 역량을 더 잘 습득할 수 있고, 요점을 효과적으로 골라낼 수 있으며, 요점을 더 잘 기억하게 될 것이라고 했다. 이후 60여 년 이상 세계 각국의 학교 수업 현장에서 독해나 독서 등 읽기 교육의 학습모형으로 적용되고 있기도 하다.

연구자와 교사들에 따르면, SQ3R의 학습효과는 다음 4가지로 알려진다. ①교과별 지식을 습득하는 데 효과적이며 ②학습한 것을 기억하는 데 도움이 된다. ③독서 중 주의 집중력을 증진시키고 ④내용의 요점과 세부내용인 보조 항목들을 의미 있는 형태로 조직하는 데 도움을 준다.

SQ3R은 에세이나 기사문 및 설명문 계통의 글을 효과적으로 읽는데 특히 유용한 방법이며, 각 단계들은 타당하고 확실한 학습 원리에 기초하고 있다. 각 단계별 주요 활동을 살펴보면 다음과 같다.

▲ 1단계 - 훑어보기(Survey)
읽을 부분을 정독하기 전에 개관하거나 사전 검토한다. 자료를 훑어보고 제목과 도입부, 특히 눈에 띄거나 주의를 끄는 부분, 그림이나 도표 등에 주의하면서 재빠르게 훑어본다. 이 활동은 글 전체의 관점을 파악하는 감각을 갖게 한다.

훑어보는 시간은 자료의 특성과 읽는 목적에 따라 달라질 수 있지만 대개 1쪽에 1~2분 정도, 한 단원에 4~5분 정도 잡는다. 제목이나 소제목을 보고 질문이 있는지도 보며 그림, 사진 등의 자료에도 글의 내용에 대한 단서가 있을 수 있기에 눈여겨본다. 자신이 이미 알고 있는 것 중에도 글과 관련 있는 것이 있는지도 생각해 본다.

▲ 2단계 - 질문하기(Question)
정독 전에 자료에 대해 질문을 가져 보는 단계다. 제목과 주요 도입부, 그리고 다른 주요 단어들을 기초적인 질문으로 바꾼다. 궁금증과 호기심이 생기고 사전 정보들로 브레인스토밍brainstorming이 가능해진다. 의문을 중심으로 초점이 명료해지고 세부적인 설명도 재인식할 수 있다. 중요한 요점을 추출할 수도 있다. 스스로 만든 질문거리를 들고 글을 읽는다는 것은 읽기를 나름의 탐구과정이 되게 하는 방법이 된다.

▲ 3단계 - 자세히 읽기(Read)
질문에 대한 답이 있는 부분을 주의 깊게 읽으며 답을 찾는다. 읽어가면서 얼마든지 질문을 바꿀 수도 있다. 질문을 만들면서 기대하던 답과 비교해 보며 차이도 알게 된다. 그리고 질문을 바꿔 가면서 이어 나간다. 눈여겨볼 부분은 시간을 들여 꼼꼼히, 그렇지 않은 부분은 속도를 낸다. 중요 부분에 밑줄을 긋거나 기호 표시, 메모를 곁들일 수 있다. 읽을 때는 10분 뒤에 시험을 친다는 자세로 전념을 다하고 눈독을 들여 읽는다.

▲ 4단계 - 되새기기(Recite)
한 단락을 읽고 나면 그 내용을 되새겨 본다. 기억나는 부분을 되새기

며 중얼거려도 본다. 인상적인 부분, 기억이 애매한 부분은 다시 살핀다. 이로써 아는 것과 모르는 것이 명료해지고 사각지대도 체크가 된다. 이 것은 본문의 물음에 독자가 답하는 부분이다.

▲ 5단계 - 다시 보기(Review)

글을 다 읽으면, 요점과 요점들 간의 상호 관계에 대한 조감도를 얻을 수 있다. 메모를 다시 훑어보고 요점들을 재생하며 기억 여부를 점검해 본다. 핵심 요점과 하위 요점들을 확인하고 구조 관계를 재확인한다. 글 전체를 다시 훑으며 되살펴 본다. 복습은 마지막 되새기기 후 5분 이내에 하고, 틈틈이 반복해야 기억이 오래 간다.

읽는 즐거움을 위한 '비경쟁독서'

학교 교육에서 독서 기풍을 살리기 위해 실시하는 프로그램은 주로 독후감, 독서토론, 독서퀴즈, 독서경진대회 등이다. 그런데 이런 방법들에는 빠짐없이 경쟁 기제가 들어 있다. 거의가 '누가 많이 읽고 잘 읽었는가'를 비교하고, 우열을 가려 등위를 매기고, 시상을 빠뜨리지 않는다. 독서가 공부의 기본인 만큼 공부의 본질에 경쟁이 만연할수록 독서에도 경쟁의 요소가 끼어들게 마련이다.

독서에 경쟁의 요소가 끼어들수록 줄어드는 것은 독서의 즐거움이다. 공부도 마찬가지다. 경쟁을 의식해서 잘하려 하면 할수록 좋아하기는 힘들어진다. 독서의 효과는 흔히 교훈과 감동, 재미, 3요소로 말해진다. 그중에서도 '교훈'과 '감동'이 독서의 주메뉴라면 '재미'는 부메뉴다. 공부도 좋아하고 재미를 느끼고 즐겨야 차차 저절로 잘하게 되듯, 독서도 흥미부터 잃지 않아야 두고두고 즐기면서 잘해 나갈 수 있다.

 독서 교육 현장에서 학생들에게 책 읽는 경험과 즐거움을 잃지 않도록 하기 위해 꾸준히 시도해 온 것이 책을 읽고 서로 의견을 나누는 활동인 독서 토의(book discussion)활동이다. 책을 읽고 그 내용에 대해 서로 이야기를 나누는 것은 책의 이해와 소통의 즐거움을 더해 줌으로써 독서에 대한 흥미를 높이는 좋은 수단이다. 또한 독서 토의 활동은 혼자 하는 독서에서 생길 위험을 줄이고 자기 의사를 논리적으로 표현하는 능력과 상대의 의견을 존중하면서 듣는 자세를 기를 수 있고, 합리적이고 민주적인 소양을 기를 수 있는 활동이다.

 독서 관련 교육이 '토론' 혹은 '토의'의 이름으로 펼쳐지면서 책을 읽고 이야기를 나누는 활동이 다채로워졌다. 대립하는 주장에 대한 근거를 이야기하는 논쟁(argument, debate) 방식이 '독서 토론'이라면, 다른 사람의 생각에 자기 생각을 덧붙여 나가면서 전체를 풍부히 하는 방식이

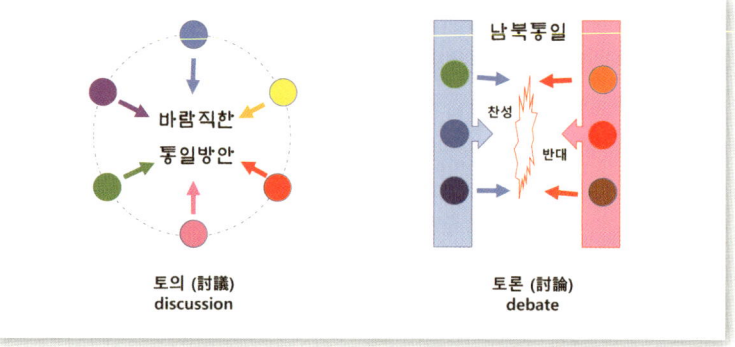

토의 (討議) discussion   토론 (討論) debate

'독서 토의'다. 독서 토의와 독서 토론은 모두 여러 사람이 함께 논의하며 텍스트의 이해를 심화하고, 다양한 해석과 이해의 가능성에 대해 숙고하는 활동인 셈이다.

다만 학교 현장에서 교육적 활동으로 하는 독서 토론은 흔히 그 결과에 승부와 등위를 매기는 '경쟁'이 개입된다. 경쟁을 통해 독서 문화 활성화와 독서 능력 향상을 꾀하는 것이다. 그러나 이 방식은 토론자가 많아질수록 논점이 분산되어 산만해지는 취약점이 있고, 독서에서 시작하지만 진행될수록 독서를 떠나 토론에 치중되는 경향이 있다.

경쟁을 의식하도록 만드는 독서 교육은 학교의 수업부터 왜곡시킨다. 독서 수업에 승부가 걸리다 보면 비본질적인 요령이 개입된다. 그리고 토론이 강화되는 수업은 열기는 높아질 수 있지만, 학습자(독서자)들의 다양한 생각과 의견들이 제한을 받을 소지가 크다. 수업의 초점도 쟁점 위주의 흑백논리로 단순화될 위험이 있다. 또한 쟁점마다 승부를 내어 우월하고 지배적인 견해를 판성함으로써 다른 생각(소수 의견)과 다양한 사고를 위축시킨다. 독서의 본질을 벗어난 경쟁의식은 독서 효과 면에서도 교훈과 감동을 훼손한다. 재미도 왜곡시킬 수 있다. 누군가를 이기기 위한 의욕과 이기고 난 뒤의 승리감은 독서의 본질적인 재미와 흥미를 일그러뜨리고 훼손한다.

독서퀴즈나 독서경진대회에서의 경쟁도 마찬가지다. 퀴즈대회에서 빠질 수 없는 것이 점수와 등위, 그리고 승부다. 읽을 책을 정해놓고 그 내용에 대한 문제로 시험을 보게 하는 독서경진대회도 다를 게 없다. 독서에 경쟁 기제를 개입시키는 방식은 보약이 되길 기대한 것일 텐데, 도리어 독약이 될 수 있다는 우려가 그래서 나온다.

이 같은 우려에 바탕을 두고 '경쟁적 독서'의 대안으로 나온 것이 '비경쟁 독서'다. 이것은 독서와 관련된 활동에서 경쟁 요소를 최대한 배제한 것이다. 아직 일반화할 만한 표준 모형은 없으나 다양한 실험들이 진행 중이다. 하지만 독서 의욕과 흥미를 북돋우고 '읽는 즐거움'을 느끼게 할 '보약 요법'으로 기대가 커지고 있다.

앞으로 체계적인 이론의 정립과 함께 독서 관련 최선의 교육적 대안으로 발전해 가길 기대하면서, 필자 나름의 의견을 보태자면 다음과 같다.

① 독서와 관련한 활동들에서 '경쟁' 요소는 최대한 배제한다.
② 현재 가장 의욕적으로 활동하며 모범을 만들고 있는 '비경쟁독서토론' 관련 단체들에서는 '토론' 명칭을 빼길 권한다. 이름 짓기는 개념 정립에 중요한 요소다. '비경쟁독서논쟁'이란 말이 성립 불가능한 형용모순이듯, 경쟁성을 본질적으로 내포한 '토론'을 '비경쟁'과 결합해 쓰는 용어 자체가 혼란을 주고 있기 때문이다. 차라리 '토론'을 뺀 '비경쟁독서'가 어떨까 한다.
③ '비경쟁독서'의 독서 후 활동으로는 토의(discussion)나 대화(dialogue) 등 다양한 활동들을 열어놓고 모색해 볼 수 있을 것이다.
④ 앞에 소개한 일본 에도 시대 '회독'의 장점을 접목해 보는 것도 유익할 것이다.

놀이처럼 **재미있게** 공부하기

스웨덴 스톡홀름 오덴플랑Odenplan 광장 지하철역 출입구에는 피아노 건반 모양의 소리 나는 계단이 있다. 지하철역 출입구가 으레 그렇듯 거기도 좁은 에스컬레이터와 함께 그보다 폭이 5배가 넘는 계단이 붙어 있다. 그런데 그곳도 처음에는 다른 지하철역처럼, 이용객들이 폭넓은 계단보다 좁은 에스컬레이터를 이용하는 비율이 압도적으로 높았다. 무거운 짐이 있는 이용자나 노약자들을 위한 시설이 일반 보행자들의 편의시설처럼 되어 버린 것이다.

그러다 2009년 독일 폭스바겐사가 재미있는 실험을 한다. 보행용 계단을 피아노 건반처럼 만들어 디딜 때마다 피아노 소리가 나도록 장치를 해 본 것이다. 그러자 놀라운 변화가 일어났다. 피아노 계단 이용률은 이전보다 66%나 늘었다. 이와 같은 행동 변화의 심리적 기저는 무엇일까. 바로 재미(Fun)다. 걷는 불편만 느껴지던 계단에 음악을 곁들여 보니 사람들이 불편을 감수하면서까지 재미를 찾게 된 것이다. 물론 폭스바겐사의 원래 취지는 이용객들을 분산해 통행 번잡률을 낮추는 것과 함께 보행의 운동 효과로 시민들의 건강도 증진하고자 했던 일석이조 전략이었다.

이후 그곳은 넛지Nudge효과[88]를 이용한 소셜 컨트롤social control[89]의 모범이 되고, 우리나라 등 여러 나라에 같은 시설이 전파되기도 했다.

즐겨야 잘하게 된다

재미를 추구하는 것은 인간 특성 중 하나다. 그래서 인간을 호모 루덴스Homo Ludens라고도 한다. 공자도 "아는 것은 좋아함만 못하고, 좋아하는 것은 즐김만 못하다"고 했다. 명지대 교수 김정운은 《노는 만큼 성공한다》는 책에서 "뛰는 놈 위에 나는 놈 있고, 나는 놈 위에 노는 놈 있다."면서 잘 놀아야 창의성도 높아지고 성공도 한다고 강조한다.

세계 피겨 여왕의 자리를 놓고 경쟁하던 김연아와 아사다 마오의 대결에서 김연아가 승리한 비결도 '즐김'이었다. 아사다 마오는 기술 피겨의 상징이었다. 그녀는 고난도의 3회전 점프(트리플 악셀)를 필살기로 삼으려는 강박으로 고강도 훈련에 치중, 기술과 구성(예술성) 모두를 놓쳐버

---

88) 넛지nudge란 '팔꿈치로 슬쩍 찌르다.'란 뜻으로 사람들의 선택을 유도하는 부드러운 개입을 뜻한다. 넛지 효과는 경제학자 리처드 탈러와 캐스 선스타인이 2008년에 펴낸 책 《넛지》에서 처음 언급하였다. 공공화장실 남성용 소변기 안에 파리를 그린 스티커를 붙여, 변기에 다가서서 배뇨하도록 유도하는 아이디어가 좋은 예다.
89) 사람들이 사회규범을 준수하도록 개개인과 집단의 행동을 유인, 통제하는 것을 말한다. 행정당국이 시민들의 바람직한 사회적 행동을 이끌어내기 위해 인간 심리를 이용해 시행하는 아이디어 시책들이 그에 해당한다. 자동차 도로에서 차량이 안전속도를 유지하면 멜로디가 나오는 구역을 만드는 방안 등이 한 예다.

렸다. 반면 김연아는 '빙판 위에서 즐기기'를 우선해 그 모두를 활짝 피워낼 수 있었다. 오랜 기간 꾸준히 연마한 충실한 기본기량을 바탕으로 브라이언 오서 코치의 '플러스 알파@' 전략이 완성도를 높였던 것이다.

그가 주력한 핵심전략이 '즐기는 연아'였다. 그것이 김연아의 기량에 생명을 불어넣고 향기를 더해 무결점 연기를 끌어냈다. 김연아와 아사다 마오의 기량 차이가 가장 크게 갈린 부분은 구성점(표현력, 예술성)이었다. 그것은 대중들 눈에도 드러나 보인 표정 연기에서 단연 두드러졌다. 얼음판을 지치는 피겨의 완성도가 얼굴 표정 연기로 가름 난다니 무슨 말일까. 우리 말 '얼굴'의 옛말 '얼골'은 '얼의 꼴'이라는 뜻을 담고 있다. 정신이 우러나온 모양이라는 의미다. 얼굴에 드러나는 마음속 심리나 감정의 모습을 표정이라고도 한다. '감정(情)의 겉모습(表)'이란 뜻이다.

안면 피드백 가설

사람의 감정과 표정의 관계는 어떨까. 이것은 심리학의 오랜 관심사 중 하나다. 19세기 말 미국의 윌리엄 제임스William James와 덴마크의 칼 게오르그 랑게Carl Georg Lange는 비슷한 시기에 같은 것에 관심을 두었고, 같은 결론을 별도로 냈다. 즉 정서 경험은 외부 자극에 대한 신체 반응을 지각한 결과로 생긴다는 것이다. 자극→정서→신체적 변화의 순서가 아니라 자극→신체 변화→정서의 순서라고 주장한다.

우리는 보통 즐거워서 웃고 슬프면 울게 된다고 한다. 외부 자극으로 감정이 생기면 그에 따라 행동도 뒤따른다고 생각하는 것이다. 그런데 제임스와 랑게는 반대로 자극 요인이 생기면 신체 반응이 먼저 따르고 그걸 지각하는 감정이 생긴다고 주장한다. 즉 웃을 일이 생기면 몸이 먼저 반응해 웃음이 터지고, 그에 따라 즐거운 감정도 생겨난다는 것이다. 슬퍼할 일이 생기면 울음보가 먼저 터지고 나서 정말로 슬퍼진다는 것이다. 이 현상을 심리학계에서는 두 사람의 이름을 따서 제임스-랑게 이론(James-Lange theory)이라고 한다.

조선 시대에 곡비哭婢 또는 읍파泣婆라고 하는 이색직업이 있었다.[90] 상喪을 당한 집에서 부르면 곡哭을 해주고 삯을 받는 여종이나 노파였다. 사람이 죽으면 그 혼백을 달래고 좋은 곳에 가도록 해주기 위해서도 처연한 곡소리가 필요했고, 곡소리가 크고 높을수록 집안의 위세를 내보이는 것이기도 했다.

그런데 이들은 일면식도 없는 남의 애사에 무엇이 그리 슬퍼 처연히 울까. 연기력이었을까. 그 신비가 여기 있는 셈이다. 아무 인연도 없고 죽은 이를 본 적도 없는 곡비가 곡을 시작하면 그 자신은 물론 주위의 모든 이들도 같이 울면서 같이 슬퍼졌던 것이다. 곡비의 경우 전적으로 의무적이며 의식적인 행동이 앞선 후, 그것에 의해 감정이 생겨나고 나중엔 그것에 취해 눈물 바람도 자연스러웠던 것이다.[91]

한편 '감정 반응'이 나타나는 부위로서 특히 '얼굴'을 주목하게 된 것

---

90) 중국이나 대만에는 지금도 상갓집을 찾아가 곡소리를 내주는 직업적 곡상인哭喪人이 있다고 한다. 노인을 양계阴界의 마지막 길로 인도하는 역할로, 대개 여자들이 많다고 한다.
91) 유족의 경우는 혈족을 여읜 당연한 슬픔이지만, 조문객들에게 유포된 슬픔은 곡

은 1960년대 초 미국의 실반 톰킨스Silvan Tomkins에 의해서였다. 톰킨스는 표정으로 마음 읽기를 처음 시도했다. 경마 조합의 예상 기자로 일하면서 경주마의 표정을 보고 성적을 예측하는 단서로 삼기도 했던 그는, 지명 수배자의 사진만 보고도 그들이 어떤 죄를 저질렀는지 알 수 있을 정도였다. 그는 제임스-랑게 이론의 신체적 반응을 얼굴 부분으로 한정하여, 감정은 주로 안면 반응으로 먼저 나타나고 다른 신체 반응이 이차적으로 뒤따른다고 했다(〈위키백과〉).

톰킨스의 얼굴에 대한 관심을 학문적으로 천착해 간 사람은 톰킨스의 대학 친구 폴 에크만Paul Ekman이었다. 에크만은 그때까지 몸짓 등의 비언어적 행동 및 소통 연구에 관심을 두고 있었다. 그러다 톰킨스의 조언을 듣고 신체에서 얼굴로 초점을 옮겨 '얼굴 표정을 관할하는 법칙'에 관심을 두게 되었다. 에크만은 오지의 원시 부족까지 찾아다니며 사람들의 갖가지 표정을 사진에 담았다. 그것을 톰킨스에게 보여주자 톰킨스는 표정과 인상, 주름 등으로 부족의 문화 풍습까지 읽어냈다.

톰킨스에 영감을 받은 에크만은 얼굴 표정 분류법을 만들어 보기로 결심한다. 그리고 다른 동료와 함께 얼굴 근육에 관한 해부학 서적들까지 섭렵하면서 얼굴의 생리학적 구조를 분해해 들어갔다. 얼굴이 만들어 낼 수 있는 세세한 근육 운동들까지 일일이 확인하고, 그 움직임에 관

비에 의해 유발되고 전이된 것이기도 하다. 이는 1990년대 '감정 전염·정서 전염emotional contagion'으로 명명된 것으로, 다른 사람의 표정, 말투, 목소리, 자세 등을 자동적이고 무의식적으로 모방하고 자신과 일치시키면서 감정적으로 동화되는 경향을 의미한다.

찰 가능한 43가지 작동 단위(action unit)가 관여함을 알아냈다. 그리고 다시 것들을 조합하는 데 7년이 걸렸다. 2개의 얼굴 근육만으로도 300가지의 조합이 생겨나고, 3번째 근육을 추가하니 4,000가지가 넘었다. 5개의 근육까지 조합해 보니 눈으로 확인할 수 있는 얼굴 형상표정만도 1만 가지가 넘었다.

에크만은 그중 특히 유의미한 표정 3,000개를 골라 그것에 관여하는 근육의 번호를 붙여나갔다. 얼굴작동부호화시스템(Facial Action Coding System)이 그렇게 만들어졌다. 이 시스템(FACS)으로 에크만은, 심리 변화가 근육을 움직이지만 반대로 근육의 움직임이 심리를 변화시킬 수도 있다는 것을 증명해 냈다. 그리고 "웃는 표정을 만드는 근육이 뇌에서 즐거운 감정을 지배하는 부분을 자극한다."는 것까지 밝혀냈다.

근육을 움직여 웃는 표정을 일부러라도 만들면 근육 움직임이 대뇌를 자극해 웃을 때 분비되는 호르몬까지 의도적으로 생겨나게 만들 수 있다는 것이다. 에크만의 연구는 거꾸로 표정 근육의 움직임을 관찰해 인간의 현재 심리상태를 읽어내는 데도 유용했다(《위키백과》).

하지만 '얼굴 피드백 가설'이라는 용어가 대중화된 것은 1980년경이 되어서였다. 그때까지의 통설은 "얼굴 표정의 골격근 피드백이 감정적 경험과 행동을 조절하는 데 인과적 역할을 한다."는 정도였다. 그러다가 획기적인 실험적 연구가 가설의 입증에 일대 진전을 이뤄낸다. 1988년 독일의 심리학자 프리츠 슈트라크(Frits Strack) 등이 진행한 '입 안의 펜 패러다임(Pen-In-Mouth Paradigm)'이란 이름의 실험이 그것이었다.

이들은 피실험자들을 두 그룹으로 나눠, 한 그룹은 입술로 펜을 물게 하고[92] 또 한 그룹은 이빨로 펜을 물게 했다. 입술로 물면 저절로 뾰로통한(기분 나쁜) 표정이 지어진다. 이빨로 물면 본의 아니게 웃는(기분 좋은) 표정이 지어진다. 사실은 두 표정 모두 실제의 기분과는 상관없는 억지 표정이다. 이 상태로 두 그룹에 똑같은 만화[93]를 보여주고 독후감을 조사했다. 결과는 어땠을까? 기분 좋은 표정으로 본 그룹이 훨씬 더 재미있었다고 평가하고 그 내용도 더 세세히 기억했다. 억지 표정일망정 좋은 표정으로 경험한 것에 더 긍정적인 평가를 하고 독서의 효과도 높았던 것이다.

'입 안의 펜' 실험

'입 안의 펜' 실험은 안면 피드백 가설을 입증한 대표적인 실험이다. 그러나 이후 다른 시도들에서는 재현이 엇갈렸다. 1988년의 한 실험에서는 아래위의 입술이 닿지 않도록 입에 펜을 물고 코믹만화를 보면 즐거움이 더 커지는 것으로 나타났는데, 2016년 같은 유형의 실험을 17개 연구진이 독립적으로 시도한 결과에서는 이를 재현하는 데 실패했다.

그러다가 2019년 미국 스탠퍼드대 교수 니컬러스 콜스Nicholas Alvaro Coles는 그동안의 관련 연구 138편을 메타분석, 긍정적 근거들이 더 많

---

92) 다른 재현 실험에서는 기분 나쁜 표정을 만드는 방법으로, 입술로 펜을 물게 하는 방법 대신에 코와 윗입술 사이(인중)에 펜을 끼우는 방법을 쓰기도 한다.
93) 게리 라슨Gary Larson의 만화책 《The Far Side》

음을 확인하고 가설의 지지자와 반대자, 중립적인 입장 연구자가 모두 인정할 수 있는 방식을 찾기로 한다. 그래서 자신을 중심으로 한 국제 공동연구진을 구성, 미국을 포함한 19개국의 3,878명을 대상으로 웃음 근육을 활성화하는 3가지 방식의 가설 재현 실험을 했다.

그리고 2022년 과학저널 《네이처 인간 행동》을 통해 "웃는 표정을 짓는 것이 사람들을 더 행복하게 만든다는 강력한 증거를 실험으로 확인했다."고 밝혔다. 연구팀은 웃는 표정을 짓는 데서 오는 행복감이 우울증을 극복할 수 있을 만큼 강한 것은 아니지만 감정이 무엇이고 어디에서 오는 것인지에 대해 통찰력을 제공한다고 설명했다.

nature human behaviour

Registered Report

A multi-lab test of the facial feedback hypothesis by the Many Smiles Collaboration

연구진은 참가자를 세 그룹으로 나누어 1/3에게는 펜을 이빨로 무는 방식으로, 다른 1/3에게는 웃는 배우 사진을 보고 흉내를 내게 하는 방식으로, 나머지 1/3에게는 입꼬리를 귀 쪽으로 당기고 얼굴 근육으로 뺨을 들어 올리는 근육 조작 방식으로 각각 웃는 표정을 짓게 했다. 또 각 그룹의 절반에게는 강아지, 고양이, 불꽃놀이 등 유쾌한 사진을 보여주고 절반은 빈 화면을 보여주며 같은 임무를 수행하게 했다. 같은 사진을 아무런 표정 없이 보는 실험도 추가했다. 참가자들이 어떤 실험인지 알게 되면 정확한 효과 측정이 곤란해질 것을 우려, 미끼실험으로 수학 문제 풀이도 함께 부여했다. 그리고 각자 느끼는 행복감 수준을 평가하도록 했다.

실험 결과, 배우들의 웃는 표정을 흉내 낸 참가자들과 얼굴 근육 조작으로 표정을 만든 참가자들의 행복감이 뚜렷하게 높아진 것으로 나타났다. 그런데 의외로 '펜을 이빨로 문' 참가자들의 행복감만 증가하지 않은 것으로 나타났다. 이에 대해 연구진은 "펜을 이빨로 무는 동작이 실제 웃는 표정과 같지 않은 탓일 수 있을 것"으로 추정했다. 펜을 무는 동작에는 실제 웃는 표정에는 없는 '이를 악무는 동작'이 교란 요인으로 될 수 있어서라는 것이다.

연구진은 그러나 다른 두 그룹의 실험 결과는 웃는 표정이 행복감을 높여준다는 것을 명백히 보여준다면서, 이는 인간의 감정이 근육 운동이나 다른 신체적 감각과 어떤 식으로든 연결돼 있다는 설득력 있는 근거를 제공한다고 설명했다. 이로써 '안면 피드백 효과'는 '가설'의 꼬리표를 떼는 권위를 얻었다.

이 안면 피드백 효과가 공부에 미치는 의미는 무엇일까. 그것은 공부도 즐겁게 해야 그 효과가 높아진다는 점이다. 놀이처럼 해야 같은 노력을 들여도 더 많은 것을 더 자세히 기억할 수 있다. 일부러라도 밝은 표정으로 해야 머릿속에 세로토닌과 같은 호르몬이 분비되어 공부가 즐거워진다는 것이다. 그래서 가능한 한 공부에 중압감이 들지 않도록, 얼굴 표정이 어둡거나 시무룩해지지 않도록, 공부의 환경을 만들어 주는 것이 중요하다.

익살꾼 공부쟁이 파인만

아인슈타인에 비견되는 물리학자 파인만은 학자적 무게에 어울리지 않게 '재미있는 사람'이었다. 공부와 연구를 결코 무겁게만 여기지 않았고 남들 앞에 폼을 잡으려고 들지도 않았다. 자신의 업적에 대한 남들의 칭송이나 칭찬에도 도리어 불편해했다.

노벨상 수상도 거부할 뻔했다는 일화는 그의 면모를 엿보게 한다. 노벨상을 받게 되면 너무 성가셔질까 봐 거부하려다가, 거부하면 더 유명해지고 더 번거로워질 거라는 기자의 말에 마지못해 받고 말았다는 것이다.

그의 자서전《파인만 씨, 농담도 잘하시네》를 보면 장난기 속에 배인 통찰력과 함께 익살스러우면서도 가볍지는 않은 천재 과학자의 면모들이 담겨있다. 책 속에 비치는 그의 학문과 삶 전체를 꿰는 키워드는 바로 '재미'다.

"내가 하려는 일이 물리학의 발전에 얼마나 기여하는가는 중요치 않다. 문제는 그 일이 얼마나 즐겁고 재미있느냐이다."

그런 그의 말처럼 파인만은 평생 스스로 즐거울 거리를 찾아 자신만의 방식대로 추구해 나갔다. 그는 자신의 연구가 물리학에서 얼마나 중요한 위치를 차지할지, 그것이 자기 명성에 어떤 영향을 줄지 등은 별로 고려 대상이 아니었다. 주변에서 '그게 물리학에 어떤 중요성이 있는가?'라고 물으면 파인만은 그저 '재미있잖아!'라고 했다고 한다.[94]

---

[94] 그의 캐주얼하고도 쿨한 면모에 대해 최고지성으로서의 사회의식은 부족하다는 비판도 없지 않다. 대표적인 것이 핵무기 개발에 같이 관여했던 아인슈타인과 파인만 두 사람이 보인 원폭 투하 뒤의 상반된 입장이다. 원폭 투하의 참상을 보고 아인슈타인은 죄책감과 함께 반핵운동에 참여했으나, 파인만은 무관한 것처럼 행동하거나 허무감 정도의 표명에 그쳤다는 것이다.

무적의 학습법 '파인만 테크닉'

좋은 글, 잘하는 말의 공통적인 요건은 무엇일까. 무엇보다 '쉬워야 한다.'는 점이다. 마찬가지로 무엇에 대해 가장 잘 '아는' 사람은 누굴까. 그것을 가장 '쉽게 설명할 수 있는' 사람이다. 세상에서 가장 어려운 문제를 가장 쉽게 설명할 수 있는 사람이 있다면? 그 문제를 통달한 최고 권위자요, 가장 위대한 해설자라 할 것이다. 20세기 물리학계의 거봉 리처드 파인만이 바로 그렇게 불린 사람이다.

아인슈타인 이후 최고의 과학자이자 통섭형 사고력의 소유자로 불리는 리처드 파인만. 그는 양자전기역학에 관한 연구로 1965년도 노벨물리학상을 받은 석학인 동시에, 어려운 내용일수록 쉽게 가르치는 강의로 인기를 끈 교수법의 대가이기도 했다. 적절한 비유와 재치 있는 표현으로 문제의 핵심을 짚고, 일상적인 예시를 통해 일반인들도 쉽게 이해할 수 있도록 했다.

가장 쉽게 설명하기

"간단히 설명할 수 없다면 제대로 이해하지 못한 것이다."라고 한 그의 말은 설명할 수 있는 지식만이 진짜 지식이라는 말과 통한다. 교육학 전공자는 아니었지만 그의 강의법 교본은 요즘도 교수법의 고전으로 평가된다. 그런데 그의 교수법은 자신의 학부 시절 공부법을 변용한 것이었다.

그의 이름을 딴 '파인만 테크닉'은 세상 모든 문제를 풀 수 있는 '무적의 학습법'으로도 불린다. 그의 학습법은 한 마디로 '어린아이에게 설명해 줄 수 있도록 공부하기'다. 우리가 무언가를 제대로 이해하려면 그것을 설명할 수 있어야 하고, 특히 이해 수준이 가장 낮은 아이에게 설명할 수 있어야 한다. 그래야 그 개념을 제대로 이해한 것으로 볼 만하다. 그래서인지 방법도 단순하다.

❶ 공부할 과제 적기 : 공책 윗줄에 자기가 알고 싶은 개념 제목을 적는다.
❷ 강의용 스크립트 적기 : 그 개념을 자신에게 설명한다. 마치 그것을 모르는 사람에게 가르치듯 해야 한다. 그러는 사이 자신이 아는 것이나 모호하게 아는 것, 모르는 것의 경계가 또렷해진다. 메타인지가 명료해지는 것이다.
❸ 거듭 반복해 읽고, 배우기 : 막힐 때마다 교재와 참고서, 강의, 선생님에게로 되돌아가 다시 읽고 다시 배운다. 종이에 써서 설명할 수 있을 때까지 거듭한다.
❹ 다시 정리하기 : 알게 된 개념들을 종합해 최종 정리, 설명한다. 설명할

때 말이 길어지거나 복잡해지면 표현을 간명하게 하거나 더 알기 쉬운 설명법을 찾는다. 예시나 비유로 이해를 도울 수도 있다. 이 과정에서 이해가 미흡한 부분을 찾을 수도 있다. 이해가 꼭 필요한 부분은 더욱 생생한 이야기로 만들어 자신에게 들려준다. 더 쉽고 더 적절한 비유를 찾는 동안 자신의 이해도 깊어진다.

이와 같은 '파인만 테크닉'은 자기 주도적 탐구학습 방법이어서 대학생이나 연구자들을 위한 공부법으로 여겨지기도 한다. 프랑스의 바칼로레아처럼 종합적 사고력을 재는 논술형 평가에 적절한 공부법이다. 대한민국의 초·중·고생이 매달리는 대입 수능은 종합적 사고력을 재기 위한 평가라면서도, 객관식 선다형 출제 경향을 벗지 못하는 점이 한계다. 객관식 문항에 필요한 학력은 설명력보다는 OX 감별력, 그리고 사고력보다는 기억력이기 때문이다. 다만 이제 우리의 초·중·고교에서도 자기주도학습, 탐구학습이 강조되고 있고, 객관식 선다형의 현 수능도 2028학년도부터 바뀔 것이라고 하니 파인만식 공부법이 머잖아 초·중·고에서도 필요한 학습법이 될 것이다.[95]

---

95) 그의 이름을 딴 '파인만 문제해결 알고리즘'이란 것도 있다. ❶문제를 쓴다→❷아주 깊이 생각한다→❸답을 쓴다. ❷에서 잘 안 되면? ❹잠을 잔다→❺아주 깊이 생각한다→❻답을 쓴다. 그런데 이 '파인만 알고리즘'은 파인만이 직접 만든 것이 아니라 장난기가 많던 파인만이 종종 골려주던 동료이자 학문적 라이벌 머리 겔만이 파인만 테크닉을 패러디해서 만든 것으로 알려져 있다. 그러나 패러디일망정 지극히 지당하고 맹물같이 싱거우면서도 새길수록 심오한(?) 접근법이란 평을 듣기도 한다.

학습 피라미드? **경험**의 원뿔

국내외 학습 사이트나 블로그 등에 많이 소개되는 것에 '학습 피라미드(learning pyramid)' 또는 '학습 효율성 피라미드'라는 것이 있다. 이것은 1940년대 미국의 에드가 데일Edgar Dale이 처음 개발했다고 전해지고 있다. 당시 영화의 교육적 활용에 관심을 갖고 있던 데일은 1946년에 낸 《시청각 교육의 방법》이라는 책에서 '경험의 원뿔(Cone of Experience)' 이론을 개발해 처음 소개한다.

데일의 '경험의 원뿔'

데일의 그 책은 당시 미국을 휩쓸던 교육 사조인 존 듀이의 경험 중심 교육관에 입각해 있다. 경험 중심 교육관은 "행함으로써 배운다(learning by doing)"는 데 함축되어 있고, 그 중심 개념이 바로 '경험'이다. 그의 의도는 교사의 가르침이 위주인 기존 공부법을 탈피한, 학습자 경험을 중심으로 하는 모델을 제시하는 데 있었다. 교과서와 강의 위주인 수업을 넘어 자료와 매체를 확장하여 학습자 경험을 극대화하고자 했다. 즉 교사의 강의가 위주인 종래의 교육 방법은, 그 내용이 교사의 말(구두 기호)

이나 문자(시각 기호)로 너무 추상적이어서 학생들이 접하는 현실과 너무 동떨어져 있다고 보았다. 그래서 좀 더 다양한 시청각 자료들을 접목하고 현장에서 오감으로 체험할 수 있도록 경험의 폭을 삶의 현장으로 확대하는 방향으로 구성하고 유목화했다.

진짜 공부는 목적이 분명해야 하고 직접적인 체험을 중심에 두어야 한다. 몸으로 직접 다루고, 만지고, 맛보고, 냄새 맡으며 체감하고 체험하는 폭이 넓을수록 생생한 공부다. 이것이 경험의 원뿔에 담긴 데일의 기본 생각이었다.

데일의 '경험의 원뿔'은 라디오나 TV 등 다양한 미디어의 출현에 따른 시청각 교육의 확대와 함께 교수-학습 방법 혁신의 이론적 근거가 되었다. 그리고 1969년 판에는 브루너Jerome Seymour Bruner의 발견학습[96]과 표상 이론[97]의 개념을 반영함으로써 이론의 완성도와 활용도를 높였다.

원뿔 바닥 쪽일수록 경험의 폭이 넓고 구체적이며 생생하다. 위로 올라갈수록 추상적이고 형식적이며 실재와는 물리적으로 닮지 않았다. 그래서 원뿔의 아래쪽 부분은 효과적인 의사소통과 학습을 위한 직접 경

---

96) 학습자가 학습 과정에 능동적으로 참여해 교과의 기본적인 개념이나 원리를 발견하도록 하는 것. 교사에 의한 학습 내용 제시와 주입보다 학습자의 탐구과정을 중요시한다.
97) 브루너는 학생들의 발견학습이 가능하도록 지식의 구조표현양식도 사물의 행동을 통해 나타나는 '활동적 표상', 그림이나 심상으로 나타내는 '영상적 표상', 상징적 체제인 언어로 나타내는 '상징적 표상'의 3가지로 나누었다.

험의 중요성을 보여주며, 특히 어린 아이들일수록 영구적인 학습의 기초를 제공하기 위해 실제적이고 구체적인 경험이 필요하다고 강조한다. 그렇지만 이것이 경험 종류별 우열을 의미하는 것은 아니다. 너무 '생생체험' 쪽에만 매몰되면 고등정신기능의 함양과 성장이 지체된다. 데일도 이 점을 유의해, 이 원뿔은 상대적 우열의 위계를 담고 있지 않다고 분명히 하면서 전체적인 양상만 보아주길 당부한다.

■ 구두 기호

입으로 말하는 언어적 상징은 상징 대상이나 아이디어와 물리적으로 유사하지 않아서 매우 추상적이다. 이러한 언어 기호는 의미에 대한 시각적 표현이나 단서를 제공하지 않는다. 데일은 이에 대해 '말(horse)'이라는 단어를 예를 들었다. 'horse'라는 구두 기호언어나 문자는 실제의 동물과는 같이 생기지도, 닮지도 않은 상징이어서 모르는 이에게는 그처럼 보이지도 들리지도 않고, 냄새가 나지도, 맛이 느껴지지도 않는다.

■ 시각 기호

개념적 표현에 사용되는 차트, 지도, 그래프나 다이어그램 등이 시각 기호다. 이러한 상징들은 복잡한 현실을 이해하기 쉬운 것으로 단순화시킨다. 기타 로고나 교통 표지판 등의 시각 기호들은 문자와는 또 다른 의미를 담는다. 구성원들 간에 공유되는 의미를 담고 있어 전달 효과를 본다.

■ 녹음, 라디오 및 정지 사진

당시 막 보급된 멀티미디어 자산들을 교육자료로 처음 넣었다. 요즘

같으면 팟캐스트나 오디오 파일이 포함될 수 있다. 보거나 듣는 것이지만 위의 상징보다는 좀 더 구체적인 매체들이다.

■ **동영상 & 교육용 TV**

영화와 동영상, TV는 유사한 매체들이다. 학습자는 화면 녹화와 편집을 통해 과제를 재구성할 수 있다. 이에는 동영상에 가치와 메시지를 담은 비디오, 애니메이션 및 TV 프로그램, 다큐멘터리 등이 포함된다. 요즘의 유튜브도 여기에 든다.

학습자가 적극 참여 대신 관찰에 집중하므로 추상적인 경험에 해당한다. 학습자는 시각과 청각 이외의 감각에 참여하거나 쓸 기회는 없다. 실시간 재생(streaming) 경험이 현실을 그대로 재현할 수는 없지만, 비디오는 실제 프로세스와 이벤트를 화면에 추상화한 것이다. 동영상은 아이디어의 움직임과 연속성을 제시하는 데 효과적이다. 영화와 텔레비전이 어느 정도 '세상을 향한 창' 역할도 한다.

비디오 사용시 필요 부분을 녹화·편집하거나 확대, 강조, 속도 조절과 반복 재생도 가능하다. TV를 바보상자라 부르는 등의 단점도 있지만 유아의 지적 발달에는 어느 정도 다른 것으로 대신할 수 없는 순기능이 있기도 하다.

■ **전시회(Exhibits)**

교실 환경에서 접하기 어려운 새로운 아이디어, 발견 및 발명에 대한 노출을 접하게 해 주는 데 효과적인 방법이다.

■ 수학여행(Study Trips)

수학여행은 학습자에게 실제의 풍경과 소리를 제공한다. 주요 활동은 체험학습의 경우 말고는 대체로 현장에서 보고 듣는 것 위주다. 체험학습의 예라면 소방서에서의 소화기 체험, 야영 체험 등이 있다. 현장 경험은 다양한 객체, 시스템 및 상황에 대해 배울 기회가 된다. 전통적인 교실 공간에서 접할 수 없는 것을 경험할 기회가 된다. 견학 또한 온라인 학습이 주는 사회적 학습 기회를 확장한다. 같이 배우는 학생들이 함께하는 현장 학습은 공동체 생활을 익힐 기회도 된다. 가장 큰 의미는 배움과 실세계 사이의 연결을 볼 수 있다는 데 있다.

■ 시연~시범(Demonstration)

특정 사실이나 아이디어 또는 프로세스에 대한 시각화된 설명이다. 비교적 적은 준비와 자료가 필요하기에 직원이나 학생을 교육하는 일반적인 방법이다. 또한 시연에는 효과를 높이기 위해 사진, 그림, 영화 및 다양한 미디어가 포함될 수 있다. 실습 활동이 어려운 여건에서 시연이 특히 실용성이 높다. 요즘의 경우 간단한 보고(Briefing)나 발표(Presentation) 등의 경우와 같다.

■ 각색된 경험(Dramatized Experiences)

극화된 경험. 역할극이 대표적이다. 이를 통해 학습자는 아이디어나 개념을 더 잘 이해할 수 있도록 재구성된 경험에 참여할 수 있다. 여기서부터 학습자는 관찰자에서 능동적 참여자로 전환된다.

이런 방식으로 실제 경험을 극화하면 학습자가 직접 겪어 볼 수 없는 특정 현실을 생생히 이해하는 데 도움이 된다. 위험 부담 없이 실험할 기회도 된다. 이를테면 소수자 혹은 소외자 역할 경험 등은 값진 공부 기회가 될 수 있다. 학습자는 '가상 상황'에 빠져들면서 개념에 더 익숙해질 수 있다. 마찬가지로 다른 배역을 관찰하면서 배울 수도 있다. 각자의 연기를 보면서 비교해 보는 것도 배움이 된다.

■ 인위적 경험(Contrived Experiences)

수업에 실제를 가져오기 어려울 때 교실에서 재현해 보는 방법이다. 가능한 한 현실에 가까운 경험을 해 보게 하는 것이다. 학습자가 이해할 수 없는 것이나 사건에 대해 대체물을 보여주거나 제공함으로써 학습과정에 도움이 된다.

실제 예가 없더라도 학습자가 특정 주제에 대해 배워야 할 내용을 배우는 데 도움이 된다. 여기에는 대리모델, 실물모형(mock-ups), 표본을 이용한 실습 및 시뮬레이션이 포함된다. 실물모형을 사용할 때 중요한 것은 실제 사물에 최대한 가깝게 만드는 것이다. 미용 실습, 주사 실습, 인공호흡 실습, 해부 실습, 비행 시뮬레이션 등의 경우가 이에 해당한다. 요즘의 경우로는 가상현실(VR), 증강현실(AR), 가상증강현실(VAR), 혼합현실(MR), 메타버스Meta-Verse 등이 이에 해당한다.

■ 목적이 있는 직접 경험(Direct, Purposeful Experience)

실생활 속에서 달성할 목표가 있는 실제 활동이다. 이 경우 학습자는 학습활동의 가장 능동적인 참여자요 행위자다. 인턴 과정의 경우와 같다. 배움터가 바로 삶의 축소판이다. 학습자는 이런 경험 속에서 보고,

다루고, 맛보고, 느끼고, 만지고, 냄새 맡을 수 있다. 이 수준에서 학습자는 지식을 쌓기 위해 더 많은 감각을 사용하고, 과제 수행을 통해 배운다. 가장 생생한 공부는 실습 경험을 통해 이루어지기에 이러한 경험은 모든 교육의 기반이 된다.

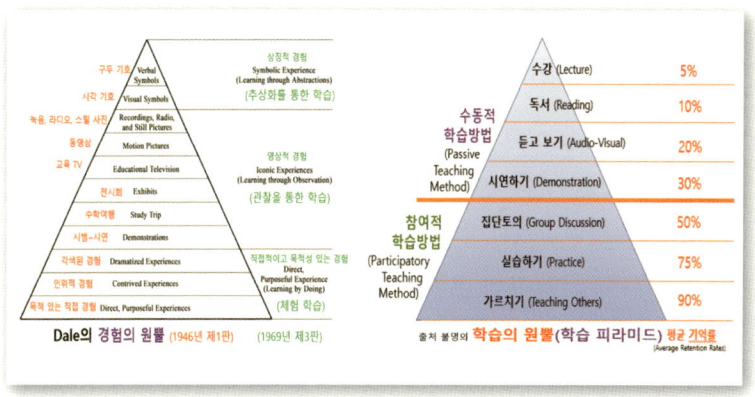

'학습 피라미드'?

한편 데일의 저서 제3판(1969)이 나오기 전쯤에는 '학습의 원뿔(Cone of Learning)'이라는 모형 또한 에드가 데일이 개발한 것처럼 전파되고 있었다. 게다가 유사한 모형에 학습 방법별 '평균 기억률'이라는 수치까지 덧붙여져 미국 국립 행동과학연구소(NTL)가 개발한 '학습 피라미드'라는 이름으로 전파되었다.[98] 그러나 데일은 원뿔과 기억 수준의 관계나

---
98) NTL은 이에 대해 에드가 데일의 《시청각 교육의 방법》 제2판 43쪽에 유사한 피라미드가 있다고 밝혔으나, 그것은 제1판부터 게재된 '경험의 원뿔'일 뿐이며, 수치가 제시된 근거는 없었다.

그 어떤 실험적 수치도 제시한 바 없다고 한다. 데일은 특히 이를 의식하고 1969년 판에서 경험의 원뿔은 과학적 실험에 근거하지 않은 '시각적인 비유'일 뿐이라면서, 너무 심각하게 받아들이지 말 것을 당부하기도 했다.

데일의 '경험의 원뿔' 모형이 다양한 분야들에서 인용될수록 근거가 부실한 변형과 와전의 폐해도 커진다. 이에 '학습의 원뿔' 혹은 '학습 피라미드'의 기원을 추적하는 노력들도 잇따랐다. 노르웨이 릴레함메르 대학의 코레 레트루드K. Letrude는 2012년 논문을 통해, 이 학습 피라미드의 출처로 알려진 NTL이 1980년대 후반 기반 연구나 실증 자료의 제시 없이 피라미드에 대한 신뢰를 보여줌으로써 신화가 믿을 만한 이론으로 확산되는 빌미를 제공했다면서, 이를 철회해야 한다고 주장한다.

레트루드는 또 2018년 3인 공저 논문을 통해, 관련 백분율이 등장하는 초기 버전이 이미 1850년대 초에 시작된 것으로 추정한다. 그 당시는 기억의 구조와 기능에 관한 학문적 인식이 얕은 시기여서 거의 민속 심리학적 학습 및 기억 개념에 머무르는 수준이었다. 사실 조금만 주의를 기울이면 미심쩍은 구석이 드러나 보이기도 한다. 인간의 감각 기능별 기억률이 과학적 실험에서 5~10% 단위로 일정하게 나타난다는 것이 가능할까 하는 점이다. 레트루드에 따르면, 현재 알려지는 백분율 버전은 1967년 Mobil 석유회사 직원 트라이클러D.G.Treichler가 《영화 및 시청각 커뮤니케이션》라는 잡지에 쓴 비학술적 기고에 명기한 데서 유래한 것으로 본다. 해당 기고에서 트라이클러는 현재와 같은 백분율을 출처 제시 없이 실증 연구 결과인 양 소개했다는 것이다.

이후 적지 않은 학습 설계 전문가들과 교사들, 심지어는 의학 연구자들까지 이 학습 피라미드 이론을 검증된 학술 개념으로 믿고 논문들에 인용하고 있는 것으로 알려진다. EBS 교육방송의 특집 다큐에서도 이 피라미드와 해당 수치는 권위 있는 근거로 인용되기도 한다(아래 사진). 이들에게 이 도형이 그럴듯한 권위를 갖는 이론으로 비친 것은 데일의 '경험의 원뿔'과 브루너의 표상 이론을 내용적으로 융합한 형태이기 때문으로 보인다.

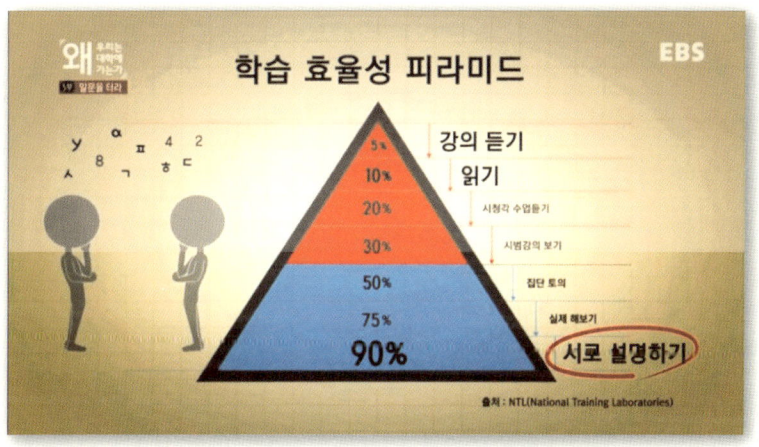

따라서 이 '학습 피라미드'를 학술논문 등에서 이론적 배경으로 쓰는 것은 적절치 않을 것이다. 하지만 검증을 거치지 않은 통설에 지나지 않는다 하더라도 많은 이들의 공감을 얻고 있는 만큼의 의미 부여는 가능하지 않을까 싶다.

토플러의 공부법

산업화 시대 기초학력은 3R(Reading, wRiting, aRithmetic)이었다. 기업은 노동의 질 제고를 위해, 국가는 전장에서의 전투력 향상을 위해 노동자와 병사들이 최소한 읽고 쓰고 셈할 줄 아는 기초능력을 갖춰야 한다고 보았다. 그런 3R 기능을 갖추지 못한 이를 '문맹'으로 간주하고, 공교육에서는 3R 과목을 도구 교과tool subjects로 삼았다. 그러던 것이 21세기로 접어들면서 모든 세상살이에 필요한 기초능력의 개념부터 달라졌다.

learn, unlearn, relearn

21세기의 문맹자는 읽고 쓸 줄 모르는 사람이 아니라 learn과 unlearn, 그리고 relearn 할 줄 모르는 사람이 될 것이다.

인터넷에 나돌고 있는 '앨빈 토플러의 명언' 중 하나다. 1960년대 중반부터 '미래학'이라는 새로운 학문 분야를 개척한 앨빈 토플러Alvin Toffler는 일찍이 정보혁명이라는 시대의 흐름을 예견하고, 그러한 상황에서는 교육의 패러다임부터 바뀌어야 한다고 보았다. 그의 선견지명에 따르면, 앞으로는 학생들의 공부도 수명이 짧아질 지식·정보의 습득이 아닌 '공부하는 방법의 공부'가 될 것이라고 했다.

토플러는 그 공부법으로 learn과 unlearn, 그리고 relearn을 제시했다. learn은 학습을 말한다. 종래의 learn은 스승으로부터 전수하는 것이었지만 토플러가 말하는 미래의 learn은 스스로 캐내는 것이다.

unlearn은 무엇인가. 이것은 흔히 '탈학습'으로 번역되지만 쉽게 와 닿지 않는 개념이다. 배우지 않는 것일까. 학습을 벗어나라는 말인가. 아니다. 탈학습의 본뜻은 수명이 다한 쓰레기 지식(無用知識, obsoledge)을 닦아내고 지워버리는 것이다. 구닥다리 쓰레기 지식을 보배인 줄 알고 애지중지한다면 어떻게 될까. 잘못 아느니보다 아예 모르는 것이 낫다. 그렇다면 relearn은 무엇인가. unlearn으로 지워버린 낡은 지식 대신 새 지식을 채워넣는 것이다. 이러한 learn과 unlearn, relearn이 미래형 공부법이며 미래형 공부 과제다. 토플러는 1970년에 낸 미래학 관련 첫 저작 《Future Shock》에서 다음과 같이 말한다.

미래의 학교는 단순한 지식만이 아니라 이것을 조작하는 방법까지 가르치지 않으면 안 된다. 학생들은 낡은 생각을 어떻게 버리고, 언제 어떻게 그것을 바꿀 것인가도 배워야 한다. 요컨대 학생들은 배우는 방법을 배우지 않으면 안 된다는 것이다. …(중략)…

이러한 전략은 인간의 적응력을 높이는 데도 활용될 수 있다. 어떻게 배우고 어떻게 잊어버리며, 또 어떻게 다시 배울 것인가를 학생들에게 가르쳐 줌으로써 교육 분야의 새로운 차원을 열 수 있다.

인간자원연구기구의 심리학자 거조이는 이에 대해 다음과 같이 간략하게 언급하고 있다. "새로운 교육은 개인에게 정보를 분류하는 방법이나 그 정보의 진실성을 평가하는 방법, 필요할 때 범주를 바꾸는 방법, 구체적인 것을 추상적인 것으로 또는 추상적인 것에서 구체적인 것으로 이행하는 방법, 새로운 시각에서 문제를 관찰하는 방법 등 한마디로 스스로를 가르치는 방법을 가르치지 않으면 안 된다. 내일의 문맹자란 읽지 못하는 사람이 아니라 배우는 방법을 배우지 못한 사람일 것이다.[99]

《Future Shock》제6부 '생존을 위한 전략' 중 '제18장 미래 시제의 교육' 편 해당 부분이다. 그런데 찬찬히 보면 여기 어디에도 '21세기 문맹자'라는 말은 보이지 않는다. 그렇다면 국내외 사이트들에 토플러의 명언으로 소개되는 다음 문장은 무언가. 어디서 따온 것일까.

"The illiterate of the 21st century will not be those who cannot read and write, but those who cannot learn, unlearn, and relearn."

따옴표까지 달고 토플러의 사진까지 함께 소개하고 있는 것을 보면 근거나 출처는 있을 것이다. 더러는 출처를《Future Shock》로 밝히기도 한다. 그런데 실제《Future Shock》원전에서는 이 문장을 찾을 수가 없다. 혹시 다른 책에 나오는 언급일까. 필자의 과문 탓일지 모르나 그의 후속 저작들에서도 이 문장은 보이지 않는다. 인터뷰나 강연에서 유

---

99) Alvin Toffler(1970). Future Shock. 장을병 옮김(1986). 미래의 충격. 서울:범우사. 442쪽

래했을 수도 있지만 구두 언급을 그만한 명언의 출처로 보기에는 무리가 있다.

이런 점에서 필자는 인터넷에 유포되는 해당 문장이 《Future Shock》의 관련 부분을 누군가 '변용'해 만든 것이 아닌가 싶다. 그 말의 출처를 《Future Shock》라고 밝힌 일부 사례들이 그 근거다.

《Future Shock》에서 토플러는 '21세기 문맹자'라는 말을 쓰지는 않았다. 다만 자신의 견해를 뒷받침하기 위해 심리학자 거조이Herbert Gerjuoy의 '내일의 문맹자(Tomorrow's illiterate)'라는 표현을 인용했을 뿐이다.

앨빈 토플러 『Future Shock』 414쪽.

이것을 누군가 나중에 앞뒤 문맥을 조합해 토플러의 직접 언급인 양 소개함으로써 출처 불명의 명언이 나오게 된 것 아닐까 싶다. 악의는 아니었을 는지 모른다. 토플러의 진의를 크게 왜곡하거나 굴절시킨 것도 아니다. 토플러의 직접 언급은 아닐지라도 의도를 살려 의역한 것일 수도 있다. 하지만 '편집한 의역'을 인용부호까지 붙이며 소개하는 것은 학문적 태도로는 적절치 않다. 사실의 호도이며 정보의 바다를 오염시키는 일이기 때문이다.

토플러의 공부법 255

그럼에도 불구하고 토플러가 미래의 공부법으로 예견한 것이 지식뿐 아니라 그것을 조작하는 방법—'공부 방법에 대한 공부'라고 한 점은 분명하다. 또한 그 방법을 learn과 unlearn, 그리고 relearn으로 제시한 것도 마찬가지다.

'채굴+update'형 공부

토플러가 말하는 미래형 공부는 '배우는 방법을 배우는 것'이며, 배우는 방법은 알아야 할 것들에 대한 끊임없는 채굴(learn)과 업데이트(unlearn & relearn)를 말한다. 종래의 learn은 습득習得 위주였다. 습득은 남의 지식이나 기술을 배우고 익혀 내것으로 만드는 일종의 다운로드 download다. 습득식 공부에서는 가르치거나 전수해 주는 스승의 역할이 컸다. 그러나 미래형 learn은 단지 습득만이 아니다. 스스로 답을 찾고 캐내는 탐구와 채굴형 공부다. 그리고 그 결과를 끝없이 업데이트 update 해 나가는 것이 unlearn과 relearn이다.

이 과정에서 필요한 것도 핵심역량이고 길러지는 것도 핵심역량이다. 탐구하고 채굴하는 learn에 필요한 것이 지적 호기심, 궁금증, 상상력, 창의력, 소통력, 협동력 같은 역량이라면, learn한 것을 업데이트하는 unlearn과 relearn에 필수적인 역량은 비판적 사고력이다. 그리고 이 과정에서도 소통력, 협동력은 효과를 높일 필요 역량이다. unlearn과 relearn 과정에서 또 하나 유념할 것은 모든 지식이 수명이 있다는 점이다. learn의 결과로 알게 된 모든 '앎'은 끊임없는 업데이트의 대상이 되어야 한다는 것이다.

창의력 공부법
— 13가지 생각 도구 —

상상력과 창의력. 미래 핵심역량 중의 핵심이라 할 이것들은 대체 어떻게 길러야 할까. 개념 이해는 그리 어렵지 않지만 기르는 방법은 사실 막막하다. 그 역량들의 중요성에 대한 인식이 높아질수록 관련 제목을 단 책들도 쏟아진다. 하지만 딱히 손에 잡히는 구체적인 방안들은 찾기 어렵고 뜬구름 잡기식 당위론과 일반론들이 대부분이다.

《생각의 탄생》을 낳은 부부

이와 관련해 가장 구체적인 공부 방략들을 담은 것으로 정평이 난 책이 로버트와 미셸 루트번스타인Robert Root-Bernstein & Michele M.Root-Bernstein 부부의 《Sparks of Genius》이다. 1999년에 출간된 이래 한국은 물론 세계를 통틀어 가장 큰 반향을 부른 책이다. 미국 과학자 로버트와 역사학자 미셸 동갑내기 부부는 역사 속의 저명한 노벨상 수상자, 발명가, 과학자, 예술가 등 세계적인 천재들의 생각하는 방식을 분석해 13개의 '생각 도구'를 찾아냈다.

그 생각 도구란 천재들이 창작과 연구에 쓴 공통된 공부법으로, 그들의 전기나 편지 등 방대한 자료를 통해 창작과정을 분석하고 분류해 찾아냈다. 그 13가지는 관찰, 형상화, 추상화, 패턴인식, 패턴 형성, 유추, 몸으로 생각하기, 감정이입, 차원적 사고, 모형 만들기, 놀이, 변형, 통합 등을 말한다. 특히《생각의 탄생》이란 이름으로 2007년 출판된 한국판(박종성 역)은, 지금은 고인이 된 이어령 교수가 "아, 내가 써야 할 책이 먼저 나왔네."하며 탄복하며 추천사를 썼다고 한다. 2010년 초반까지 교육계를 비롯한 각계에 돌풍을 일으키면서 미국보다도 한국에서 더 많이 팔리고 읽혔다. 국내 출간 15년이 넘은 현재도 꾸준히 판매되고 있고 도서관들의 대출 순위에서도 중상위권을 기록하면서 읽히는 명저다.

"최악의 과학자는 예술가가 아닌 과학자이며, 최악의 예술가는 과학사가 아닌 예술가이다."

물리학자 아르망 크루소의 말을 화두로 던지면서 이 책은 시작한다. 오늘날의 교육시스템은 문학, 수학, 과학, 역사, 음악, 미술 등 과목들을 철저하게 분리해 학생들에게 가르친다. 수학자들은 '수식 안에서', 작가들은 '단어 안에서', 음악가들은 '음표 안에서'만 생각하도록 강요받는다. 이것은 생각하기의 본질을 절반만 이해한 것이다.

공저자들은 책의 앞부분에서 '실패한 지식인의 전형'으로 작가 버지니아 울프 Virginia Wolf 아버지의 예를 든다. 울프의 아버지 레슬리 스티븐 Leslie Stephen 은 당대의 걸출한 교양인이었다. 그는《영국인명사전》의 편집인으로 위대한 문학가가 되고자 끊임없이 노력한 사람이었다. 그러나 그가 남긴 것은 무미건조하고 분석적인 비평이 전부였다. 울프의 회상에 따르면 아버지는 학문적 성취가 만만치 않았음에도 스스로 철학자로서도, 작가로서도 항상 이류일 뿐이라는 패배 의식을 울프에게 고백하곤 했다고 한다. 울프는 아버지가 돌아가신 후 부친의 불일치(비평과 창작 간의 갭)에 대해 숙고하고 그 원인을 짐작해낸다. 그녀의 부친은 케임브리지적 분석 정신의 전범이었다. 하지만 실생활 면에서는 매우 고리타분한 사람이어서, 그의 내면에는 뛰어난 초상화가와 색분필로 낙서나 하는 어린애가 동시에 들어 있었다고 그녀는 회고한다.

울프는 아버지가 받은 케임브리지 교육이 두뇌만 집중적으로 쓰도록 해 정신을 불구로 만드는 교육이었다고 비판한다. 19세기 중반 영국 대학의 시험들은 극심한 경쟁을 유발하는 것이어서 스티븐이 분석 능력만을 갖게 된 것은 우연이 아니었다. 트라이포스Triposes로 알려진 이 시험은 주로 암기와 빠른 구두 답변으로 이루어졌는데, 주입식 공부에 강한 스티븐은 143명 중 20등이었다. 훗날 케임브리지대 교수가 되어서도 그는 시험만 생각하고 책에만 매달리며 학위 취득 전까진 아무것도 즐기지 말라고 충고하는 교수였다.

이와 달리 그의 딸 울프는 괄목할 문학적 성취를 이루었다. 그녀의 작품은 문학적으로도 대단히 혁신적이었다. 한계와 진부함 속에 머물러 있었던 아버지에 비해 그녀는 모험적이고 창의적이었다. 아버지가 대학에 보내주지 않아 그녀는 좌절감 속에 보냈다. 그러나 정규교육을 받지 않고 독학한 것이 도리어 귀한 것이었다. 울프는 집에서 폭넓고 종합적인 방법으로 학습했다. 어린 시절부터 아버지가 읽어주는 고전들을 접하고 박물관의 전시실이나 자연사박물관 같은 데서 보내고, 잠들기 전

형제들과 함께 지어낸 이야기로 가족 신문을 만들기도 했다. 그녀의 모든 학습경험이 몸을 통해서 이루어진 것이다.

《생각의 탄생》공저자들은 주입식으로 배운 지식은 한쪽 머리만 쓰게 되어 창조성과는 거리가 멀다고 말한다. 그렇다면 창의력을 기르기 위해서는 생각의 도구들을 어떻게 사용해야 할까? 공저자 부부는 레오나르도 다빈치·아인슈타인·파블로 피카소·마르셀 뒤샹·리처드 파인먼·버지니아 울프·제인 구달·스트라빈스키·마사 그레이엄 등, 분야를 넘나들며 창조성을 빛낸 인물들의 발상의 근원을 13가지로 밝혀낸다.

그들이 소개하는 생각 도구들은 창조력이 뛰어난 인물들이 스스로 밝힌 것들이거나 그들의 창작과정을 분석해 공저자들이 밝혀낸 방법들이다. 13가지 '생각 도구'들을 소개하는 내용의 본문만 450쪽이 넘는 저술인데, 방대한 예시자료들을 찾아 소개하는 저자들의 공력이 놀라울 정도다. 필독을 강추하는 마음으로 핵심 내용들을 간추려 옮기자면 다음과 같다.[100]

■ 관찰(Observing)

모든 지식은 관찰에서부터 시작한다. 화가의 작품들은 수동적 보기가 아닌 적극적 관찰의 산물이다. 화가들은 그림 재능과 관찰력이 불가분의 관계임을 안다. 화가들은 "손이 그릴 수 없는 것은 눈이 볼 수 없는 것

---

[100] 이하 생각 도구들에 대한 설명은 역자(譯者) 박종성의 번역본을 요약한 것임.

이다."란 말을 믿는다. 고흐Vincent van Gogh의 목표는 뭔가를 써 내려가듯 그리는 것이었고, 본 것을 마음대로 재현할 수 있도록 '잘' 보는 능력을 갖는 것이었다.

관찰은 과학에서도 기본적인 것이다. 과학자들도 관찰의 비결은 시간과 참을성에 있다고 믿었다. 관찰은 시각에만 한정되지 않는다. 청각적 관찰도 중요하다. 음악에서 '그냥 듣는 것'과 '주의 깊게 듣는 것'의 차이는 미술에서 '그냥 보기'와 '주목하기'의 차이와 같고, 무용 같은 행위 예술에서 '수동적인 움직임'과 '적극적인 움직임'의 차이와 같다.

예리한 관찰자들은 모든 정보의 감각 정보를 활용한다. 위대한 통찰은 '세속적인 것의 장엄함', 사물에 깃든 아름다움을 감지할 줄 아는 사람에게만 찾아온다. 스트라빈스키는 "진정한 창조자는 가장 평범하고 비루한 것들에서도 주목할 만한 가치를 찾아낸다."고 했다.

관찰하기 위해서는 눈, 코, 귀, 손을 훈련시키듯 마음을 훈련해야 한다. 마음의 문을 열고 철저히 응시하다 보면 그 속에서 무한한 진리가 싹트기 시작한다. 먼저 무엇을 주시해야 하는지, 또 어떻게 주시해야 하는지부터 결정해야 한다. 그것이 선행되지 않으면 주의력은 분산되고 진정한 관찰이 될 수 없다.

■ 형상화(Imaging)
형상화는 머릿속에서 기하학적인 형상을 떠올리게 하는 방법으로 많은 분야에서 보편적으로 쓰는 생각 도구다. 과학자인 리처드 파인면은 어떤 문제를 풀 때 먼저 머릿속으로 이미지 다듬는 작업을 했다. 그러고 난 뒤에 그 답을 이미지 형태에서 방정식 형태로 변환시켰다. 시인 스티븐 스펜더는 시작詩作을 가리켜 '이미지들의 논리' 작업이라고 표현했다. 그에게 시는 생생한 기억, 대개는 시각적인 기억에서부터 출발했기 때문이다. 시각적인 기억이 풍부한 표현력을 가진 문어文語로 형상화된다. 소설가들도 시각형 사고자들이다. 찰스 디킨스는 자신의 소설이 머릿속으로 '보았던' 것을 글로 적은 것에 불과하다고 말했다.

형상화 기술은 습득이 가능하고 지속적으로 연습하면 실력이 늘 수도 있다. 아인슈타인이 다녔던 스위스 주립학교 학생들은 알파벳의 ABC를 배우는 것처럼 시각형 사고의 ABC를 열심히 연마했다. 이 학교 설립자 요한 페스탈로치Johann Pestalozzi는 '시각적인 이해'를 가르치는 일이 다른 어떤 교육보다 선행되어야 한다고 믿었다. 청각적 형상화 기술 역시 연습을 통해 습득될 수 있다. 로저 세션스Roger Sessions는 작곡가의 작곡 능력도 상상력만큼 향상된다고 말하고 있다.

▲ 내면의 감각을 일깨우는 다양한 방법들

첫째, 자신의 시각적, 청각적, 기타 감각적 이미지를 인식해보라. 읽고 있는 소설을 마치 영화로 보는 것처럼, 라디오로 듣고 있는 것처럼 머릿속에 떠올려 보라. 바나나, 눈, 고양이를 상상할 때 머릿속에서 그것들을 보고 듣고 냄새 맡고, 심지어 맛까지 보려고 노력해보라.

둘째, 하고 싶은 것을 무엇이든 마음껏 해 보라. 좋아하는 영화 장면을 떠올리고 싶다면 그것이 완전히 자신의 것이 될 때까지 머릿속으로 다시 쓰고 다시 '보라'. 만일 소리를 이미지 형태로 사고하고 싶다면 가장 좋아하는 노래나 협주곡의 선율뿐 아니라 화성을 머릿속에서 떠올리거나 들으려고 한다.

셋째, 예술을 하라. 행위들을 하기 전에 과정을 먼저 상상하고 그 과정을 떠올리려고 노력하라.

넷째, 내면의 눈, 귀, 코, 촉감과 몸 감각을 사용할 구실과 기회를 만들라.

■ **추상화**(Abstracting)

추상이란 대상 전체를 재현하는 것이 아니라 눈에 덜 띄는 한두 개 특성만을 나타내는 것이다. 추상화는 단순화이다. 피카소는 많은 작품 속에서 추상화 기법의 실험을 시도했으며, 그 속에서 우리는 지금까지도 많은 해석을 하고 있다. 피카소는 눈이 아니라 마음으로 본 것을 그렸다.

모든 과학이론과 법칙은 놀랄 만큼 강력하고 통찰력 넘치는 추상이다. 문학이 하는 일은 개체가 아닌 종을 들여다보는 것이며, 전체를 포괄하는 속성과 주된 형상에 주목하는 것이다. 글쓰기의 본질은 종이 위에 단어를 늘어놓는 것이 아니라 불필요한 것들을 골라내고 버리는 데 있다. 막 배우기 시작한 아이들을 가르치는 것이 어느 정도 배움이 진척된 아이들을 가르치는 것보다 훨씬 어렵다. 아이들이 기본적으로 알아야 할 것들을 단순화시켜 가르치기가 더 힘들기 때문이다.

기초 원리는 저변의 단순성에서 태어난다. 현실의 복잡성을 뚫고 단순한 원리를 발견하는 일은 천재성을 요구한다.

추상화의 본질은 한 가지 특징만 잡아내는 것이다. 추상화는 현실의 불필요한 부분을 도려내면서 본질을 드러나게 하는 과정이다. 피카소는 "추상에 도달하기 위해서는 항상 구체적인 실재로부터 시작해야 한다. 뭔가 실체가 있는 것에서부터 출발해야만 나중에 실재의 흔적들을 제거해 나갈 수가 있다."라고 한다.

분야간 경계는 추상화를 통해 사라진다. 오토 바르부르크 Otto Warburg는 누군가 명료함의 비결을 물었을 때 "저는 열여섯 번이나 고쳐 씁니다."라고 했다. 스젠트 기요르기는 "글을 처음 쓰기 시작하면 머릿속에 떠오르는 것은 모두 다 씁니다. 그런 다음 종이를 치우죠. 그러다가 한 달 후에 처음 쓴 것은 보지 않고 다시 씁니다. 두 번째 글이 처음 것과 다르면 처음부터 다시 씁니다. 그렇게 열여섯 번쯤 쓰게 되는데, 글이 더 이상 달라지지 않을 때까지 쓰는 셈이죠."

추상화는 현실에서 출발하지만 불필요한 부분을 도려내가며 본질을 드러나게 하는 과정이다. 우리도 모두 추상화를 할 수 있다. 추상화를 하기에 너무 이른 때도 늦은 때도 없다. 대가들의 추상화 사례를 보며 영감을 얻고 그들을 따라 해 보라. 단순하면서도 심오한 진실에 대한 탐색을 끊임없이 도전해 볼 일이다.

■ 패턴인식(Pattern Recognizing)

패턴을 알아낸다는 것은 다음에 무슨 일이 일어날지를 예상하는 것이다. 우리는 패턴에서 지각과 행위의 일반원칙을 이끌어 내어 이를 '예상'의 근거로 삼는다. 그 다음 새로운 관찰의 결과와 경험을 이 예상의 틀 안에 끼워 넣는다. 패턴인식은 역동성의 시작이다. 관찰을 통해 알게 된 사실을 바탕으로 다음의 일을 예견하는 것이다. 많은 과학적 발견이 패턴인식을 통해 이루어졌다는 사실은 패턴인식이 바로 또 다른 창조의 문을 여는 열쇠라는 것을 알 수 있다. 파스칼은 수의 패턴인식을 통하여 그 당시 파격적인 많은 수학적 공식들을 탄생시켰다.

연습의 목적은 감각적 패턴을 모두 엮어서 하나의 메타패턴을 만들어 내는 데 있다. 우수한 수학자들은 난이도가 높은 어떤 수학문제도 수의 일정한 패턴만 알면 다 풀린다는 것을 알고 있다. 필립 데이비스와 로이벤 허시는 "수학의 목표는 무질서가 지배하던 곳에 질서를 세우고 혼잡과 소란에서 구조와 불변성을 이끌어내는 데 있다."라고 말한다. 미스터리는 과학자들의 동기를 유발시켜 자연의 무질서 속에서 패턴을 찾도록 한다.

자신이 무엇을 모르는지 안다는 것, 곧 무지의 패턴을 안다는 것은 무엇을 아는지를 아는 것만큼 귀중하다. 노벨상 수상자인 물리학자 아이작 라비 Isaac Rabi는 "과학에서 가장 흥미로운 분야는 자신이 무얼 말하고 있는지 본인도 잘 모르는 곳에 자리하고 있다."라고 말한다. 스젠트기요르그도 "과학자라면 인간 지식영역의 공란에 당연히 흥미를 가져야 한다."라고 말한다.

■ 패턴 형성(Pattern Forming)

　패턴 형성은 패턴 인식을 통해 알아낸 사실을 바탕으로 새롭게 재구성하는 것이다. 이 속에서 또 다른 창조의 세계가 열린다. 패턴을 만들어낸다는 것은 둘 이상의 구조적 요소나 작용을 결합하는 것이다. 일관적인 기법으로 하나의 요소나 작용을 다른 것과 병치하는 것은 둘을 단순히 합치는 것 이상의 새로운 종합적 패턴을 만들어낸다. 창조적 예술가나 과학자들은 항상 새로운 패턴을 만들어내고자 한다. 물론 그들이 고안해 낸 새로운 패턴이란 것도 이미 존재하고 있었지만 그동안 간과하고 있었던 것일 수도 있다.

　패턴을 만드는 데도 패턴이 있다. 바흐는 음악에 있어 패턴 형성의 대가였다. 그는 대칭적인 패턴을 통해 독창적인 음악을 작곡했다. 단순한 반복적 음계를 사용하면서 중간중간에 약간의 변형을 통하여 다양한 음악을 창조했다. 그래서 바흐의 음악을 들으면 안정 속에서도 중간중간에 새로운 창조의 변화를 느낄 수 있는 것이다.

　단순한 요소들이 결합해서 복잡한 패턴을 만들어낸다는 것은 패턴 형성에 나타나는 보편적인 특징이다. 우주 안에 있는 수억 개의 화학물질은 불과 100개 미만의 요소들이 결합되어 만들어진 것이다. 예술 분야의 패턴 형성에 나타나는 교묘함, 의외성, 다양성까지 과학 분야에 그대로 나타난다. 피타고라스를 증명하는 방법만도 300가지가 넘는다. 각각의 방법은 형식과 내용 면에서 서로 구별된다. 이것은 열 명의 화가가 그리는 나무들이 다 다른 것과 같은 이야기다. 과학이나 수학 문제를 풀기 위한 공식이 여러 개가 될 수 있다는 사실은 우리에게 여러 가지 길이 있음을 의미한다.

패턴 창조의 기술을 배우는 것은 모든 교과과정에서 혁신의 열쇠가 된다. 그것은 특별한 도구나 다른 사람의 도움 없이도 운동 감각적 패턴과 청각적 패턴, 리듬감만을 이용해서 훈련할 수 있다. 한 패턴을 분해하면서 동시에 다른 패턴을 조립하는 일은 어떤 현상과 과정을 이루는 기본요소들에 대해 실제적으로 이해할 것을 요구한다. 더 나아가 그것은 지식의 새로운 세상을 열어 보인다.

화학을 공부하는 학생들에게 주기율표를 가르치는 효과적인 방법은 누군가가 만든 단순한 구조를 단순 암기하도록 하지 말고 자신만의 주기율표를 고안해 보게 하는 것이다. 교사가 선호하는 방법이나 책에 나와 있는 것들을 따라가기만 하는 태도는 바람직하지 않다. 혼자 힘으로 어떤 패턴을 만들어본다는 것은 암기하는 것보다 훨씬 재미있고 가치 있는 일이다. 한 패턴을 분해하면서 동시에 다른 패턴을 조립하는 일은 어떤 현상과 과정을 이루는 기본요소들에 대한 실질적인 이해를 요구한다. 더 나아가 그것은 지식의 새로운 세상을 우리 눈앞에 열어 보일 것이다.

■ 유추(Analogizing)

유사(analogy)란 닮지 않은 사물 사이의 '기능적인 닮음'을 말한다. 유추는 단순한 패턴인식이 아니라 다양한 상황 속에서 반복성을 깨닫는 것이다. 따라서 유추를 이끌어내기 위해서는 일방적인 한 방향의 주의력 집중이 아니라 다양한 요소들에 집중하고 그 속에서 관계성을 읽어낸 다음에 다음 현상이나 규칙성을 발견해내야 한다.

헬렌 켈러는 보거나 듣지 못하는 세계를 어떻게 이해했을까. 헬렌 켈러의 학습에 있어서 가장 중요한 열쇠는 유추였다. 유추란 둘 혹은 그 이상의 현상이나 복잡한 현상들 사이에서 기능적 유사성이나 일치하는 내적 관련성을 알아내는 것이다. 켈러가 장애인이면서도 유추할 수 있었던 것은 보고 들을 수 없었던 것과 맛, 냄새, 느낌으로 알았던 것들 사이에서 '수많은 연상과 유사성'을 끌어낼 수 있었기 때문이었다. 자신이 지각할 수 있는 것들과 없는 것들의 유사성을 만들어 내는 일은 켈러가 직접 접근할 수 없었던 광범위한 정보를 습득하는 주요한 도구가 되었다.

뉴턴이 발견한 중력의 법칙은 사과가 나무에서 떨어지는 것을 보고 달도 반드시 떨어져야 할 것이라고 생각한 데서 생겨났다. 사과를 땅으로 잡아끄는 힘이 있다면 이 힘이 하늘 위로 계속 뻗쳐나갈 것이고 그렇게 되면 달까지 끌어당길 것이라고 '유추'했던 것이다. 어떤 사물을 볼 때 '그것이 무엇인가'가 아닌 '그것이 무엇이 될까'에 착안해야만 우리는 사물을 전혀 새로운 방식으로 활용할 수 있다.

유추와 닮음(similarity)은 혼동하지 말아야 한다. 유추란 둘 이상의 사이에 기능적으로 유사하거나 일치하는 내적 관련성을 알아내는 것을 말한다. 닮음은 색이나 형태처럼 관찰에 근거한 사물들 사이의 유사점을 말한다.

자연에서 아이디어를 얻는 자연모방(biomimicry) 역시 아주 유력한 혁신 방법이 되고 있다. 가령 도개교의 원리는 사람의 눈꺼풀을 모델로 유추한 것이다. 유추라는 수단에 의해 과학자나 화가는 자연 속에서 두 모습인 두 개의 현상을 병치시킨다. 그리고 그것들을 하나로 녹여 붙인다. 이것이 창조의 행위이고 거기에서 독창적인 사고가 탄생한다. 워즈워드는 '닮지 않은 것에서 닮은 것을 찾아내는 기쁨'을 말하고, 프로스트는 '시를 가르치는 것은 은유를 가르치는 것'이라고 말했다. 시인은 객관적 세계가 아닌 주관적 세계에 대한 인간의 이해가 넓어지기를 바란다. 그러면서 지적·정서적 연상을 동원해서 '알려진 것'과 '알려지지 않은 것' 사이의 유사성을 찾으려 한다. 이 점에서 은유는 단순한 유추와 구별된다.

유추는 글 자체는 물론이고 문학적인 시도까지 만들어낸다. 시인들은 다른 사람들의 마음이 자신과 같다는 가정 하에 감각 이미지를 다듬고, 그것을 통해 독자들의 가슴 속에 독자들의 가슴 속에 자신이 경험한 것과 같은 정서적 교감을 불러일으키려 애쓴다. 프랑스 시인 폴 발레리Paul Valéry는 이것을 "누군가의 내부에 자신과 유사한 상태의 존재를 세우는 것"으로 설명한다.

유추 능력은 훈육과 연습, 학습을 통해 향상된다. 유추적 사고를 자극하는 일은 어릴 때부터 시작할 수 있다. 아이들이 현실에 상응하는 또 다른 가능성의 우주를 발견하게 해야 한다. 꽃을 사람으로 보고 버섯을 요정의 계단이라고 말하는 어린아이에게 장난감을 장난감이라고 곧이곧대로 말한다면 그들이 상상력이 얼마나 훼손될지 생각해 보라. 요즘의 장난감은 상상의 여지를 많이 남겨놓지 않는다. 컴퓨터칩이 모든 것을 대신해 준다. 캐릭터들은 이미 정해져 있고 모든 인형들에는 필수 엑세서리들이 다 딸려 나온다. 모두가 창의성을 위축시키는 것이다. 아이들에게 장난감을 줄 때는 여러 가지 방식으로 놀게 해야 한다. 막대기를 검으로, 스카프를 강으로 상상하도록 아이들을 지도하라. 확대 렌즈를 아이들에게 주어 어떤 것을 집중해서 관찰하도록 한 다음 질문하라. "이게 무엇처럼 보이니?" 유추적 사고 훈련은 학년을 막론하고 작문, 미술, 과학, 수학, 사회 등 거의 모든 과목에 접목되어야 한다.

유추를 비과학적이라고 폄하하는 사람들도 있지만 뉴턴의 만유인력법칙이나 아인슈타인의 상대성 이론들이 유추의 힘으로 찾아질 수 있었던 것을 감안한다면 그 힘을 무시할 수 없다. 더구나 유추는 지속적인 교육을 통한 지식의 바탕 위에 직관적 사고가 뒷받침되어야 하기에 그 능력은 하루아침에 형성되지 않는다.

■ 몸으로 생각하기 (Body Thinking)

사람들은 일반적으로 생각은 머리로 한다고 알고 있다. 과도하게 머리만 쓰는 경향이 있어서 몸이 먼저 일의 처리 방법을 '알고 있다는' 사실을 잊곤 한다. 몸으로 생각하는 것은 근육의 움직임, 자세, 균형, 접촉에 의한 우리의 감각에 의지한다. 고유 수용감각은 몸의 경험에 있어 바탕이 된다. 지속적이고 무의식적인 감각의 흐름이 우리 몸의 동작 부위에서 나온다. 감각의 흐름이란 우리가 '제6감' 혹은 '비밀의 감각'이라고 부르는 것이다.

창조적 피아니스트들은 엄청난 연습벌레였다. 반복적인 연습은 하나의 익숙한 버릇이 되기도 하지만 그 속에서 다음 단계로 넘어가는 발판을 마련하게 되는 것이다. 가령 즉흥 환상곡을 작곡한 쇼팽의 능력도 바로 몸을 통한 연습이 바탕이 되어 그 순간에 감성과의 연계 속에 그런 명곡을 탄생시킨 것이다.

자전거 타기나 악기 연주, 스웨터 뜨기, 컴퓨터 자판 등은 처음 배울 때는 의식적인 연습이 필요하지만 숙달되면 의식하지 않고도 가능해진다. 피아니스트들은 근육이 음표와 소나타를 기억한다고 말한다. 그들은 손가락에 이 기억들을 저장한다. 모차르트는 공공연히 손과 입을 움직이며 곡을 썼다고 한다. 생각하고 창조하기 위해 근육의 움직임과 긴장, 촉감 등이 불려 나오는 순간이 바로 '몸의 상상력(body imagination)'이 작동하는 때다.

몸의 긴장이나 촉감, 움직임을 마음속으로 불러내는 일은 불가능하지 않다. 그러나 대개 우리들은 이 상상의 느낌을 불러내지 못한다. 어릴 적부터 그런 느낌들을 설명적인 언어로만 표현하라고 교육받아 왔기 때문이다. 몸의 언어를 이해하기 위해서는 헬렌 켈러 같은 사람의 예가 필요하다. 헬렌 켈러는 어린 시절의 기억으로부터 떠올린 생생한 몸 감각을 '사고'라고 불렀다. 근육의 움직임에 대한 감각, 몸의 느낌, 촉감 등은 상상력 넘치는 사고의 강력한 도구가 되어 준다는 것을 우리는 확실히 알고 있다. 많은 연구자들이 운동 감각적 사고(kinesthetic thinking)에 대해 강력한 주장을 펼치고 있다. 이것은 몸의 운동 이미지나 기억된 동작의 측면에서 사고하는 것을 말한다. 가드너는 "몸은 자신의 지성을 품고 있다."라고 말한다. 심리학자 베라 존 스타이너Wera John Steiner는 몸을 '사고의 도구'로 보고 있다.

　기계공이나 목수, 여타 기능공들의 작업은 손지식에 좌우된다. 손지식이란 나사를 얼마나 조여야 제대로 조인 것이며, 얼마나 돌려 깎아야 적당한 나사선이 만들어질 것인지 아는 지식을 말한다. 근육과 촉각, 손재주에 의한 '생각하기'는 생물학이나 화학, 물리학 시스템을 이해하는 데도 중요한 역할을 한다.

　생각하는 것은 느끼는 것이고, 느끼는 것은 생각하는 것이다. 우리는 모두 마음에서 기인한 몸의 고통이나 쾌락을 겪은 적이 있다. 그 역의 경우도 마찬가지다. 그것을 보면 마음과 장腸, 표정 사이에 강력한 해부학적 연계성이 있다는 것을 알 수 있다. 몸의 일부가 사라진 뒤에도 감각은 남아 있다. 사지를 잘라내거나 시력, 청력을 잃어버린 사람들도 '유령 사지(phantom limbs)' 혹은 '유령 감각(phantom senses)'이라는 것을 가지고 있다고 한다. 다리를 잃은 사람은 그 후에도 계속 없어진 부위에서 통증이나 가려움증을 느끼곤 한다. 마음은 몸의 일부가 손실된 뒤에도 여전히 몸의 내적 이미지와 감각을 만들어내며, 또한 그것이 계속 존재하는 것처럼 작동시키려고 한다.

　몸으로 생각하기는 '알기'의 객관적인 방법과 주관적인 방법을 결합시킨다. 몸으로 생각하는 연습은 몸을 주로 사용하는 분야에서는 물론 그 밖의 다양한 분야에서도 이루어질 수 있다. 일부 학교에서는 수업 주제를 탐구하기 위해 '창조적 동작'을 한다. 음파물리학을 배우는 아이들은 아이들이 '분자 대형'을 만드는데, 고체일 때는 밀집대형을, 기체일 때는 느슨한 대형을 만든다. 이를 통해서 아이들은 서로 어깨가 부딪칠 때의 충격을 통해 파장이 매질에 따라 어떻게 그 통과속도가 달라지는지 경험으로 배운다.

아이들에게 거리와 속도, 시간의 수학적 개념을 가르치기 위해 무용수들은 아이들과 '통행금지 놀이'라는 것을 함께 한다. 이 놀이는 아이들이 추상적인 개념들을 몸으로 경험하게 만든다. 이를테면 북으로 여덟 번 일정한 간격으로 칠 동안 갈 수 있는 거리를 네번 만에 가려면 이동속도를 빨리해야 한다는 것을 배운다. 재연은 이야기나 역사를 이해하는 데 기초가 된다. 아이들이 율동으로 서사를 표현한다면 그 줄거리를 더 잘 기억하게 될 것이다.

이런 기법들을 습득한다면 우리의 몸 이미지는 저장량을 잴 수 없을 만큼 풍부해질 것이다. 고대 중국에는 다음과 같은 격언이 전해진다. "나는 듣고 잊는다. 보고 기억한다. 나는 행하고 이해한다."

■ 감정이입(Empathizing)

작가는 묘사하고 있는 인물 속으로 들어가야 한다. 그의 몸속으로 들어가서 그의 눈으로 세상을 보고 그의 감각으로 세상을 느껴야 한다. 다른 사람과 물리적으로 합친다는 것은 '타자성'이 사라진다는 것을 의미한다. 음악가는 스스로 감동하지 않으면 남을 감동시킬 수 없다. 그는 자신이 청중에게 불러일으키게 하고 싶은 감정을 스스로 느껴야 한다. 대부분의 배우들은 자신이 그려내고자 하는 극중 인물에 감정 이입하여 연기한다. 어떤 배우들은 이런 능력을 어릴 적 역할 놀이를 통해 습득한다. 그런 자기 동일시를 의도적으로 하는 경우도 있다. 자신이 맡은 역할을 실제로 살아보는 것이다. 어떤 연출가는 "배우들은 역을 이해하고 거기에서 묘사되는 인물과 심정적으로 동조해야 하며, 스스로를 그 인물의 위치로 밀어넣어야 한다."라고 말한다. 많은 내과의사들 또한 감정이입을 통해 환자를 진단하고 처방한다. 그래서 수련의들 중에는 의학 상황극으로 감정이입력을 익히기도 한다. 역사가들은 타인의 눈으로 보기 위해 '시대의 현장'으로 돌아가기도 한다. 과거라는 것은 직접 살아 봐야만 경험할 수 있는 외국과도 같은 것이다.

　감정이입은 다른 사람의 몸과 마음을 통해 세계를 지각하는 것이다. 현상을 관찰하는 차원이 아니라 그것과 하나가 되고자 노력하는 것이다. 예를 들어 동물학자 제인 구달은 침팬지의 행동방식을 연구하기 위해 그들과 함께 호흡하며 생활하고 그들의 존재 일부가 되기 위해 노력했다. 그리고 그 속에서 침팬지들의 미세한 신호 하나하나를 읽어낼 수 있었고 그들을 더 잘 이해할 수 있었다고 이야기한다. 그 만큼 감정이입은 어떤 대상, 나아가 이 세상을 더 깊이 이해하는 시작이 되는 것이다. 철학자 칼 포퍼는 새로운 이해를 얻을 수 있는 가장 유용한 방법을 '공감적인 직관' 혹은 '감정이입'이라고 보았는데, 이는 '문제 속으로 들어가 그 문제의 일부가 되는 것'이 얼마나 큰 이해력을 획득하는 수단인지를 반증하는 것이다.

　감정이입은 다른 사람의 몸과 마음을 통해 세계를 지각하는 것이다. 내가 '나 자신'이 아니라 '스스로 이해하고 싶은 것'이 될 때 가장 완벽한 이해가 가능해진다. 감정이입이야말로 자신이 도움을 주는 관계를 움직여나가는 데 있어서 중심이 되는 기술이다. 감정이입의 본질은 다른 사람이 되어보는 것이다. 사냥에 성공하려면 사냥감처럼 생각하라. 대나무를 그리려면 먼저 내 안에서 그것이 자라나게 하라. 우리가 우리 '자신'이 아니고 자신이 '이해하고 싶은 것'이 될 때 완벽한 이해가 이루어질 수 있다.

▲ 일급 '감정이입가(empathizer)'가 되기 위해 해 볼 것들
— 실제나 가상환경에서 우리가 보고 듣고 만질 때 집중되는 '내적 주의력'을 연습해 보기
— 자신의 외부에 있는 사람이나 사물에 대한 '외적 주의력'을 연습해 보기
— 자신의 외적 주의력이 미치는 대상이 지각하고 느끼는 것을 상상하기. 그 대상의 세계가 자신의 세계이고, 그의 감각기관과 육체적 속성이 자신의 것이라고 가정하기

■ **차원적 사고**(Dimensional Thinking)
차원적 사고는 단순히 평면적 차원의 사고를 넘어서서 입체적 사고를 하는 것이다. 브라이언 그린의 《엘러건트 유니버스》라는 책을 보면 이 세상을 시간을 포함하여 11차원까지 영역 확대가 가능하다고 한다. 그만큼 이 세상의 차원은 꼬이고 꼬여 있다. 차원이 높아지면 높아질수록 그 아래 차원의 영역을 더 잘 이해하고 파악할 수 있게 된다. 예를 들어 2차원의 세계를 잘 이해하기 위해서는 2차원의 세계에만 머무는 것이 아니라 3차원의 세계에서 바라보면 더 잘 이해할 수 있는 것과 같은 맥락이다. 따라서 의학에서 MRI의 탄생을 혁명적 발견이라고 하는 것도

그러한 이유일 것이다.

　차원적 사고는 2차원에서 3차원으로, 혹은 그 역방향으로 이동하는 것과 관련이 있다. 종이비행기를 만들 때나 집에 오는 약도를 그릴 때 우리는 차원적 사고를 한다. 접기는 다양한 응용이 가능하다. 실생활에서 모든 상품의 제작공정은 2차원 소재를 구부리고, 접고, 압착해서 3차원 공간을 만들어 내는 것이다. 강철 평판을 압착해서 자동차나 비행기, 기차, 캔, 가재도구들을 만들어낸다. 이러한 물건들을 도안하고 설계하기 위해서는 평면적인 것이 어떻게 입체적인 것으로 변형되었는지에 대한 감각이 있어야 한다. 지금의 3차원적 관찰 영역에서 더 큰 차원으로 사고의 영역을 확장한다면 더 많은 창조적 성과물들을 이루어 낼 수 있다는 것도 상상이 가능할 것이다.

■ 모형 만들기(Modeling)

　모형 만들기는《걸리버 여행기》에서의 소인국 이야기처럼 이 세상을 자신의 시각으로 재현해서 간단하게 형상화해 보는 것이다. 눈으로 보고 몸으로 느끼는 수준을 넘어서서 그 존재를 직접 자신이 인식한 수준에서 재현함으로써 그 존재를 더 잘 이해할 수 있게 되는 것이다.

　로버트 그린의《전쟁의 기술》을 보면, 나폴레옹이 작전(전술)을 짜는데 모형 만들기 작업이 크게 쓰였음을 알 수 있다. 그는 어떤 상황을 머릿속으로 생각한 후에 전장 모형을 만들고 돌발 요소들을 체크해 완벽한 작전을 구사했다. 그만큼 모형 만들기는 상황을 이해하고 완벽한 대책을 세우는 시작이 되는 것이다.

화가들도 유사한 표상적 모델을 활용한다. 시각예술에서 흔히 쓰는 모델링의 형태는 사전 스케치이다. 조각가나 건축가들도 비슷한 목적으로 '마께트maquette'를 이용한다. 진 짐펠Jin Gimpel은 공중위생의 개념을 가르치기 위해 모형을 제작했다. 그는 문맹의 중세인들이 기술을 배우는 데 작고 기능적인 모형을 만들어 직접 접해보는 방법을 썼음을 깨달았다. 가축들이 우물 옆에서 방뇨나 배설을 하면 왜 안 되는지 지하수나 병균에 대한 이해가 없는 농부가 이해하기는 어려운 일이었다. 그러나 그가 모형을 이용해서 동물의 배설물이 어떻게 오염시키고 또 사람이 그것을 마시게 되는지를 보여주자 이는 말로 설명해 주는 것보다 훨씬 효과적인 교육이 되었다.

요즘 나오는 의학 모형은 직접 조작이라는 필요를 충족시키기 위해 고안된 것들이 많다. 어떤 것들은 환자의 팔다리의 크기와 감촉까지 그대로 재현하고 있을 뿐만 아니라 산부인과 전문의들이 질 검사법을 배우는 데 활용하는 질 모형은 자궁 내 피임기구 설치법을 배우거나 내방 환자에게 설명해 주는 데도 쓰인다. 많은 창조적 인물들은 어린 시절 모형 만드는 놀이에 몰입했던 적이 있었고, 성인이 되어서도 그 경험이 자신들의 관심사에 영향을 주었다고 말한다.

■ 놀이(Playing)

페니실리움이란 곰팡이를 발견한 알렉산더 플레밍은 연구뿐 아니라 온갖 스포츠와 게임을 즐기는 데 몰두한 과학자였다. 게임을 할 때도 규칙이나 흔한 방법을 쓰지 않고 일부러 어렵게 하는 것에서 기쁨을 찾는 괴짜였다. 그의 장난꾸러기 기질은 놀이뿐 아니라 연구에도 예외가 아니었다. 그는 일하면서도 놀았고 일을 가지고 놀았다. 놀이는 마음의 문제다. 세상을 살아가면서 우리는 해결이 필요한 많은 문제들에 봉착하는데 그 문제 자체를 즐기는 사람들이 있다. 그 사람들은 이 세상의 많은 문제를 놀이의 개념으로 접근한다. 그리고 그것을 즐긴다. 플레밍에게 놀이는 그가 일하는 방식이었다. 그는 과학이라는 게임 안에서 게임을 만들었다. 그에게 누가 물으면 "미생물 가지고 논다네."라고 대답하곤 했다.

장 피아제Jean Piaget가 시사하듯이 놀이는 유용한 도구다. 첫째, 실습 놀이는 실습을 통해 기술을 향상시켜 모든 생각도구들을 연마하고 발달시킨다. 둘째, 상징 놀이는 어떤 한 가지가 다른 것을 의미하는 가상의 세계에 호소함으로써 유추, 모형 만들기, 연기, 감정이입 같은 생각도구들을 키워낸다. 셋째, 게임 놀이는 어떤 상황에서 우리가 의지해 사고하고 행동하는 규칙을 만들거나 그 규칙을 파괴하도록 가르친다. 어떤 발명혁신 연구센터소장은 말한다.
"놀이 감각이란 발명하는 데 있어서 필수적인 것이다. 발명은 머릿속으로 생각하는 즐겁고도 자유로운 연상에서 시작되는 것이다."

우리가 그저 재미로 해보는 놀이는 의외의 보답을 해준다. 우리는 그것을 가지고 실생활의 문제를 푸는데 응용하거나 어떤 불가사의한 현상에서 유추를 끌어낼 수 있다. 놀이에 있어서 유일한 어려움이 있다면, 그것을 할 만큼 충분히 '어린아이'가 되어야 한다는 것이다.

■ 변형(Transforming)

여러 가지 생각도구를 연속적, 혹은 동시적으로 사용하는 경우를 변형(Transforming) 혹은 변형적 사고(transformational thinking)라 부른다. 변형은 새로운 창조다. 서로 다른 분야를 연결하는 메타 패턴을 드러낸다. 기존의 내용을 다양하게 결합하여 전혀 새로운 것들을 만들어 내는 것이 바로 변형이다. 변형은 또 다른 창조의 영역이다. 마음의 심상을 겉으로 드러내는 것이 형상화라는 창조라고 한다면, 변형은 형상화된 많은 요소와 자신의 심상을 결합하여 새로운 차원의 창조를 시도하는 것이다. 그래서 변형의 영역에서는 모든 경계가 허물어진다. 상상하면서 분석하고 화가인 동시에 과학자가 되는 것, 이것이 바로 변형을 가능케 하는 힘의 시작이 된다.

창조적인 사람들은 복잡한 사고의 변형과정을 쉽게 다룬다. 대부분의 사람들도 일상생활에서 작은 변형적 사고를 하게 된다. 대부분의 기억법들도 변형을 쓴 것이다. 기억법이란 어떤 추상적인 것에 '몸'을 입힘으로써 구체적인 것으로 만드는 것이다. 변형적 사고는 특정 영역에 치우친 사고보다 더 가치 있는 통찰을 낳는다. 사람들의 재주와 능력이 저마다 다르기에 단일한 생각을 다양하게 변형시킬 때 한 가지 공식으로만 만드는 것보다 더 많은 사람들과 의미 있는 연관을 맺게 된다.

공립학교 정식과목에는 많은 변형적 행동이 포함될 수 있다. 연극을 하거나 비디오 영상물을 제작하는 것은 다양한 상상도구들과 많은 변형적 사고를 필요로 한다. 컴퓨터 프로그래밍도 변형기술을 발전시킬 수 있는 훌륭한 방법이다. 다양한 종류의 조립 실습도 변형적 사고를 강화하는 데 도움을 줄 수 있다.

■ **통합**(Synthesizing)

통합적 이해는 감각적 인상과 느낌, 지식과 기억이 다양하면서도 통합적인 방법으로 결합되는 것이다. 변형적 사고는 필연적으로 종합적 이해라는 결과를 낳는다. 이는 감각적 이해와 느낌, 지식과 기억이 다양하면서도 통합적인 방법으로 결합되는 과정을 말한다. 로베르트 슈만은 "화가는 시를 그림으로 바꾸고, 음악가는 그림에 음악성을 부여한다."라고 말했다. 즉 통합의 영역은 변형의 영역처럼 모든 경계가 허물어진 곳에 존재한다. 통합은 바로 전인교육의 시작이요 창조성 교육의 완성이다.

과거 최고의 학자들은 철학자요, 음악가이자, 과학자요, 종교인이었다. 그만큼 이성과 감성, 그리고 모든 분야의 영역이 한 사람 속에 녹아 있었던 것이다. 세상 진리의 정신 분열적 접근이 지금까지 역사의 흐름이었다면, 이제는 통합의 역사로 회귀해야 한다. 그 통합의 용광로 속에 모든 것이 녹아든 후에야 새로운 21세기의 발판이 마련되는 것이다.

오늘날 세계가 안고 있는 문제 중에서 단일한 학문 분야에만 국한되는 것은 아무것도 없다. 혁신의 기법이란 항상 모든 분야에 걸쳐 있으며 다양한 방법론을 가진다. 따라서 미래는 우리가 앎의 방법 모두를 통합해서 통합적 이해를 창출할 수 있느냐에 달려 있다.

생물학자, 철학자, 화가인 동시에 미술사가인 C.H.워딩턴은 예술이나 의학에 적용되는 것은 모든 사람의 일상에도 적용될 수 있다고 주장한다. 세계가 안고 있는 심각한 문제는 오직 전인(whole men)만이 해결할 수 있다. 전인은 기술자, 순수과학자, 예술가 중 하나만 되는 것을 드러내놓고 거부하는 사람이다. 오늘날의 세계에서는 '모든 것'이 되어야 한다. 그렇지 않으면 '아무 것'도 되지 못한다.

공부의 '때'는 언제?

WHEN

공부에도 때가 있다?

하늘 아래 모든 것에는 시기가 있고, 모든 일에는 때가 있다. 태어날 때가 있고 죽을 때가 있으며, 심을 때가 있고 심긴 것을 뽑을 때가 있다. 죽일 때가 있고 고칠 때가 있으며, 부술 때가 있고 지을 때가 있다.

《구약》성경 〈코헬렛〉 제3장 1절에서 3절까지의 내용이다. 다윗의 아들이요, 이스라엘 왕인 코헬렛의 지혜가 담긴 언급이다. '~ㄹ 때'의 나열은 8절까지 이어지지만, 구체적인 대상의 예시라기보다 비유적인 표현이었다. 그러니 거기 적시되지 않은 그 어떤 일도 '하늘 아래 모든 일'에 드는 셈이다.

공부의 적기를 찾아

"공부에도 때가 있다."- 모든 것에 때가 있다는 성경 말씀을 모르는 부모들도 자식들에게 빠뜨리지 않는 말이다. 공부하기 좋은 때가 따로 있으니, 그때를 놓치지 말고 공부에 최선을 다해 임하라는 뜻이다. 공부하기 좋은 때란 공부도 잘 되고 공부 결과를 발휘하기도 가장 좋은, 최적의 때를 말한다. 이때의 때는 우선은 time(時)이기보다 period(시기, 시절,

나이)에 해당한다. 전통적으로는 어른이 되기 전까지다.

주희의 〈권학문〉의 일부로 알려진 "소년은 늙기 쉽고 학문을 이루기는 어려우니(少年易老學難成), 잠시 잠깐이라도 가볍게 여기지 말라(一寸光陰不可輕)."고 한 한시 구절101)은 배움의 적기를 소년기로 든 예이다.

공부는 머리가 말랑말랑할 때 해야 하고, 나이 들고 머리가 굳어지면 어렵다는 것이다. 배움에도 때가 있고, 그 적기는 어릴 적이어야 한다는 데는 또 다른 근거도 있다. 그때 해야 공부한 보람이 가장 크기 때문이다. 나이 든 뒤에 하면 언제 어디다 써먹겠는가. 일찍 시작해서 진작에 이룰수록 그 열매를 오래 거둘 수 있다. 그래서 대한민국의 공부는 어린 아이들 몫의 일이었다.

---

101) 주희의 《권학문》중 이 부분(7언절구 〈우성偶成〉)은 《주자대전朱子大全》 원전에는 없는 내용이라는 주장이 강력히 제기되고 있다. 최근 일본학계의 연구에 의하면, 1900년대초 일제의 한문 교과서에서 주희의 《권학문》 속에 끼워 넣은 일본 고승의 한시라고 한다. (필자의 《진정한 공부》 '권학문' 편 참조)

몬테소리의 **민감기 이론**

어린아이를 기르다 보면 어느 순간 문득문득 생명의 힘으로 스스로 커가는 인간 발달의 경이로움과 마주하게 된다. 아이는 어느 날 문득 두 손으로 뭔가를 잡고, 두 발로 일어서 걸음마를 떼고, 엄마 아빠의 말을 흉내 낸다. 그러면 부모들은 자녀가 자기의 눈앞에서 호모 에렉투스를 거쳐 호모 사피엔스가 된 듯 경탄하곤 한다. 인류사의 수억 년 축소판이 자신의 DNA로 이어지고 있음에 경외감이 들기도 한다.

몸과 마음이 불쑥 클 때

아동 발달 이론의 고전인, 몬테소리 Maria Montessori의 '민감기 Sensitive periods 이론'도 그렇게 탄생했다. 그에 따르면 아동 발달에는 언어를 획득하고 두 손을 쓰고 걷기를 익히는 것과 같은 특정 부문의 민감기가 존재한다. 아이의 정서와 신체 발달은 서서히 완성되기보다 어느 순간 불쑥 일어난다. 그 성장의 양상은 비스듬한 선형의 기울기가 아니라 계단식으로 이루어진다. 특정 시기(The tipping point)에 퀀텀 점프 Quantum Jump를 하는 것이다. 그 시기를 몬테소리는 '민감기'로 부른다.

영유아들은 몸과 마음이 하루가 다르게 쑥쑥 자라기에 행동과 언어의 민감기는 태어나면서부터 6세에 이르기까지 계속된다. 다만 그 속에서도 성장의 계단들이 성장의 마디마다 다단계로 자리한다. 아이의 동작들은 큰 동작과 미세하고 정밀한 동작으로 나눌 수 있다. 고개를 들고, 뒤집고, 앉고, 기고, 일어서고, 걷는 것과 같은 큰 동작의 민감기는 2.5세까지다. 그 단계를 넘어 옮기고, 닫거나 열고, 잡고 놔주는 등의 정밀한 동작의 민감기는 2.5세부터 6세까지다. 큰 동작의 발달을 위해서는 야외 활동이 좋고, 미세하고 정밀한 동작의 발달을 위해서는 장난감 등 다양한 유아용 놀이나 공작 기구들이 쓰인다.

만 1~2세는 그중에서도 '걷기에 대한 민감기'이다. 누워서 버둥거리던 아이가 뒤집기를 거쳐 기게 되고, 무엇을 잡고 일어선 뒤 첫걸음을 떼려고 균형을 잡기 시작하면 사람다운 홀로서기가 시작된다. 길 때보다 더 능동적으로 어디로든 옮겨 가보려 하고, 엎어지더라도 곧장 일어나 걸으려 한다. 옮겨 가서 어쩌겠다는 목적보다 스스로 움직여 이동했다는 걸음마 자체로 뿌듯해한다.

18개월 경부터 만3세까지는 '양손 사용에 대한 민감기'이다. 양손으로 무엇을 잡기는 갓난아이 때부터 가능하지만, 손가락 10개의 섬세한 움직임으로 쥐고, 만지고, 던지고, 당기는 행위들은 주위 사물과의 소통이며, 사람으로 살아갈 작업의 기초다. 이때 아이는 촉감과 질감을 통해 사물을 이해하기도 한다.

'언어에 대한 민감기' 역시 사람으로 나자마자 곧바로 시작된다. 사람의 오감 중 가장 먼저 깨어나는 감각이 청각이다. 청각은 자궁 속에서도 느끼기에 태교에서의 비중도 크다. 탄생 뒤에도 유아에게 민감하게 영향을 미친다. 태어나서 10분 뒤면 소리 나는 쪽으로 눈길을 준다고 하니 청각 자극은 특히 섬세해야 한다.

귀에 들리는 소리 중에서도 가장 섬세한 소리가 사람의 말소리다. 그것에 귀를 기울이는 것도 사람이기에 가능하다. 누군가의 말소리가 들리면 아이는 소리를 내는 입을 보며 주의를 기울인다. 그리고 6개월을 전후하여 첫음절을 떼고 옹알이를 시작한다. 그때부터 아이는 본능적으로 주변의 말소리들에 귀를 열고, 돌을 지날 무렵이면 낱말을 흉내 내 본다. 두 살쯤이면 낱말을 엮어 초보적인 문법을 익히는 언어의 폭발이 일어난다. 세 살이 되면 이미 입말 문장을 구사하고, 3세부터 6세 사이에 낱말들과 그 의미에 관심을 갖게 되면서 언어 이해력을 키워 간다.

이 무렵 아이의 보호자가 할 수 있는 가장 좋은 방법은 책을 읽어주거나 대화를 나누고 노래와 시를 들려주는 것이다. 이 시기 TV 유아 프로그램도 언어 습득에 도움을 준다. 입말은 듣는 양에 비례해 흡수되고 익혀진다.

쓰기와 읽기도 언어에 대한 민감기의 활동에 든다. 다만 쓰기와 읽기는 문자 교육에 해당하지만, 추상적 체계가 있는 문법 기호로서가 아닌 무늬나 그림 이미지를 그리게 하고 익히도록 하는 것에 가깝다. 그중 쓰기를 읽기보다 먼저 하는 것은 아이들에게는 필기도구를 써서 하는 휘젓기, 옮기기, 붓기, 그리기 등의 활동이 머리를 써서 기억해야 하는 읽기보다 더 단순하기 때문이다. 가위질이나 바느질도 쓰기에 포함된다. 읽기는 카드에 그려진 사물의 형상과 이름을 연결해 기억하고 사물 이름과 그림 곁에 있는 글자를 함께 눈에 익히는 방법으로 접근하는 것이다.[102]

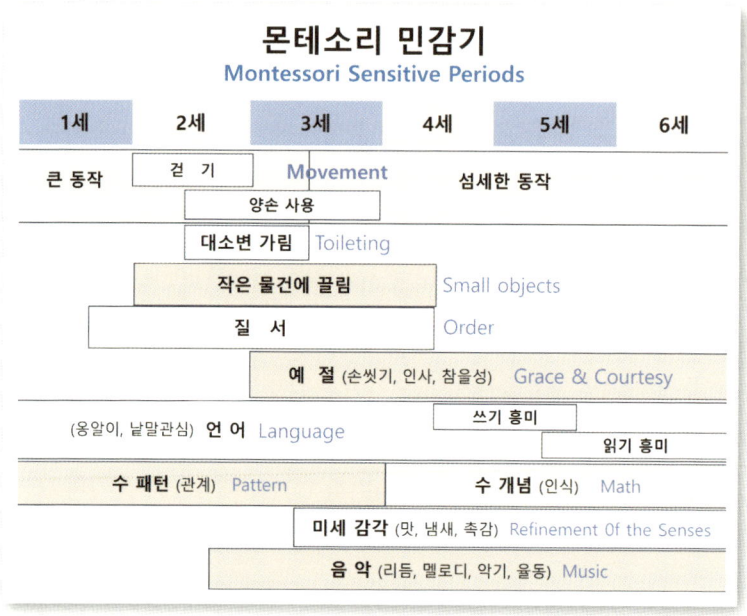

'숫자에 대한 민감기' 역시 처음부터 이어진다. 몬테소리는 신생아도 수학적 사고를 가지고 태어난다는 사실을 관찰했다. 아이들은 태어날 때부터 숫자 패턴과 관계를 관찰하여 환경을 통해 감각적으로 흡수하는 경향이 있다. 다만 이것도 미세한 다단계로 이어진다. 3.5세부터 아동은

---

[102] 영유아들의 조기교육법으로 알려진 '시찌다 교육법'도 이미지를 기억하게 하는 점은 유사하다. 옛날 서당에서 어린아이들에게 한자를 익히게 한 방법도 같다. 어린아이들은 '꽃 그림'이나 '꽃'이라는 한글이나 '花'라는 한자 모두 '이미지'로 인식한다. 따라서 난이도의 차이는 없다.

수 개념을 비교, 분류 및 추상화하고 수학에 적용하기 시작한다. 이때 주변 사물들의 수를 세거나 색상이나 모양 및 크기별로 물체를 분류해 보게 할 수 있다. 패턴을 식별하고 패턴을 다시 만들도록 권장할 수 있다.

'음악에 대한 민감기'는 3세부터라고 한다. 몬테소리에 의하면 3세 무렵부터 아이들은 리듬, 음높이, 멜로디에 적응하고 쉽게 배운다. 이후 많은 연구들이 유아기의 음악적 경험과 인지발달 가속화 사이의 상관관계를 보여주기도 한다.

절대 음감은 기준이 되는 다른 소리의 도움 없이 소리의 높이를 음이름으로 파악할 수 있는 능력이다. 일반적으로 이것은 하나의 소리에 비해 다른 소리가 얼마나 높거나 낮은가 하는 상대적인 음감이다. 관련 연구에 따르면 4~6세 사이에 음악 훈련을 시작한 아동은 절대음감을 갖출 가능성이 높다. 그러나 그런 훈련이 9세 이후에 이루어진 경우에는 절대음감에 도달하기가 어렵다고 한다.

또 청각의 발달과 관련된 한 연구에 따르면 태어날 때부터 청각장애인 아동은 그대로 두면 외부로부터 청각 자극이 유입되지 않아 말하는 능력에도 심각한 영향을 받는다. 하지만 3.5세 이전에 인공와우 이식수술을 하여 청각 정보를 접하게 되면 나중에 말할 가능성도 높다고 한다.[103]

---

103) 이찬승. https://kici.or.kr/2022/04/08/%EC%95%84%EB%8F%99-%EB%B0%
9C%EB%8B%AC-%EB%AF%BC%EA%B0%90%EA%B8%B0-2/

하지만 이 시기가 프로 음악가로 기를 아이들에게만 의미 있는 것은 아니다. 예술교육은 모든 아이들의 창의성, 사회성, 정서 함양에 도움을 주며, 특히 인지발달에 중요한 역할을 한다.

특히 음악교육은 소리에 대한 주의력 훈련과 밀접하게 연관돼 있다. 리듬에 대한 학습은 말소리 가운데 들어 있는 운율에 대한 집중력을 키워주어 일상 언어생활 가운데 경청과 이해에 도움이 된다. 음악을 연주하고 감상하는 과정 속에서도 여러 악기가 뒤섞인 교향악 속에서 특정 악기 소리를 가려서 듣는 경험도 하게 된다. 이것은 소란한 소음 속에서도 들을 것을 놓치지 않는 주의력 훈련도 되는 것이다.

하지만 음악의 가장 큰 힘은 다른 무엇보다 감미로운 음악을 감상하는 즐거움, 긍정적인 정서를 자아내는 데 있다. 음악은 뇌 속에 즐거움을 느끼게 하는 신경을 자극해, 도파민을 분비하게 만든다. 그리고 즐기는 가운데 소리에 대한 인지적 처리와 주의집중을 가능하게 한다. 따라서 이 시기를 음악 조기교육의 근거로 삼기보다 음악에 대한 친밀감을 키우는 때로 삼는 것이 중요하다.

생후 6개월에서 만 3세까지는 '질서에 대한 민감기'다. 아이가 태어나 처음 만나는 주변의 것들은 아이에겐 세상의 전부다. 어떻게 생긴 것은 어디에 놓여 있고, 무엇은 나에게 어떤 대상이며…, 그 첫인상과 존재의 의미는 세상의 질서로 각인된다.

기타, 몇 가지 부문의 민감기는 기본적인 감각과 바람직한 생활 습관을 기르는 데 필요한 감수성이 생기는 시기이다.

결정적 시기 가설

몬테소리의 '민감기'와 혼동되거나 관련 있다고 알려진 것에 '결정적 시기 가설(critical period hypothesis)'이 있다. 이것은 언어 습득에 결정적 시기가 있다는 언어학 및 심리학 가설이다.

'언어 학습의 결정적 시기' 개념은 프린스턴대 펜필드Wilder Penfield 교수와 로버트Lamar Roberts 교수의 1959년 공저 《언어와 뇌의 메커니즘》에서 처음 제안된 것이다. 그 책 '언어 학습' 장에서 그들은 제2언어 학습에 대한 연령 제한을 설정하는 뇌 내 생물학적 시계의 존재에 대한 가설을 세우고 아이들이 어른들보다 제2언어에 더 능숙해질 수 있다는 결론을 내렸다.[104]

그것이 대중에게 널리 알려진 것은 1967년 미국의 언어학자 에릭 레너버그Eric H. Lenneberg가 《언어의 생물학적 기초》라는 책에서 언급한 것이 계기가 되었다. 레너버그는 펜필드와 로버트가 주장한 '대뇌유연설'

---

104) https://tanvirdhaka.blogspot.com/2015/01/the-maturation-theory.html

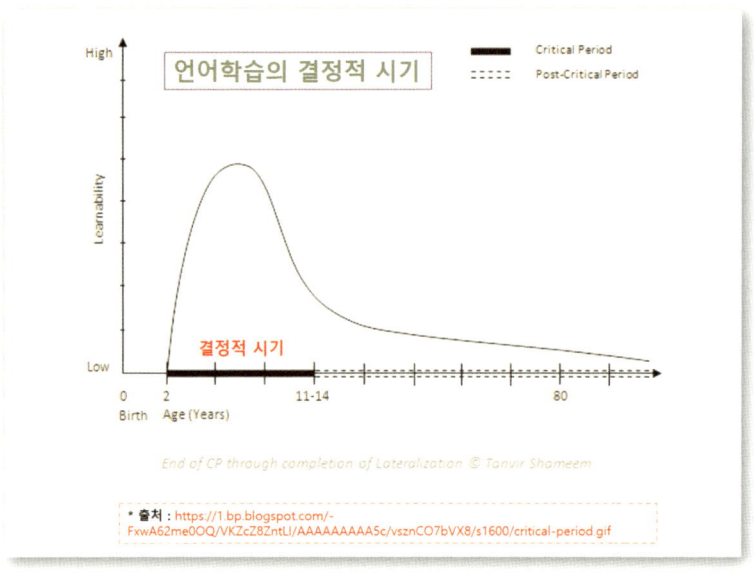

을 기초로 "언어 습득은 생물학적으로 제약이 있는 학습이다. 일반적으로 결정적 시기가 시작되는 초기에는 두뇌의 미성숙으로 언어 습득이 어렵고, 결정적 시기가 끝난 후에는 두뇌의 적응력과 재편성 기능을 잃어버림으로써 언어 습득이 어렵다."라고 주장하면서, 2세부터 사춘기까지를 언어 습득의 결정적 시기로 간주했다. 그래서 이 시기를 놓쳐 버리면 제1언어(모국어)의 습득도 어렵고, 제2언어(외국어)의 경우라면 원어민만큼 유창하게 구사할 수 없다고 했다.

이 가설은 언어중추의 성장이 14세 무렵에 종료된다는 의학적 연구 결과가 나온 후 뇌의 성장과 발달 정도에 따라 '언어 습득의 최적기'가 존재한다는 주장의 주요 근거가 되고 있다.[105]

말 배울 시기는 따로?

외국어(특히 영어) 조기교육 찬성론자들은 놈 촘스키Noam Chomsky의 '언어 생득 가설106)'과 함께 이 '결정적 시기 가설'을 주요 근거로 삼는다. 그러나 언어 습득 능력이 생물학적 나이와 관련 있다는 주장은 오랫동안 논쟁 중인 주제로 명쾌하게 검증된 바는 없다. 또한 성인들의 언어 학습 곤란 사유로는 '퇴화설'과 '방해설', 그리고 뇌의 '신경 가소성' 이론 등이 반박론으로 제기되기도 한다.

결정적 시기도 민감기처럼 언어 습득에만 적용되는 것이 아니고 생물학적으로 결정되는 모든 행동 습득에 적용되는 가설이다. 두 가설 모두 한창 자라는 성장기 아이들에게 해당하는 이론이긴 하지만 가능성을 잠재한 최적의 기회를 찾고자 한 데 의의가 있다.

두 가설이 태어난 시대적 배경도 두 가설의 엄격성과 규정성의 차이를 만든다. 민감기는 의학자 몬테소리의 의학적 센스의 소산인데 결정

---

105) 캘리포니아대(USC)의 폴 톰슨Paul M. Thompson, 제이 지드Jay N. Giedd, 로저 우즈Roger P.Woods등이 핵자기공명영상장치(NMR)를 이용해 3세~15세까지의 어린이 뇌의 성장 과정을 4년 동안 추적, 그 결과를 2000년 3월《네이처》지에 발표했다. 그 자료에 제시된 뇌 성장 지도를 보면 3세~6세 사이에는 브로카Broca를 포함한 전두엽이 발달하고, 6세~13세까지는 두뇌의 성장이 베르니케Wernike가 있는 측두엽으로 옮겨가며, 14세를 전후한 시기에 측두엽의 성장이 종료되는 것을 볼 수 있다. (《위키백과》)

106) '언어 생득설生得說'로 불리는 이러한 관점은 언어를 습득할 수 있는 기술적인 장치가 유전자에 각인돼 있다는 놈 촘스키Noam Chomsky의 주장으로 대표된다.

적 시기는 뇌신경과학자들의 과학적 관찰의 결과다.

　이 결정적 시기가 지난 후에는 그 무엇으로도 대체가 안 된다는 점에서 몬테소리의 '민감기' 가설과는 차이가 있다. 결정적 시기는 그때밖에 안 되기 때문에 시작과 끝이 선명한데, 민감기는 단지 그때가 감수성이 더 나은 정도여서 시기의 경계가 또렷하지 않다. 그리고 결정적 시기는 그때가 지나면 다른 시기에는 거의 효과가 없는데, 민감기는 그때가 아니더라도 가능은 한데 더 힘들어진다는 정도다.

조기교육? 아니, **적기교육**!

　우리나라 학부모들의 자녀 교육열은 한국 교육력의 부정할 수 없는 발판이다. 한때는 치맛바람으로, 또 어느 때는 조기교육과 조기유학 열풍으로, 나타나는 양상은 다양하지만 근원은 같다. 자녀의 성장에 부모 도움이 디딤돌이나 사다리가 되지 않을까 하는 것이다. 그중 치맛바람이나 조기유학 열풍은 일종의 유행병처럼 한때 지나가는 흐름이었다. 하지만 '조기교육'만큼은 좀처럼 식거나 잦아들지 않는다. 관련 산업의 부추김도 집요하고 학술적 근거까지 내세워지기 때문이다.

　조기교육에 대한 일반적인 기대는 사교육에 대한 심리와 같다. 내 아이가 남들보다 앞서야 한다는 욕심과 남들에게 뒤지게는 할 수 없다는 조바심, 둘 다 과도한 경쟁을 의식한 부모 심리다. 앞당겨 출발시키면 앞서가지 않을까 하는 '조기 출발론'이 욕심의 발로라면, 남들 모두 서두르는데 내 아이만 방치하면 뒤처지지 않을까 하는 것은 조바심의 발로다. 두 가지 모두 무대 앞 관객들의 '더 잘 보기 경쟁'과 같다. 무대 위 공연을 더 잘 보겠다고 앞자리 관객이 엉덩이를 들기 시작하면 뒷자리는 덩달아 일어서지 않을 수 없어진다. 결국 관람 질서는 엉망이 되고 공연

자체가 파국이 된다.

그러면 바람직한 방법은 무엇일까. 모두가 합리적 근거로 최선의 선택을 하는 것이다. 눈먼 경쟁에서의 합리적 선택이란 조기교육과 사교육은 과연 아이에게 도움이 되고 효과는 있는가를 냉철히 짚어보고 선택하는 것이다.

먼저 개념 정의부터 할 필요가 있다. 인간의 발달단계에는 영아기, 유아기, 아동기, 청년기, 성인기, 그리고 노년기 등의 순서와 단계가 있다. 그리고 그 단계별로 합당한 교육이 있다. 해당 시기(적시)에 맞춘 적절한 교육을 '적기교육'이라고 한다면, 그보다 서둘러 일찍 시킬 경우 '조기교육'이고 적시성을 놓쳐 미루어서 시킬 경우 '만기교육'이 된다. 가장 필요하고 일반적인 교육은 당연히 적기교육이며 정규교육의 교육과정이 그에 맞춰져 있다.

조기냐 적기냐

그렇다면 조기교육은 어떤 경우에 있을 수 있는가. 정규교육이 적기교육에 맞춰져 있다 보니 '취학전 교육'이 조기교육으로 불리게 된다. 그리고 취학 전 영유아기에 부담을 주는 교육을 서두름으로써, 그것이 적절한가 하는 논란이 일게 된다. 더구나 조기교육을 부추기는 논리들이 교육 시장에 횡행해 부모들의 귀를 사로잡는다. '모든 아이는 날 때부터 영재'라거나 '아이들의 두뇌는 3살 때까지 80%가 만들어진다'는 등의 선전(propaganda)들이 부모들로 하여금 자신이 '천재를 낳은 줄 아는 착각'[107]에 빠져들게 만든다. 혹은 자신이 낳은 아이가 당장 천재는 아닐지라도 필요한 자극을 일찍 주면 천재가 될 수도 있다고 생각하게 된다.

물론 극소수의 특수 재능아나 영재아들도 당연히 태어날 수 있다. 일반적인 발달단계보다 빠른 특정 재능이 뛰어난 영재들이 인류문명의 발달을 이끌어 온 것도 사실이고 '천재는 태어나기보다 길러지는 것'이라는 말도 일리는 있다. 특수 재능아의 경우 발달단계가 당겨질 수 있고 그것은 국가 차원에서도 필요하고 소홀히 할 수 없는 일이기도 하다. 그러나 그것은 조기교육이라기보다 특수교육의 일환이어서 우리나라도 '영재교육'을 별도로 인정한다.

조기교육론과 교육방법들

학부모들의 귀를 사로잡는 주요 조기교육 이론 및 방법들로는 '칼 비테 교육법', '시찌다 교육법', '도만 교육법' 등이 있다.

▲ **칼 비테 교육법**(Karl Witte Education)
19세기 초 독일 목사 칼 비테Karl Witte가 아들(Jr. Karl Witte)을 기르며 직접 실행한 '칼 비테 교육법'은 조기교육론의 고전으로 불린다. 시골의 작은 교회 목사였던 칼 비테는 미숙아로 출생한 아들을 가정교육만으로 13세에 철학 박사, 16세에 법학 박사로 키운다.

---

107) 자신이 평균보다 더 낫다고 믿는 일반적 오류인 '워비곤 호수 효과Lake Wobegon Effect'가 자식에게로 향하면 자신이 정말 영재를 낳은 양 착각하게 된다.

당시의 프로이센은 18세기부터의 '의무취학령'과 '학교규정'에 따라 학교 보통교육(의무교육)이 이루어지고 있었다. 하지만 나폴레옹 군에게 점령당해 프랑스의 속국이나 다름없는 상황이었고, 특히 피히테(Fichte)의 〈독일 국민에게 고함(1806)〉 연설 이후 국가주의 교육이념이 대두되면서 이것이 오히려 칼 비테에게는 학교 교육에 대한 불신요인으로 작용했다. 그러나 칼 비테가 시도한 홈스쿨링은 보통 가정에서는 엄두도 내지 못하는 것이었다. 특히 홈스쿨링은 현재의 독일에서도 거의 죄악시할 정도인 것을 감안하면 당시 주변의 시선도 상당히 비우호적이었던 듯하다. 특히 '조기교육'에 대해서도 현재처럼 과학적인 반대론은 아닐지언정 유해론이 비등한 상황이었다.

그런 가운데서도 생생한 실제 사례로서 관심을 끌었고, 특히 페스탈로치도 주목하고 수기 출판을 권해 1819년 두 권의 책을 낸다. 그러나 100여 년 가까이 묻혀 있다가 1914년 하버드대 도서관에서 발견되어 레오 위너 Leo Wiener 교수가 번역·소개하면서 재조명되기에 이른다.

이 책이 흔히 '조기교육'의 바이블처럼 비치지만, 취학 전 인지(언어)교육 부분을 제외하고 놀이와 감성 교육 등에 있어서는 '유아 적기교육'의 고전으로 평가될 만하다. 특히 비테 교육법이 유아교육에 큰 영향을 끼친 것은 당시로서는 보기 드문 전문적 식견으로 아이의 성장을 관찰한 사례라는 점이다. 아이의 건강과 수면, 습관과 공부 경험 등에 대해 세세히 고려하면서 관찰·기록한 보고서였다. 아이의 몸과 마음을 다각도로 살피면서 아이보다 조금 앞선 위치에서 질문하고 답하며 아이의 생각하는 힘을 길러준 점이 주목된다. 무엇보다 눈여겨볼 만한 것은 교육의 목적을 아이를 '생각하는 기계'가 아닌 '행복한 사람'으로 기르는 데 두었다는 점이다.

    뇌과학이나 심리학 등 관련 학문이 발달한 지금의 시각으로도 시사받을 점이 많은 교육법이다. 이 책에 나오는 교육법 중 비인지 능력과 관련한 부분, 특히 다양한 경험 부분은 조기교육이라기보다 적기의 감성교육, 인성교육에 해당한다.
    다만 조기 언어교육의 효과성에 관한 부분은 논란의 소지가 있고 개별 사례를 일반화시키기엔 무리가 있다는 지적이 따른다. 또 교육 대상이었던 칼 비테 주니어는 태어날 때 신체적으로는 미숙아였다고 하지만 타고난 인지능력은 지금 기준으로도 특별한 수준으로 보인다는 점도 감안할 필요가 있다.

▲ 시찌다 방식 (Shichida Method)

    '모든 아이는 천재로 태어난다'는 칼 비테의 교육법에 영감을 받은 일본의 시찌다 마코토七田眞가 내놓은, 이른바 '0세 교육법'이다. 우뇌 능력의 개발로 좌·우뇌를 균형적으로 사용토록 하여 잠재력·직관력을 키워준다는 교육법이다. 그에 따르면, 모든 아이는 마치 스펀지가 물을 빨아들이듯 주위의 자극을 그대로 흡수하여 잠재능력 안에 저장한다고 본다. 이런 능력은 6세까지가 한계이므로 우뇌 발달기인 영유아기(0~5세)를 놓치지 않고 우뇌를 자극하는 훈련을 해야 한다는 것이다. 대표적인 방법으로 △직관 훈련 △플래시 카드 이용 패턴 교육 △이미지 트레이닝 △메모리 매트릭스 △좌우뇌 연결 연상기억 훈련 등이 있다.

▲ 글렌 도만 방식(Doman Method)

'비츠Bits 교육 프로그램'이라고도 불리는 우뇌 계발 방식이다. 미국의 물리치료사인 글렌 도만Glenn Doman이 뇌 손상 어린이의 치료법으로 개발하여 정상아의 잠재력 계발법으로 발전한 방법이다. 비츠란 정보 단위를 뜻하는 Bit의 복수형 의미 그대로 아이에게 유익한 정보를 제공한다는 뜻이다. "뇌는 자주 사용할수록 풍성하게 성장하고 갓난아이 때부터 두뇌에 자극을 주면 레오나르도 다빈치 정도의 능력을 가진 아이로 자랄 수 있다."면서 3~72개월까지의 유아를 대상으로 각 발달단계에 따른 체계적인 프로그램을 제공한다. 교육내용은 △읽기 △수학 △백과사전식 지식 △운동 프로그램을 포함한 기본 프로그램과 △오감 자극 △언어 활동 △손 쓰기 △운동 기능 등 다양한 프로그램들이 있다. 이런 활동들을 통해 지적·신체적·사회적 능력이 고루 뛰어난 아이로 기르는 것을 목표로 한다. 이 방법 역시 우뇌 학습을 촉진하기 위해 플래시 카드를 사용하여 수업을 빠르게 진행하며, 일부 과목은 하루에 6번씩 반복하는 등으로 아이가 자칫 진력을 내기도 한다.

페리 유치원 프로젝트

조기교육과 관련한 유명한 교육 실험이 있다. 미국의 '페리 유치원 프로젝트Perry Preschool Project(이하 PPP)'가 그것이다.[108] PPP는 미국 심리학자 데이비드 바이카르트David P. Weikart가 개발해 하이스코프HighScope

---

[108] https://evidencebasedprograms.org/programs/perry-preschool-project/

재단 주관하에 1962년부터 1967년까지 수행한 프로젝트로 취학전 유아교육의 유무가 어린이의 IQ에 미치는 영향을 조사한 연구다.

PPP는 미시간주 입실란티Ypsilanti 지역에서 자녀를 유치원에 보내지 못하는 저소득층 아프리카계 미국인들의 3~4세 자녀 중 IQ 85 이하의 123명을 대상으로 이루어졌다. PPP의 목적은 열악한 가정환경에서 자라는 아동의 지적 발달장애 예방에 취학전교육이 효과가 있는지를 보는 데 있었다. 그중 실험군으로 58명을 무작위 추첨·선발해 소인수학급 등 질 높은 유아교육을 제공하고, 추첨에서 떨어진 65명은 유아교육을 못 받은 채 초등학교에 입학한 뒤 두 실험군을 비교하는 방법이었다. 선발된 아동들은 페리 유치원에서 매일 3시간씩 교육을 받았다. 매주 한 번씩은 가정 방문을 통해 부모 교육까지 병행한다. 취학전교육은 초등학교에 들어가기 전 2년 정도 진행하고, 이후 페리 초등학교 입학 후 4년을 실험군과 비교군을 함께 추적, 비교하였다. 그렇게 1차 연구 수행 후에도, PPP는 장장 40여 년간 다양한 영향 관계를 추적·조사하는 장기 프로젝트로 진행 중이며, 이후에도 계속 대상자들에 대한 생애 추적 관찰이 이어지고 있다.

결과는 후속 연구가 이어질수록 놀라웠다. 졸업 후 수십 년이 흐른 후까지 취학전교육의 효과가 지속되는 것으로 나타났기 때문이다. 고용과 연소득은 물론, 범죄율에도 두 집단 간에 큰 차이를 보였다. 그런데 예측을 벗어난 것은 애초 연구의 초점이었던 IQ와 같은 인지능력의 효과는 단기적이었던 데 반해 성실함과 사교성 같은 비인지능력의 효과가 오랜 세월에 걸쳐 지속적으로 영향을 미치는 점이었다.

우선 단기효과를 보면, 아동의 인지능력을 5세와 8세에 측정해 보니 PPP에 참여한 아동이 참여치 않은 아동에 비해 IQ가 높아진 것으로 나타났다. 학업성취도도 PPP 참여 아동이 높은 편이었다. 비인지적 능력 중 하나인 성실성 역시 PPP에 참여한 아동이 높았다. 조기교육의 개입을 통해 아동의 인지적 능력과 비인지적 능력이 모두 개선된 것이다.

그런데 흥미로운 점은 IQ의 경우 중장기적으로 그 효과가 줄어들거나 아예 없어지더라는 것이다. 아래의 그림은 아동이 성장하면서 IQ가 어떻게 변했었는지 보여주고 있다. PPP를 받은 아동은 그렇지 않은 아동에 비해 개입 초기에 IQ가 큰 폭으로 상승했다. 하지만 시간이 지나면서 그 차이는 점차 줄어들었다. 아동이 10세가 되면 차이는 거의 없어졌다. 조기개입의 효과로 수혜 아동의 지능이 먼저 발달하긴 했지만, 초등학교에 입학해 수업을 받으면서 인지능력의 차이가 사라진 것이다.

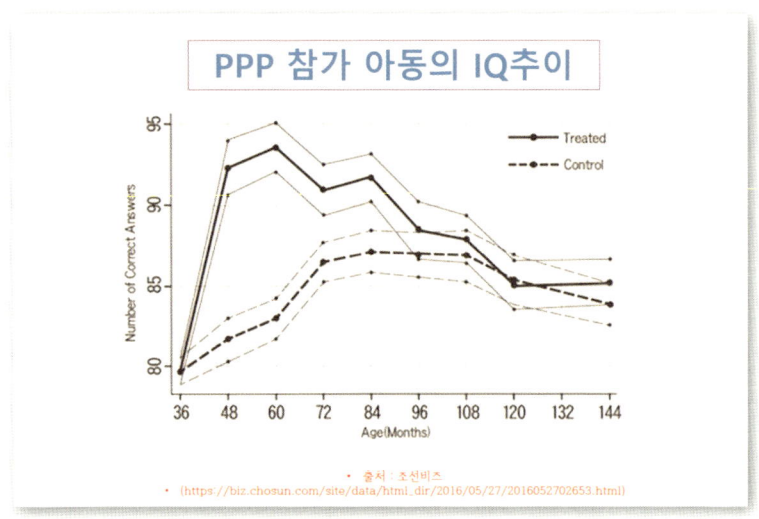

* 출처 : 조선비즈
* (https://biz.chosun.com/site/data/html_dir/2016/05/27/2016052702653.html)

인지적 능력에서의 격차가 사라졌음에도 불구하고 장기적인 성과는 PPP에 참여했던 아동 쪽이 좋았다. 여성의 경우 프로그램에 참여했던 아동이 성장했을 때 고등학교를 마친 사람이 좀 더 많았다. 남성의 경우에는 40세가 되었을 때 29%가 더 일을 하고 있었고 소득도 연간 8천 달러 이상 높았다. 범죄율과 흡연률도 낮았다.

이유가 명확하게 규명되지는 않았지만 3~4세 때 조기개입 프로그램에 참여했던 아동이 성인이 된 이후에 사회적으로 좀 더 바람직한 성과를 보여주고 있었다. 어떻게 이러한 결과가 가능한 걸까? PPP의 후속 연구에 참여했던 제임스 헤크먼 James Joseph Heckman 시카고대 교수[109]는 시간이 지남에 따라 조기교육 개입으로 생겼던 인지적 능력의 차이는 없어지지만, 비인지적 능력은 남아 있어 장기적으로 긍정적인 효과를 미치고 있다고 설명하고 있다.

헤크먼 교수는 PPP에 대해 "40년간 이들의 성장 과정을 추적한 결과 비인지적 교육을 강화한 아동들이 사회적으로 훨씬 성취도가 높았고 범죄율이 낮았으며, 더 높은 소득과 안정적인 가정을 꾸리는 경향이 있었다."고 말했다. 그는 또 "흑인들의 성취도가 상대적으로 낮은 것은 지능이 낮아서가 아니라 성실성 등을 계발할 기회를 갖지 못하기 때문"이라면서 "정부가 나서서 취학전 어린아이들의 비인지적 역량을 계발하는 것이 훨씬 도움이 된다."라고 강조했다.

---

109) 헤크먼 교수는 2000년 〈선택 문제에 관한 미시경제학 이론〉으로 노벨경제학상을 수상한 학자다.

2011년 방한하기도 했던 제임스 헤크먼 교수는 현대그룹의 '아산정책연구원' 초청 강연에서 "개인의 경제적·사회적 성공은 성실성·창의성·자제력 같은 인성에서 크게 좌우된다. 이런 이유로 만 3~4세부터 '조기 인성교육'을 충분히 시작해야 한다."면서, 한국의 교육제도가 끈기와 성실, 그리고 동기 등 비인지적인 능력 교육을 간과하고 있는 것 같아 안타깝다고 지적하기도 했다. 그는 "한국에서 시험이 인성 평가를 제대로 하지 못하고 있는데, 최근 경제·교육분야 연구 결과를 보면 인성이 경제·사회적 행동과 연결돼 사회의 생산성을 높일 수 있다."는 것을 기억해야 한다고 강조했다. 인성을 간과하는 것은 굉장히 위험하다는 부연 설명도 잊지 않았다. 헤크먼 교수는 "인성은 절반 정도가 유전자에 기반을 두고 있지만 나머지 절반은 교육으로 충분히 배양할 수 있다."면서 "빈부 간의 교육격차는 이미 만 3세부터 나타나기 시작한 만큼 3~4세 이선 소기 교육이 필요하다."고 말했다. 특히 인성교육의 상당 부분이 전통적으로 가정에서 이뤄지고 있다는 점을 감안하면 한부모 가정이나 저소득층 가정의 영유아 교육에 정부가 정책적으로 개입해야 한다고 헤크먼 교수는 주장했다.[110]

기사가 전하는 논점

조기교육론자들이 말하는 '3살 이전 뇌 80% 완성'이라는 주장이나 '인지능력의 계발 시한이 6살까지'라는 주장들에 대해 전문가들은 인간

---

110) 《아시아경제》 기사(2011.8.19) 〈데스크칼럼〉 '5세 누리과정'에 거는 기대
https://www.asiae.co.kr/article/2011081913572026537&mobile=Y

의 뇌가 완성되려면 최소 20년이 걸린다고 반박한다. 따라서 6살까지는 차라리 지적 자극보다 감정적 충족이 더 중요하다고 강조한다. 《한겨레》신문의 다음 기사(2021.03.22)는 이런 논란들의 현주소와 함께 논의의 가닥을 살필 수 있는 기사로 보여 전문을 옮긴다.[111]

> "조기교육을 안 하면 우리 아이만 뒤처질까?"
> ― 유아 교육에 대한 오해와 진실
>
> '조기교육 않으면 우리 아이만 뒤처져'
> '뇌는 3살 이전에 80%가 완성된다' 등
> 잘못된 통념에 대한 전문가들의 설명
> "어떻게 잘 놀 것인가가 가장 중요"
>
> 전문가들은 인간의 뇌가 완성되려면 최소 20년이 걸린다고 한다. 따라서 3살 이전에는 지적 자극보다 감정적 충족이 더 중요하다고 강조한다.
> 2019년 유엔아동권리위원회는 한국의 유엔아동권리협약 이행 제5·6차 국가보고서에 대한 최종견해에서 "한국 아동 자살의 주요 원인인 과도한 학업 부담, 그에 따른 수면 부족, 높은 스트레스에 대해 여전히 우려한다. 아동의 아동기를 사실상 박탈하는 지나치게 경쟁적인 교육환경에 대해 심각하게 우려한다."며 사교육 의존도를 줄일 것을 권고했다.
> 실제 2017년 육아정책연구소가 발표한 '영유아 사교육 실태와 개선 방안

---

111) 《한겨레》 기사(2021.03.22) https://www.hani.co.kr/arti/society/schooling/987779.html

Ⅲ: 국제 비교를 중심으로'를 보면, 5개국 조사 결과 가구소득 대비 영유아 사교육 비중은 한국이 5.2%로 가장 높았고, 다음은 대만4.8%, 미국3.4%, 일본3.2%, 핀란드1.5% 차례였다. 주당 이용하는 사교육 프로그램의 수도 한국이 2.2개로 가장 많았고, 프로그램 이용 횟수도 1.7개로 가장 많았다. 프로그램 유형에서도 한국은 '모국어'27.2%와 '외국어'22.5%, '수학'17.8% 비율이 다섯 나라 중 가장 높았다.

사교육걱정없는세상은 2013년 영유아사교육포럼을 발족해 영유아 사교육 실태와 원인에 대해 연구해 왔다. 103회가 넘는 토론, 연구와 강연, 전문가 인터뷰를 통해 영유아 교육의 허와 실을 정리했다. 지난해 11월 펴낸 《0~7세 공부 고민 해결해 드립니다》(김영사)는 그 결과물이다.

이 책은 '조기교육을 하지 않으면 우리 아이만 뒤처진다', '3살 이전에 뇌 80%가 완성된다', '어릴수록 영어도 잘 배운다', '영재검사 빨리 해 봐야' 등 11가지 오해에 대해 각 분야 전문가들이 각종 연구와 사례를 들어 설명해준다.

책을 보면, 조기교육의 효과와 관련해 이기숙 이화여대 유아교육과 명예교수는 2012년 읽기 능력과 어휘력 관련 사교육을 받은 5살 집단과 사교육을 받지 않은 5살 집단을 비교 연구했다. 초등학교 1학년 때 독해력, 논리력, 맞춤법, 오자, 관련 단어 찾기의 5개 영역 모두 두 집단 사이에 별다른 차이가 나타나지 않았다. 조기 사교육을 받은 집단과 받지 않은 집단의 국어 평균점수는 각각 49.25점과 50.86점으로 오히려 사교육을 받지 않은 집단이 더 높았다. 영역별 평균점수 역시 받지 않은 집단이 0.79~2.74점 높았다. 두 집단이 초등 3학년이 됐을 때 읽기 이해 능력과 어휘력 검사 결과 모두 받지 않은 집단의 평균 점수가 더 높게 나왔다.

'3살 이전에 사람의 뇌 80%가 완성된다.'는 사교육업체의 광고 등과 관련해 서유헌 가천대 의대 석좌교수는 "인간의 뇌는 3살에 완성되지 않고 최소 20년이 걸리며, 이 기간은 억지로 단축할 수 없다"고 말한다. 이어 "유아기에는 전두엽(인성), 초등학생 때는 두정엽(과학의 뇌)과 측두엽(언어의 뇌)이 발달한다."며 "따라서 3살 이전에는 암기 위주의 지적 자극보다 감정적 충족이 더 중요하다."고 강조한다. 시기에 따라 발달하는 뇌 부위가 다른데도 아직 발달하지 않은 뇌 부위를 과도하게 자극하는 앞선 교육을 시키면 아이의 뇌가 손상을 입을 수 있다고 한다. 예를 들어 전두엽이 손상되면 주의력결핍 과잉행동장애ADHD가 나타날 수 있다는 것이다.

김영훈 가톨릭대 의대 소아청소년과 교수도 "뇌는 1층 '본능의 뇌', 2층 '정서의 뇌', 3층 '이성의 뇌'로 구성돼 1층부터 차례로 올라가면서 발달한다."며 "1차적으로 편안한 상황, 생리적 안정을 만들어 주는 것이 중요하며, 그것이 바탕이 돼야 정서의 뇌, 이성의 뇌가 발달할 수 있다."고 말한다. 조기교육은 아이에게 스트레스를 주고 정서의 뇌, 특히 긍정성과 자기 조절력에 부정적 영향을 주며, 시각, 청각, 모국어 등 기초발달을 시켜야 할 시기에 학습을 시키면 오히려 뇌 발달을 망치게 된다는 것이다.

사교육걱정없는세상이 2015년 평균 14년 경력의 소아정신건강의학과 전문의 10명을 대상으로 설문조사한 결과, 80%가 조기교육이 영유아 정신건강에 '부정적 영향이 더 크다'고 응답했다. 그 이유로 70%가 '학업 스트레스'를 꼽았고, '낮은 학습 효과'가 60%, '창의력 저하', '학습에서의 자율성 저하'가 각각 50%로 뒤를 이었다. 영어 조기교육에 대해서는 7명이 '영유아의 정신건강에 부정적인 측면이 더 크다'고 답했다. 그 이유로는: '낮은 학습 효과'60%, '정서발달에 부정적'50%, '아이의 영어학습 거부'40%를 지목했다.

조기 영어교육과 관련해 이병민 서울대 영어교육과 교수는 "언어 습득 과정에서는 그 언어를 사용하는 '양'이 '질'을 결정한다."며 "아이를 이중언어 사용자로 키우려면 최소 깨어 있는 시간의 30~40% 이상은 그 언어에 노출되거나 사용하게 해야 한다"고 말한다. 우리나라처럼 영어를 일상에서 사용하지 않는 환경에서 조기교육 효과는 나타나기 어렵다는 것이다.

서유헌 교수는 "측두엽이 발달하는 초등학교 때 외국어 교육을 비롯해 말하기·듣기·읽기·쓰기 교육을 하는 것이 효과적"이라며 "측두엽 언어중추의 시냅스 회로가 덜 발달한 시기에 2개 언어를 동시에 강제로 많이 주입하면 두 언어가 상호 경쟁을 해서 뇌가 어느 쪽도 효과적으로 받아들일 수 없게 된다."고 조언한다.

정윤경 가톨릭대 심리학과 교수는 "영유아기에는 한글과 숫자를 배우고 영재검사를 받는 것보다 경험이 더 중요하다."며 "아이가 살아갈 세상에서 가장 힘센 무기는 상상력과 창의력이 될 것이기 때문"이라고 강조한다. 책도 많이 보고, 영화도 보고, 여행도 다니고, 다양한 자연과 공감도 하는 등 경험이 많아지면 상상력과 창의력은 저절로 생긴다는 것이다.

책에는 유아 대상 영어학원에 1년 6개월 이상 다닌 아이와 영어를 접하지 않은 공동육아 어린이집 아이의 창의력을 비교한 결과, 언어 창의력에서 공동육아 어린이집 아이들은 평균 92점을 받은 반면, 영어학원 아이들은 70점에 그쳤다는 조사 결과도 소개돼 있다.

사교육걱정없는세상은 책의 머리말에서 불안과 조바심으로 사교육을 강요당하는 부모들에게 "영유아 시기에 가장 중요한 것은 '어떻게 공부를 잘 할 것인가'가 아니라 '어떻게 더 잘 놀 것인가'이며, 공부는 이후에 자연스럽게 따라오는 역량이라는 것을 깨닫는 순간 마음에 평화가 찾아올 것"이라며 안심시킨다. (김인현 객원기자)

관련 학계 시각들

이와 같은 논란들과 관련해, '사교육없이우리아이키우기포럼'의 서유헌 교수의 연구는, 과도한 조기교육의 문제점을 다음과 같이 지적한다.

❶ 과잉학습장애 발생 : 어릴 때부터 지나친 조기교육을 받은 아이는 도리어 과잉학습장애가 발생할 수 있다. 이때 아이가 공격적인 모습을 보이거나 학습을 거부하는 모습을 보이기도 한다.

❷ 학습 흥미 저하 : 조기교육을 통해 선행학습을 하게 된 아이는 선생님에 대한 신뢰도가 떨어지게 되며, 학습에 집중하지 않아 집중력이 떨어지게 되어 점차 학습에 대한 흥미까지 떨어지게 된다.

❸ 두뇌 발달 방해 : 만0~3세인 영유아기에는 전두엽, 두정엽, 후두엽이 골고루 발달하는 시기로 일방적인 학습 방법보다는 오감 학습을 통해 두뇌를 골고루 자극해야 하는데 이 시기 과도한 독서나 언어교육 등 편중된 교육이 과잉되면 고른 뇌 발달을 저해시킬 수 있다. 만 3~6세인 유아기에는 전두엽이 빠른 속도로 발달하고 성인이 된 후에도 계속 발달하므로 암기 위주의 선행학습보다는 새롭고 창의적인 지식을 가르쳐 주는 것이 좋다.

❹ 사회성 결여 : 과잉학습장애가 발생한 아이는 점점 또래 친구들과 어울리는 것을 거부하고 혼자 노는 것에 흥미를 갖게 되며, 다른 사람들과의 애착 형성에도 어려움을 느끼게 된다. 이는 사회성 결여를 유발하여 아이에게 악영향을 미치게 된다.

아울러 서유헌 교수는 '조기교육을 꼭 시작해야 한다면', 다음과 같은 점들을 유의할 것을 주문한다.

❶ 억지로 교육하지 않기 : 흥미 없이 앉아있는 아이에게 하고 싶어 하지 않는 교육을 강압적으로 하려 한다면 아이는 더욱 교육에 흥미를 잃게 된다. 아이가 정말 배우기를 원할 때, 스트레스를 받지 않고 재미를 느낄 때 자연스러운 교육을 할 수 있어야 한다.

❷ 여러 가지 교육적 자극 주기 : 일상생활에서 접근할 수 있는 여러 가지 상황이 아이에게 교육적인 자극이 될 수 있도록 도와주는 것이 좋다. 아이가 "무엇 때문에?", "왜?"라는 질문을 할 수 있도록 교육적인 자극을 주어, 창의적인 사고를 가질 수 있도록 하고 이에 대한 많은 격려와 칭찬을 해주는 것이 도움이 된다.

❸ 비교하지 않기 : 아이마다 각자 가지고 있는 장점과 재능이 다르다. 재능이 나타나는 시기 또한 아이에 따라 다르다. 이때 부모가 원하는 수준에 따라와 주지 않는다는 이유로 다그치거나, 더 많은 교육을 하려고 한다면 올바른 조기교육이 될 수 없다. 따라서 아이의 작은 재능에도 이해하고 격려하며, 든든한 지지자가 돼 주는 것이 좋다.

❹ 독립적이고 자유롭게 키우기 : 조기교육을 하기 전에, 먼저 독립적이고 자율성 있는 아이로 성장할 수 있도록 도와주는 것이 좋다. 사사건건 행동을 금지하고 제재한다면 어떤 일이든 부모에게 의존하는 아이가 될 것이다. 그러나 자율적인 아이가 버릇없다는 것을 뜻하는 것은 아니기 때문에 예의를

가르치는 적당한 훈육도 필요하다.

❺ 주입식 교육이 되지 않도록 하기 : 아이들은 열심히 배웠음에도 불구하고, 교육내용을 되물어보면 책 내용에서 크게 벗어나지 않게 기억하는 아이들이 많다. 이해는 하지 않고 그저 글자만 읽어내는 교육을 했기 때문이다. 따라서 창의성을 키워주기 위해서는 창의적인 교육을 하는 것이 중요하다.

❻ 하루에 많은 양을 다루지 않기 : 조기교육을 받는 아이들은 하루에 여러 가지 많은 양의 교육을 받는 경우가 많다. 그러나 지나치게 많은 교육은 도리어 아이에게 악영향을 미친다. 아이가 원하는 교육을 한 개씩 진행하는 것이 좋다.

바람직한 적기교육

흔히 인간의 발달에 대해 연령이나 발달단계별로 신체, 언어, 인지, 정서, 사회성 등의 영역을 구분하곤 한다. 그러나 실제로 이 영역들은 구분되어 기능하지 않고 서로 복합적으로 기능한다고 한다. 특히 영유아기는 발달의 기초가 형성되는 시기여서 각 영역들이 통합적으로 발달한다. 따라서 영유아기 교육은 모든 영역을 고르게 발달하도록 하는 것이 중요하다.

교육부 국책연구기관인 육아정책연구소의 2018년도 보고서(2018-01) 《영유아 적기교육에 대한 학부모 이해 증진 방안》에 따르면, 영유아의 발달 특성에 적합한 적기교육으로 다음의 3가지를 제시한다.

❶ 뇌 기반 적기교육

인간의 생각과 행동은 뇌의 통제에 따른다. 연령에 따라 활성화되는 뇌 부위가 다르며 부위별 기능도 다르다. 뇌과학자들은 뇌 부위별 최적의 발달 시기를 파악하고, 그 결과를 교육에 적용해 영유아들이 최적의 교육 경험을 갖도록 권하고 있다. 서유헌 교수의 주장에 따르면, 두뇌의 좋고 나쁨은 뇌의 신경 세포 회로가 얼마나 치밀하게 구성되어 있는지에 따라 결정되며, 이것은 3세까지 가장 활발하게 발달한다. 또 이 시기에는 특정 영역이 발달하는 것이 아니라 고도의 정신 활동을 담당하는 전두엽, 두정엽, 후두엽이 고루 발달하기에 다양한 영역의 지식·정보를 접하게 하는 것이 좋다. 따라서 언어교육을 지나치게 강조하거나 플래시 카드를 통한 일방적인 자극을 지속적으로 가할 경우 신경회로가 일시적으로 만들어지기는 하지만 장기간 유지되기는 어렵다. 특히 영아기는 감정의 뇌가 가장 민감하게 발달하는 시기여서 인지적 자극보다 충분한 애정과 정서적 경험을 갖게 하는 것이 중요하다.

유아기에는 종합적인 사고를 하고 창의력이나 판단력, 감정을 조절하는 전두엽이 **빠르게** 발달한다. 따라서 새롭고 다양한 지식을 접하는 것이 전두엽 발달에 좋다. 또 이 시기는 인성교육의 적기로 바람직한 인성 함양을 위한 교육이 요구된다. 언어와 청각 기능을 맡는 측두엽은 초등학생 무렵에 발달한다. 그래서 말하기, 듣기, 읽기, 쓰기 교육은 초등학교에 입학할 무렵부터 시작하는 것이 효과적이며 외국어도 그렇다. 그러나 전두엽이 발달하는 유아기에 측두엽을 발달시키는 교육을 서둘러 시키게 되면, 전두엽에 대한 적절한 자극이 없어 전두엽 발달은 지체되고 측두엽은 과잉된 자극으로 손상되고 만다.

이처럼 특정 뇌 기능은 특정 시기에 발달하고, 시기에 맞지 않는 교육은 오히려 뇌 발달을 저해하기에, 뇌 발달단계별로 적합한 교육을 하는 것이 좋다.

❷ 놀이를 통한 적기교육

영유아에게 놀이는 일상이고 가장 좋은 학습의 수단이다. 특히 놀이가 가진 재미와 자발성은 학습 동기를 유발하는 핵심 요소이기도 하다. 놀이와 일을 비교한 학자들의 견해를 종합해 보면, 놀이는 즐거움을 느끼기 위해 하는 것으로 내적 동기에 근거한 자발성에 의해 이루어지며, 결과보다는 과정을 중시하고, 긍정적 정서를 경험하게 하는 즐거운 활동이다.

영유아기의 놀이는 신체 움직임이 많아 신체 성장도 촉진되며, 바른 자세 형성과 기본운동 능력 및 협응 능력도 향상되는 것으로 보고된다. 놀이는 인지 발달을 촉진하며, 호기심 충족, 주변 사물에 대한 지식과 개념, 기본적인 수학개념의 발달에도 좋다. 또한 읽기 능력, 문제해결능력, 자기조절 학습 능력이 높아진다는 보고도 있다. 놀이는 언어발달에도 영향을 주어 또래와의 놀이 안에서 나타나는 발전된 언어 능력은 문해 능력의 발달을 가져오는 것으로 보고된다.

놀이를 통해 스트레스나 긴장을 자연스럽게 해소하며, 종종 고통을 줄이는 수단으로 사용하기도 한다. 또한 집단 놀이를 통해 자신의 정서를 조절하고 함께 노는 또래와 놀이의 방향을 결정하는 과정에서 상대방의 정서를 이해하는 경험을 하게 된다. 자신의 행동과 정서를 조절하는 데도 놀이가 영향을 준다. 거친 신체 놀이에 많이 참여하는 유아일수록 자기 조절력이 높고, 협력적이고 친사회적 행동을 많이 하며, 또래 간 적응 수준이나 인기도가 높다고 한다.

❸ 놀이를 통한 핵심역량의 함양

21세기에 필요한 핵심역량을 기르는 것은 취학 전 교육에서도 중시할 영역이다. 대부분의 핵심역량이 인성 요소와 마찬가지로 전 생애에 걸쳐 영향이 크기 때문이다. 핵심역량을 기르는 데도 놀이의 효과가 크다. 영유아의 놀이는 문제해결력 및 창의적 사고력 등의 인지발달 영역에 이르기까지 유용하며, 놀이를 많이 할수록 창의성이 높아진다. 이는 놀이가 정해진 해답이 없거나 열려 있는 답을 요구하는 경우가 많기 때문이다. 특히 가상놀이는 열린 결말의 구조를 가지고 있어 상상력을 발휘하여 이야기를 구성해 나간다. 이러한 과정에서 확산적 사고가 발달하며, 확산적 사고는 창의성 발달로 이어진다. 놀이를 하면서 끊임없이 자신의 생각과 행동을 조절하며 반복적, 지속적으로 문제해결을 시도한다. 이런 경험이 누적되면 문제해결능력이 함양된다. 놀이 도중에 주고받는 대화를 통해서는 협동력, 소통력도 자연스럽게 길러진다.

알묘조장의 교훈

이상의 논의들에서 특히 눈길을 뗄 수 없는 부분이, 조기에 길러진 인지능력은 지속적으로 발달해 가지 않는다는 '불편한' 진실이다. IQ는 나이가 같은 또래 중의 상대적 지수이다. 고등학생도 어려워하는 고차방정식을 초등학생이 푸는 것을 보면 우리는 그 아이가 고등학생 정도가 되면 새로운 수학 공식이라도 만들 수준이 되지 않을까를 기대하게 된다. 그런 기대는 아이의 발달이 현재와 같은 속도로 우상향할 것을 전제로 하는 기대다. 그러나 그런 예가 확인된 보고는 없다. '모든 아이를 레오나르도 다빈치로 만들 수 있다'고 하던 이론이 나온 지 70년이 되어가는 지금, '그 방법으로 길러진 다빈치는 도대체 몇 명이나 될까' 하는 의문이 제기될 법도 하다.

그런 재능을 일찍이 보이고도 10년 뒤에는 평범한 인재로 되는 예가 많은 것은 무엇 때문일까. 그 아이에게 충분한 지적 자극을 주어 이끌지 못한 영재교육의 부재 탓도 있을 것이다. 그러나 더 큰 원인은 극소수의 경우를 제외한 대부분의 '길러진 영재'들의 경우 그 인지능력의 시한이 오래 가지 못했기 때문일 것이다. 그래서 정규 보통교육을 받은 아이들과 점차 평준화되어 가더라는 현실을 부정할 수 없게 되는 것이다.

조기교육에 대한 과도한 기대와 환상과 마주할 때마다 '알묘조장'을 경계하던 옛 선현들의 지혜가 겹쳐 떠오르는 것도 그 때문이다. 조기 만개한 그 아이들의 재능에 대해 과찬하거나 지나치게 기대할수록 그런 재능은 조숙을 넘어 조로할 위험성이 커진다. 그 아이들이 나이에 걸맞지 않게 그런 재능에 너무 일찍 에너지를 소진하느라 정작 필요한 적기의 인성 소양이나 핵심역량을 기르지 못할 경우, 그 불균형은 전 생애에 걸쳐 그늘로 남고 핸디캡이 되어 버린다. 심지어는 발달장애로 될 수도 있다. 마음에 새길 부분이 아닐 수 없다.

배움의 때는 따로 없다

다음 그래프는 대한민국 학생들의 학습량을 보여주는 곡선인데, 대한민국에서의 전반적인 공부 양상과 시기별 실태를 보여주는 그래프이다. 이 그래프를 보면 대한민국에서 공부는 어느 시기에 하는 것인지, 그래서 누구의 일인지가 드러난다. 학습량의 봉우리는 두 곳에 있다. 고등학교 때와 대학 졸업을 전후한 시기다. 공부의 목적이 거의 대학 입학과 취

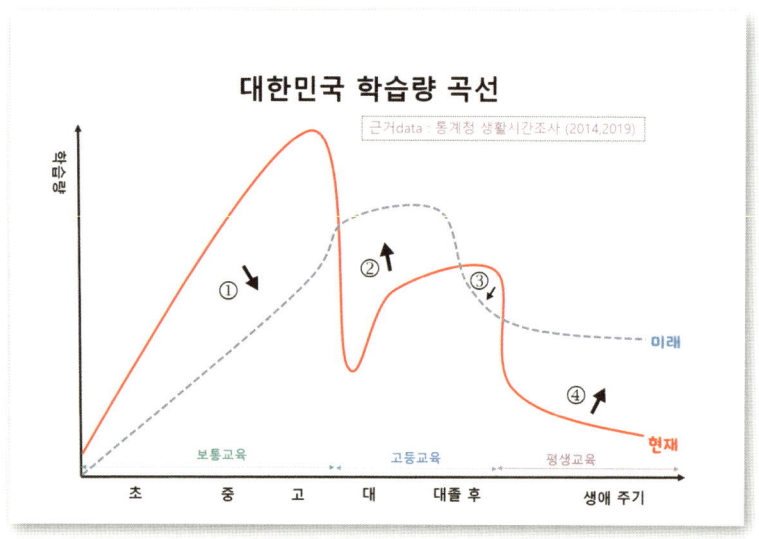

업에 있기 때문이다. 따라서 '학령기'라고 하면 초등학교 입학할 나이부터 취업 전까지가 된다. 그때까지가 학생으로 불리는 시기이며 공부는 학생 몫의 '일'인 셈이다.

①번 영역은 초·중·고 시절이다. 초등학교 입학 전부터 시작된 공부의 양은 대학입시를 향해 가파르게 늘어난다. 그리고 수시 및 정시로 정점을 찍으면 급전직하, 학생들은 한풀이하듯 일제히 책을 덮고 공부를 손 놓아 버린다. 보통교육 시기 한국 학생들의 지나친 학습량은 대학 입시를 향한 것이긴 하지만 맹목이나 다름없다. 과도한 경쟁의 산물인 과다한 학습량은 학습 효율성 저하로 직결된다.

통계청이 5년 단위로 조사·발표하는 '생활시간 조사(2014)' 통계를 보면, 우리나라 학생들의 하루 평균 학습(학교+학원+스스로학습)시간이 초등학생 5시간 20분, 중학생 6시간 41분, 고등학생 7시간 34분, 대학원생 3시간 54분이었다. 이를 주당 시수로 보면 초등이 37시간 20분, 중학생 52시간 42분, 고교생 64시간 30분, 대학원생 27시간 18분에 달한다.[112] 2018년부터 시행된 어른들의 '주 52시간 근무제'에 비추어보면 우리나라 중고생의 '학업'은 과도한 중노동이 아닐 수 없다.

---

112) 하루 15시간 이상을 학습에 매달린다고 걱정스럽게 언급했던 토인비의 말이나, 0교시부터 야간(밤 11시)까지의 자율학습을 떠올리는 이들이라면 의외로 적게 잡힌 통계라는 생각이 들 수도 있다. 이 수치는 '모든 날' '모든 학생들'의 평균이며, 2010년 이후 전국적으로 전개된 0교시 폐지, 심야 자율학습 폐지, 심야 학원교습 금지 등 학습량 저감 시책의 결과임을 유의할 필요가 있다.

OECD가 3년 단위로 시행하는 국제학업성취도평가(PISA)에서는 2012년의 '학습효율화지수'가 조사대상 66개국 가운데 58위를 기록했다. OECD 가입국 중에서는 꼴찌였다. '학습효율성지수' 또는 '학습효율화지수'는 학업성취도를 학습 시간으로 나눈 값이다. 우리나라 학생들의 학습 시간은 노동시간이 길고 생산성은 낮은 한국 노동자들의 노동시간과 비슷한 양상이다.[113] 학생들의 학습효율성과 노동자들의 노동 효율성은 성격과 양상이 사실상 같다. 노동 효율성 제고를 위해 노동시간 단축이 필요하다면 학습 효율성을 높이는 데도 학습시간 단축이 불가피하다.

다행히 이에 대한 PISA의 분석을 정책에 반영해 2019년에는 학생들의 학습 시간이 모든 학교급에서 상당 비율 감소한다. 이는 사교육 등 학교 외 활동의 감소보다 학교 활동(수업)시간이 줄어든 데 기인한다.[114] 하지만 전체적으로 학습량 과다는 여전한 과제다.

노동시간을 늘리기보다 오히려 줄여 노동 효율성을 높이는 것이 생산성 증대에 효과적이라면, 학업성취도를 높이기 위해서도 학습 시간을 줄이고 수업 밀도를 높여 학습 효율성을 높이는 것이 바람직하다. 이 점에 있어서는 핀란드의 정책이 우리에게 좋은 시사가 되어 준다. 핀란드는 교육 효율과 관련해 '최소주의(minimalistic)' 접근법을 취한다. 핀란드 아동들은 비교적 늦은 편인 7세에 정규교육을 시작한다. 학교 숙제

---

113) 주말과 휴일도 없이 직장이나 학교에 나가야 하는 현실을 비유한 말로, '월화수목금금금'이 있다.
114) COVID-19 팬데믹 이전의 집계다.

도 다른 나라들에 비해 훨씬 적고 수업 시간도 적고 표준화된 외부 평가도 없다.

핀란드 교육 분석가들은 정규 수업과 비격식 학습 사이의 황금 균형이 교사들로 하여금 창의적 잠재력과 상상력을 이용해 교육 효과를 보완할 수 있도록 해 준다고 말한다. 투입을 최적화하고 고비용 질 관리와 데이터 시스템 의존을 탈피한 이 같은 핀란드의 정책지향은 고비용·저효율의 우리 교육에 시사하는 바가 크다.

교사의 수업시수도 마찬가지다. 핀란드 중학교 교사의 연간 수업시수는 600시간 미만이며, 이는 하루 3시간 20분 수업에 해당한다. OECD의 2010년 발표에 따르면, 미국의 중학교 교사는 180일이 넘는 기간에 핀란드 교사의 2배 가까운 1,080시간을 수업한다.[115] 하지만 이것이 핀란드 교사가 하는 일이 적다는 뜻은 아니다. 핀란드 교사들이 수업 못지 않게 임하는 일은 수업 외의 활동들이다. 교재연구와 수업자료 준비, 상담과 평가, 학급 운영, 동료 교사들과의 교수법 정보교류 주당 2시간, 학교 운영 협의 등이다. 이러한 수업 외 활동들도 단순 행정업무가 아니라

---

115) 2018년도 OECD 통계에 의하면 한국 중학교 교사의 수업일수는 연간 190일에 526시간으로 되어있다. 이는 교사들이 체감하는 주당 20시간×34주=680시간 및 +@(창체34)=714시간과 너무 괴리가 큰 통계다. 그런데 이것은 우리나라와 OECD의 집계 단위의 차이에서 발생한 것이라는 게 KEDI의 설명이다. 즉 우리나라 수업 시간 집계는 중학교의 경우 45분을 1시간으로 친 때문이라는 것이다. 그 외, 우리나라 교사들의 과중한 업무를 상징하는 '행정업무'는 별도의 부담이다. OECD가 수행하는 '교수-학습 국제조사 연구(TALIS : Teaching and Learning International Survey.2018)에 따르면, 우리나라 교사들이 인식하는 주당 평균 행정업무 시간이 5.4시간으로 OECD 평균 2.7시간 대비 약 2배 높다.

학생 지도에 직접 연관된 활동들이다.

바람직한 학습량 곡선

따라서 ①시기의 학습량은 화살표와 같이 대폭 줄여야 한다. 학습량을 줄인다는 것이 공부를 시키지 말라는 것이 아니다. 학교와 학원의 교과 공부 외에도 공부할 거리는 얼마든지 있다. 바깥에서 하는 신체활동, 보고 듣고 겪는 오감 체험활동들이 이 시기 더 늘릴 필요가 있는 진짜 공부들이다. 또 이후의 학문 정진에 필요한 기초체력과 '공부 근육'을 늘리는 '보약 처방'이 그 어떤 것보다 시급하고도 바람직하다.

②부분의 학습량 절벽과 골짜기는 ①시기 과도한 학습량의 반작용으로 초래된 학습 탈출 양상이다. 대학에 입학하면 대체로 한풀이하듯 책을 덮고 공부를 손 놓아 버린다. 이 기간의 교육이 전문성을 함양하는 고등교육 기간임에도, 초등학교 시기만큼도 공부를 하지 않는다. 다른 시기에도 학구파와 대칭 그룹 간의 양극화는 있지만 대학 시기에 그것이 유독 심하다. 학문의 길로 들기 위해 대학원 진학을 꿈꾸는 그룹이나 취업을 준비하는 고시파, 공시족 등은 대입 수험생들 못지않게 공부에 매인다. 반면 맹목적인 대학진학 흐름에 편승한, 적잖은 수의 '무늬만 대학생'들은 저임금 아르바이트 전선을 전전하며 공부를 등한히 한다. 그래서 전체적으로 대학생들의 학습량이 초등학생들만도 못한 것이다.

대학을 졸업한 후인 ③시기의 학습량이 많아지는 것도 기현상이다. 석·박사 과정대학원 진학을 포함, 대학을 마치고도 학습량이 줄지 않는 것은 대입 전선보다 더 좁은 취업 전선에서의 학력 및 스펙 인플레이션을 보여준다. 대학 5학년, 청년실신[116], 이태백, N포세대, 헬조선… 같은 유행어들은 청년실업의 난맥상과 함께 맹목적이고 비효율적인 20대의 학습 과잉을 보여주는 현상들이다. 따라서 ②시기는 고등교육에 걸맞은 학문정진으로 일생 중 가장 공부를 많이 하는 시기가 되게 하고, ③시기는 취업난 해소와 함께 학습 과잉을 덜어냄으로써 평생학습의 기반과 동력을 유지하는 것이 필요하다.

④는 평생교육 시기로 사회 곳곳에서 교육 및 학습활동이 이루어지는 평생학습 사회(Lifelong Learning Society)의 기대상을 담고 있다. 현재처럼 '공부는 학창 시절에나 하는 것'이라는 학습관을 벗고 '공부는 살아가면서 언제든 필요하고, 하고 싶을 때 하는 것'이라는 학습관이 필요하다.

보통교육 시기에는 배움의 즐거움을 익혀 삶과 학문의 기초를 닦아야 한다. 그렇게 형성된 학습력에 기반한 고등교육 및 평생학습기가 학습과 학문이 가장 왕성한 시기가 되어야 한다. 대학 공부가 가장 치열하고 그 힘이 학문과 삶의 현장에서 동력을 이루는 나라가 학문과 교육의 선진국이다. 우리나라는 어떤가. 정반대다. 그 후진성을 벗고 학습 패턴의 일대 혁신이 이루어져야 우리 교육도 나라도 산다.

---

116) 실업 상태로 신용 불량인 청년

잠 잘 자는 공부법

"잠은 죽음의 조각…"
"잠은 죽음에서 빌려 온 시간…"

사람들은 잠과 죽음을 닮은꼴로 여긴다. 죽음을 두고 '영원한 잠'이라고 하듯, 잠을 떠올릴 때 흔히 죽음을 연상한다. 그리스 신화에서도 잠의 신 힙노스Hypnos와 죽음의 신 타나토스Thanatos는 쌍둥이 형제다. 그래서인지 사람들은 잠이 오는 것도 '어두운 그림자'가 다가오는 양 꺼림칙하게 여긴다. '잠꾸러기'는 게으름과 미련함의 상징처럼 쓰인다. 공부와 관련해서도 숱한 경구들이 잠을 '쫓아 버릴' 대상으로 일깨운다.

"잠은 공부의 적이다."
"네가 졸려서 하품하는 순간 너의 미래도 존다."

잠을 줄이고 공부하는 것이 가장 단순하면서도 효과적인 공부법이다. 한때는 명문대 합격비결로 '4당 5락'이 입에 오르내렸다. 4시간 자고 공부하면 합격, 5시간 자면 불합격이더라는 말이다. 똑같은 조건 아래 벌이는 경쟁에서 쥐어짜낼 틈은 잠 시간밖에 없다는 조바심이 불러낸 미신이었다.

잠의 기능[117]

잠 또는 수면睡眠은 일정 주기로 반복되는, 무의식 상태로 쉬는 행위다. 의식은 없거나 줄어들고 감각 기관도 상대적으로 활동을 중단하며, 인간의 의지로 움직일 수 있는 거의 모든 '수의근'들의 움직임이 없어진다. 자극에 대한 반응이 줄어들어 각성과 구별되며, 쉽게 의식을 되돌릴 수 있기에 동면이나 혼수상태와는 구별된다. 잠은 모든 척추동물은 물론 곤충과 식물들까지 필수적인 생리현상이다. 잠의 기능과 필요성에 대해서는 다음의 가설들이 있다.

첫째, 신체활동의 중지를 통한 피로 해소다. 잠을 자는 동안 생명 유지에 필수적인 최소 기관 말고는 쉴 수가 있다. 특히 가장 많은 에너지를 쓰는 뇌를 쉬게 함으로써 새로운 활력을 얻는다.

둘째, 뇌 속의 노폐물 제거다. 잠을 자는 동안 뇌척수액이 뇌세포 내 독소(노폐물)를 청소한다. 잠이 들면 뇌의 뉴런들이 차례차례 활동을 멈추고, 그렇게 되면 산소가 많이 들지 않아 일시적으로 혈액 공급도 차단된다. 그 혈액이 빠져나간 자리에 뇌척수액을 들여보내 노폐물을 청소한

---

117) 인터넷 백과사전 〈위키백과〉 및 〈나무위키〉, 각종 신문 기사들에서 종합함.

다.

셋째, 경험과 감정 등의 외부 정보 정리(뇌 신경 휴식)다. 일상에서 겪은 일 중 기억해 둘 필요가 있는 것은 장기기억으로 만들고, 필요 없는 것은 지워버리는 과정이다. 장기기억이나 망각은 깨어 있을 때도 작동하지만, 잠을 자는 동안 더 확실히 정리한다.

넷째, 호르몬 주기설이다. 육체의 성장과 복구에 관련된 호르몬은 주기별로 분비가 되어서, 깨어 있을 때는 활발하게 움직이고 잠들었을 때는 깬 뒤에 활발하게 움직일 수 있도록 돕는다. 밤에 휴식을 취하는 인간의 주기에 맞춰 호르몬이 분비된다.

다섯째, 신체의 회복 및 고통 완화다. 사고나 수술 등으로 충격을 당했을 때 잠이 약이 될 수 있다. 의사들이 중환자에게 수면제를 투여해 환자를 재우는 것도 그 일환이다. 잠이 손상된 몸을 자동 복구하기도 한다.

잠과 건강

'잠이 보약'이라는 말이 있다. 제대로 잠을 자지 못하면 건강관리에 적신호가 켜진다. 장기적인 수면 부족은 뇌세포 손상으로 이어지며, 뇌는 추가 손상을 막기 위해 생존과 무관한 활동인 사고력, 논리력, 반사신경 등의 기능을 줄여나간다. 그래도 호전되지 않으면 뇌는 잠에서 깰 최소한의 청각과 촉각을 제외한 모든 감각을 차단하고 스스로를 강제로 재운다.

누적되는 수면 부족은 질병 유발의 원인도 된다. BBC 보도(2017.10.31)

에 따르면, BBC가 총 50만 명이 넘는 피실험자를 대상으로 한 153개의 논문을 검토한 결과 수면 부족은 다음의 질병들과 관련 있는 것으로 드러났다.

▲ 당뇨 : 건강한 성인도 여러 날 계속해 적정 수면을 취하지 않으면 예비 당뇨병 환자 진단을 받을 수 있다. 혈당 수치 조절이 어려워지기 때문이다.

▲ 면역 : 수면이 부족한 이에겐 백신도 효과가 떨어진다. 수면 부족이 면역 체계의 작용을 억제해 감염위험을 증가시키기 때문이다.

▲ 비만 : 잠이 부족한 사람은 배고픔을 느끼게 하는 '그렐린 호르몬'은 과도하게 분비되고, 포만감을 느끼게 해주는 '렙틴 호르몬'은 덜 나온다.

▲ 뇌진탕 / 치매 : 뇌는 깨어 있는 동안 유해 물질이 쌓이고, 잠자는 동안 그것을 배출한다. 잠이 부족하면 가벼운 뇌진탕에 걸린 것과 같아진다.

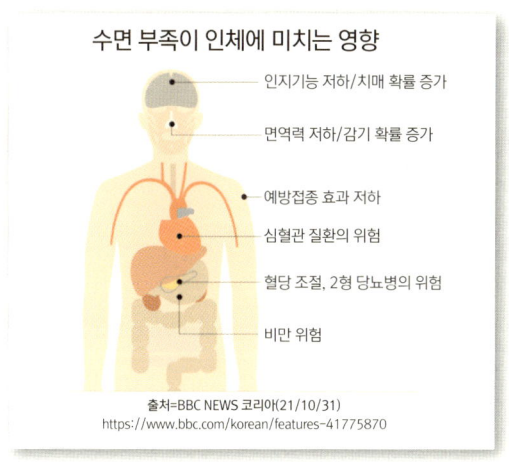

적정 수면시간

건강 유지를 위한 적정 수면시간은 얼마나 될까? 성인의 경우 하루 6~8시간 정도의 수면이 필요하고, 아동과 청소년은 그보다 더 많은 수면이 필요하다고 한다. 기본적으로 1일 평균 8시간은 자야 한다면 하루의 1/3에 해당한다. 평생을 치자면 30년 정도를 잠으로 보낸다는 얘기다.

미국 국립수면재단(National Sleep Foundation)이 발표한 연령별 수면 권장 시간은 다음 표와 같다. 권장 시간을 기준으로 앞뒤 1~2시간 정도를 적정(적당)으로, 그 이상 적거나 많은 것은 부적당한 시간으로 규정한다. 이 수치는 단순히 불을 끄고 침대에 잠자려고 누워있는 시간이 아니라, 실제로 뇌가 완전히 잠들어 수면 상태의 뇌파를 발생시키는 시간을 말한다. 따라서 깬 상태에서 침대에 누워있는 시간이나 중간에 깨는 시간을 감안하면, 권장 시간에 맞추려면 그만큼 더 자야 한다.

사람마다 필요한 수면의 양이 다르다는 연구 결과도 있다. 2022년 UCSF 의대 프타체크Louis Ptáček 교수는 사람이 하루 8시간씩은 자야 한다는 믿음도 철칙은 아니라고 주장했다. 사람마다 키가 다르듯 필요한 수면의 양도 다르다는 것이다.

미국 피츠버그대 연구팀은 수면시간 못지않게 규칙적인 수면도 중요하다고 강조한다. 수면이 불규칙한 사람들은 낮에 조는 등 '사회적 시차증'을 겪는데, 이는 당뇨병, 심장질환, 우울증 등의 위험을 높인다고 한다. 수면 패턴이 불규칙하면 지속적인 노력으로 생체리듬을 바로잡는 것이 좋다. 수면 패턴을 바꾸는 것은 유전적인 '올빼미족'들도 가능하다고 한다.[118]

수면 부족보다 '과잉'이 도리어 해롭다는 연구도 있다. 미국 뉴욕의대 연구진에 의하면 잠을 덜 잔 것보다 잠을 더 자는 것이 뇌졸중 위험도를 높인다고 한다. 건강한 정상인에게는 수면 과잉이 있을 수 없다. '완전 충전'되면 저절로 눈이 떠지고 더 자고 싶어도 잠이 오지 않는다. 배터리 충전도 100% 이상은 되지 않는 것과 같다.

잠과 기억

수면이 어떻게 기억에 영향을 미치는지를 알려면 수면의 구조부터 살

---

[118] 취침 시간과 기상 시간을 앞당겨 동일하게(15~30분 이내) 유지했더니 '생체 시계'가 바르게 조정되어 일찍 일어날 수 있었다고 한다.

펴야 한다. 수면에도 단계가 있다. 사람은 잠자는 동안 보통 3~5단계를 거친다. 각 단계는 60분에서 100분 정도다. 첫 단계는 졸음 상태다. 완전히 잠들지 못한 상태에서 숨이 느려지고 근육이 늘어지며, 심박수가 떨어진다. 두 번째 단계는 얕은 잠이 드는 상태다. 이 상태에서는 약한 자극에도 쉽게 깨어날 수 있다. 세 번째 단계는 깊은 잠이 드는 상태다. 이 경우 자극이 있더라도 깨어나기 어렵다. 몸이 최소한의 활동만 하고 있어서다.

깊은 수면 단계에서는 호흡이 느려지고 근육 활동은 정지되며, 뇌파가 아주 느린 파형을 보여 이를 '서파徐派수면(slow wave sleep)'이라고 한다. 이 상태에서는 꿈도 꾸지 않는다. 깊은 잠에 빠진 후 우리는 얕은 잠으로 잠시 되돌아갔다가 꿈을 꾸게 되는 '렘(REM)수면'[119] 상태에 돌입한다. 얕은 수면에 속하는 렘수면 상태에서는 꿈을 꾸기도 하고, 하루 동안 얻은 정보를 저장하고 기억하는 작업을 한다. 이때 뇌파는 일상과 크게 다르지 않다. 하지만 몸의 근육은 완전히 이완되므로 '역설적 수면'이라 부르기도 한다.

'비렘(non-REM)수면'은 대뇌와 소뇌는 휴식기에 들어가고 반대로 신체는 깨어 있는 상태다. 자는 동안 몸의 뒤척임은 있지만 뇌는 잠들어 있어서 깊은 잠을 자게 된다. 렘수면과 비렘수면이 반복되는 것을 '수면 주기'라 한다. 평균 5회 안팎의 수면 주기에서 각 단계들이 반복되면서 렘

---

[119] REM은 Rapid Eye Movement—'급속 안구 운동'의 줄임말이다. 수면 전문가이자 생리학자인 나다니엘 클라이트만 Nathaniel Kleitman이 1953년, 수면 중 안구의 빠른 움직임을 관찰하고 붙인 이름이다.

수면의 비율도 늘어간다. 수면 초기에는 깊은 잠의 비율이 높고 후기로 갈수록 얕은 잠이 는다. 이것이 고르게 반복된 뒤에 깨면 잘 잤다고 느끼게 된다.

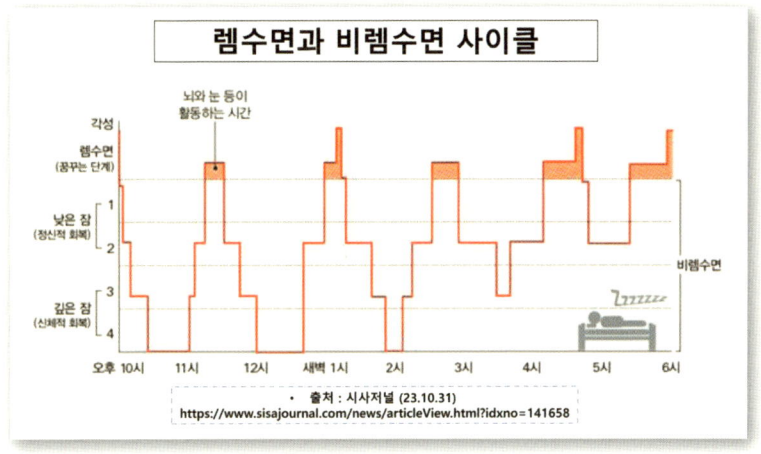

깊은 잠에 해당하는 비렘수면은 몸이 쉬는 동안 전날 학습한 정보를 기억하는 데 중요한 역할을 한다. 그리고 다음 날 최적의 몸과 머리 상태를 만드는 데도 중요하다. 비렘수면 동안에는 느린 파형의 뇌파와 수면방추(sleep spindle)라 불리는 약간 빠른 파형의 뇌파가 반복되는 특징이 나타난다. 느린 파형의 뇌파가 나타나는 동안은 뇌 활성이 낮고 느리게 반복되는데, 이때 불필요한 정보들이 사라지고 중요한 정보들만 남기는 '정보의 정리'가 이루어진다.

느린 파형의 뇌파가 반복되는 사이 수면방추와 더불어 미세각성(micro-arousa) 현상도 일어난다. 미세각성은 뇌파가 빨라지면서 깊은 잠을 자다가 몸을 뒤척이는 현상[120]인데, 수면방추나 미세각성 현상 모두 수면을 방해하기보다 수면의 질을 높이고 기억에 중요한 역할을 한다. 깊이 잠들어 뒤척거리는 동안 우리 뇌는 낮에 학습한 기억을 차곡차곡 저장하는 '공부'를 하는 것이다.

1994년 미국 애리조나대 브루스 맥노튼 Bruce McNaughton 연구팀은 동물의 해마를 관찰하다가 낮에 학습한 정보인 신경 활성이 잠자는 동안 재생되는 것을 발견했다. 수면방추가 일어날 때는 깨어 있을 때처럼 뇌의 혈류량과 산소 소모량이 증가하며, 장기기억 형성에 필수인 단백질 합성도 증가한다. 따라서 비렘수면기에 일어나는 수면방추 활성을 통해 깨어 있을 때 학습한 정보인 신경 활성들이 재생되어 '자동학습'이 되는 것이다.

하버드 의대 제프리 엘렌보겐 Jeffrey Ellenbogen 교수 연구팀의 2010년 발표에 따르면, 평소에 잠을 자는 동안 수면방추가 자주 관찰된 사람들이 시끄러운 환경에서도 잠을 잘 잔다고 한다. 반대로 노인이나 기억력 장애를 겪는 사람들에게서는 수면방추가 덜 나타난다고 한다. 그렇다면 깊은 잠을 자는 동안 뒤척이는 수면 패턴은 정상 수면의 일부이면서 정보를 장기기억으로 만드는 과정인 셈이다.

일찍이 헤르만 에빙하우스의 기억 망각 연구(1885년)에서 특정 단어 학

---

120) 인간의 뇌는 하룻밤 자는 동안에도 잠시 깼다가 다시 잠들기를 100회 이상 반복한다고 한다.(https://www.yna.co.kr/view/AKR20220720143200009)

습 뒤 얼마나 빨리 잊는지 측정한 결과, 학습 직후 잠들면 단어를 덜 잊는다는 사실을 밝혀냈다. 그 후 (1914년) 독일 심리학자 로자 하이네Rosa Heine는 잠들기 직전의 공부가 한낮의 공부보다 기억에 더 오래 남는다는 실험 결과를 보고했다. 이후 현재까지 수면과 기억에 관한 연구는 이어지고 있고, 거의 모든 결과들이 수면 부족이 인지기능과 기억력 저하로 이어진다는 것을 보고하고 있다.

2017년 미국 위스콘신대 키아라 치렐리Chiara Cirelli 박사팀은 잠을 오래 못 잘 경우 교세포膠細胞라 불리는 뇌의 특정 세포가 신경 세포들의 연접 부위인 시냅스synapse를 먹어 치워 신경 회로망을 비정상적으로 만든다는 사실을 밝혀냈다. '잠을 줄여 공부하라'는 강요나 믿음이 얼마나 맹목적이고 어리석은 것인지, 학자들은 100년을 넘게 학술적 검증을 계속해 오고 있다.

생체리듬 패턴과 공부

인간은 낮에 활동하고 밤에 잠드는 생체리듬을 유지하도록 몸 안에 '생체시계(biological clock)'가 내장돼 있다. 2017년 노벨생리의학상 수상자 3명도 초파리 연구를 통해 생체시계가 실제 어떻게 작동하는지를 밝힌 공로로 상을 받았다. 생체시계는 일정한 주기에 따라 반복적인 패턴으로 나타나는 생체리듬을 나타내는 지표다. 햇빛 아래서 사는 모든 생명체들에게는 '일주기 리듬(circadian rhythm)'이라는 보편적 현상이 있다. 이것은 약 24시간 주기로 나타나는 일체의 생물학적 리듬을 포괄하는 개념이다.

생체시계는 보통 밤 9시가 되면 '멜라토닌'이라는 수면 호르몬을 분비한다. 우리가 밤에 꿀잠을 잘 수 있도록 도와주는 멜라토닌은 오전 7시경 해가 뜰 무렵이 되면 분비를 멈춘다. 뇌가 가장 활발하게 움직이는 시간은 오전 10시 경인데, 이 때는 집중력과 사고력, 판단력이 최고에 달해 어려운 과목을 공부하는 것이 좋다. 정오가 가까워지면 뇌 운동이 둔해져 집중력이 흐려진다. 이 때는 산책을 하며 햇볕을 쬐거나 휴식을 취하는 것이 좋다.

뇌가 다시 활발하게 깨어나는 시간은 오후 3시다. 이 시간에는 특히 장기기억력이 높아지는 때라 영어 단어 외우기나 암기과목을 공부하는 것이 효과적이다. 밤에 집중이 더 잘된다고 밤샘 공부를 하는 것은 오히려 해롭다. 밤낮이 바뀌면 생체시계가 혼란스러워지기 때문이다. 생체리듬을 유지하기 위해서는 다음 사항들을 몸에 익히는 것이 좋다.

- ▲ 매일 같은 시간에 일어나기 : 기상과 취침의 루틴을 습관화하되, 하루의 수면-각성의 리듬을 기상 시간으로 조절하여 크로노타입을 일정하게 유지한다.
- ▲ 낮에 햇볕 샤워하기 : 가능한 야외로 나가 햇볕을 쬐면 좋고, 여의치 않으면 창문을 통해서라도 햇볕을 쬐는 것이 바람직하다. 햇볕은 수면 호르몬인 멜라토닌의 분비를 막고 두뇌를 맑게 해 준다.
- ▲ 가급적 낮잠 피하고 바쁘게 활동하기 : 깨어 있는 시간이 길수록 밤에 잠들기 쉽고, 활발하게 움직이면 야간 수면 욕구도 높아진다. 부득이 낮잠을 자야 한다면 오후 3시 이전에 30분 이내로 자는 것이 좋다.
- ▲ 규칙적인 운동(낮에 40분 정도의 땀을 내는 운동)하기 : 신체를 이완시키고 스

트레스와 불안을 줄이는 효과가 있다. (밤에 하는 운동은 도리어 수면 방해)
- ▲ 몸과 마음을 안정된 상태로 유지하기 : 밤에 하는 술·커피·담배는 각성 상태를 높이므로 피해야 한다. (술은 일시적으로 졸음을 증가시키지만, 아침에 일찍 깨어나게 한다.)
- ▲ 잠자기 전 과도한 식사를 피하고 적당한 수분 섭취하기
- ▲ 잠자리에서 책을 보거나 휴대폰, 라디오, TV 켜지 않기
- ▲ 20분 안에 잠이 오지 않으면 일어나서 쉬다가 졸릴 때 다시 잠자리 들기 : 잠들지 않은 채 잠자리에 오래 누워있으면 잡념이 생겨 잠들기 더 어려워진다.
- ▲ 멜라토닌 분비의 활성화를 돕기 위해 온도와 조명 조절하기 : 잠에 방해될 정도로 덥거나 춥지 않게 적정 실내온도를 유지하고, 작은 등이나 간접 조명을 활용해 어둠침침하게 하는 것이 도움이 된다.

크로노타입과 공부

사람마다 생체리듬이 다르므로 시간을 효율적으로 사용하려면 자신의 생체리듬을 아는 것이 좋다. 이것을 연구하는 학문 분야를 시간생물학(chronobiology)이라고 한다. 지구상의 생명체들에게 24시간 주기로 나타나는 '일주기 리듬'에 따라 사람들의 활동 패턴도 달라지기 마련이다. 이를 알기 쉽게 분류하고 정의한 것이 바로 크로노타입chronotype[121]이다. 크로노타입이란 일주기 리듬에 따라 사람이 하루 중 가장 활발하게

---

121) chronobiology, chronotype 등의 어원 'chrono-'가 물리적 시간의 신 '크로노스'에서 유래했음을 짐작하기 어렵지 않을 것이다.

깨어 있고 잠드는 시간대에 관한 경험을 구분한 수면유형을 말한다. 크로노타입 분류는 다양하지만 전통적으로 3유형이 있다. 아침형(종달새형), 밤형(올빼미형), 그리고 낮형(비둘기형)이 그것들이다. 양쪽 극단인 종달새형과 올빼미형은 각 10% 정도이고, 80% 정도가 중간형인 비둘기형이라고 한다. 비둘기형은 동기부여나 자신이 더 가치를 두는 활동, 해야 하는 업무의 수준 등에 따라 종달새형이나 올빼미형 쪽으로 기울어짐을 의미한다.

관련 연구들에 따르면 크로노타입에 가장 가장 크게 영향을 미치는 요소는 연령이다. 어린아이들은 대체로 종달새다. 아이들은 일찍 일어나고 낮에 활기차게 뛰어 다니지만 저녁이 되면 기운이 떨어진다. 사춘기가 되면 이런 종달새들은 차차로 올빼미로 변해가기 시작한다. 잠자리에 드는 시간이 점점 늦어지면서 늦잠이 많아진다. 이 시기 아이들은 늦은 오후부터 저녁때 에너지가 올라가고 부모들이 잠자리에 든 뒤에까지 부스럭거리다가 밤늦게야 잠이 든다.

10대에는 취침 중간 시점이 오전 6시~7시라는 보고도 있다. 이러니 그 시각에 일과를 시작하는 고등학교 학사일정과 학생들의 생체리듬이 맞을 수가 없다. 사춘기 아이들은 20세 정도가 되었을 때 올빼미 성향이 극도에 달하고 그 뒤로는 평생에 걸쳐 서서히 종달새로 돌아간다.

남성과 여성의 크로노타입도 다른데, 평생 중 특히 전반기가 크게 다르다. 남성들은 저녁형을 지향하고 여성은 아침형을 지향하는 성향이 있다. 그러나 50세경이 되면 남녀의 차이는 사라지기 시작한다. 독일학자 틸 뢰네베르크Till roenneberg에 따르면 평균 60세가 넘은 사람들은 유년기보다 훨씬 이른 크로노타입으로 변한다. 고등학생과 대학생은 대체로 올빼미이고, 60세가 넘은 사람이나 12세 미만의 아이들은 대부분 종달새다. 그러나 나이나 성별과 무관하게 대부분의 사람들은 종달새나 올빼미 성향보다 중간형인 비둘기 쪽에 가깝다.

최근 들어서는 미국의 임상심리학자 마이클 브레우스Michael J. Breus의 4가지 유형이 주목을 끌고 있다. 브레우스는 저서 《적절한 시간의 힘》에서 개개인의 특성이 다양한 것에 주목해 크로노타입을 사자형(아침형)-늑대형(저녁형)-곰형(대낮형)-돌고래형(불면형) 4가지로 분류하고 각 유형의 특징을 소개한다. 브레우스는 자신의 환자 2만여 명의 수면 리듬과 시간 활용 특징을 정리하고, 이를 포유류의 수면패턴에 비유하여 유형화했다.

▲ **사자형**(아침형)

일반적으로 일찍 일어나고 일찍 퇴근하며 정오 이전에 최고의 업무를 수행한다. 정오가 되면 졸음이 오거나 활력이 떨어지기 시작하여 밤 9시에서 10시 사이에 잠자리에 들 때까지 지속될 수 있다.

▲ **늑대형**(저녁형)

아침에 일어나기 힘들고 정오에서 오후 4시 사이에 활동성이 최고조에 이르는 경향이 있다. 이 유형의 사람들도 업무상 이른 아침에 일어나기 위해 생체시계를 조절할 필요가 있다. 늦잠을 자려는 성향으로 하루의 초반에는 최적 기능을 발휘하지 못한다.

▲ 곰형(대낮형)

이 그룹의 생물학적 리듬은 태양 주기와 일치해 일출 무렵 깨어나서 일상을 시작한다. 이 유형 사람들은 대체로 오전 시간대에 최고의 능력을 발휘하는 반면 하루 후반으로 갈수록 활력이 감소한다. 대부분의 사람들이 이 유형이다.

▲ 돌고래형(불면형)

수면 스케줄이 규칙적이지 못하다면 이 유형일 가능성이 높다. 야생의 돌고래는 한 번에 몇 시간만 자며, 수면 중에도 뇌의 절반은 여전히 활동하기 때문에 단일반구수면(unihemispheric sleep)을 하는 포유류다. 이 유형의 사람들은 잠들기도 아침에 일어나기도 어렵다. 자는 중에도 내내 숙면을 취하지 못하고 불안한 선잠을 잔다. 활동성과 생산성은 일반적으로 오전 10시에서 오후 2시 사이에 가장 높다.

사람들은 전문적인 검사나 기기의 도움 없이도 자신의 수면 크로노타입을 알고 있다.

시간 관리 공부법

이탈리아 북서부의 토리노Torino 박물관에는 특이한 조각상이 하나 있다고 한다. 앞머리는 머리숱이 치렁치렁한데 뒷머리는 민머리이고, 오른손에는 칼을, 왼손에는 저울을 들고 있다. 그리고 큰 날개를 달고 있는 몸은 벌거벗었고, 작은 날개까지 달린 발은 발돋움을 하고 있다. 그리스 신 카이로스Kairos의 형상을 돋을새김한 그리스 시대의 부조상浮彫像이다. 그 조각상 앞에는 그것을 설명하는 간단한 에피그램epigram도 곁들여 있다.

… 당신은 누구인가? 나는 모든 것을 지배하는 '시간'의 신이지. 왜 까치발을 하고 있는가? 쉼 없이 달리고 있기 때문이지. 몸과 발에 날개는 왜 달려 있나? 바람처럼 날기 때문이네. 손에 칼과 저울은 왜 들고 있지? 사람들이 나를 만났을 때 신중하게 판단하고 신속하게 결단하라는 뜻이지. 앞머리가 무성한 이유는? 나를 만나는 사람들이 쉽게 붙잡을 수 있게 하기 위함이라네. 뒷머리는 왜 대머리인가? 나를 놓친 사람들이 더 이상 내 뒷머리를 잡을 수 없게 하기 위함이지….

그리스 신 카이로스는 제우스의 막내아들이자 '기회'의 신이다. 그리스인들은 시간을 두 신의 이름으로 상징해 인식했다. 크로노스Chronos와 카이로스Kairos가 그것이다. 크로노스는 아버지를 죽이고 자식들을 삼킨, 제우스의 아버지[122]로서 농경의 신이기도 하다. 농경사회에서 농경은 시간과 기후의 지배를 받는다. 그래서 크로노스는 지구의 공전과 자전에 의해 정해지는 '물리적 시간'의 개념을 상징한다. 그에 비해 카이로스는 누구에게나 찾아오면서도 아무나 잡을 수 없는 '주관적 시간'의 개념이다. 물리적 시간인 크로노스가 객관적·정량적 시간이라면, 카이로스는 주관적·정성적 시간이다. 크로노스가 모든 이에게 무차별로 주어지는 시간이라면, 카이로스는 각자가 의미 있게 관리하여 살려내는 차별적 시간이다.

시간의 제약 속에 살아가는 인간의 삶 속에서 흘려버리고 나면 다시 돌이킬 수 없는 것들이 있다. 한번 뱉은 말과 엎질러진 물, 시위를 떠난 화살. 그리고 잃어버린 기회와 지나간 시간 등이다. 이것들은 모두 한 방향으로만 흐르고 역류하지 않기에 돌이킬 수가 없다. 흘러간 뒤에는 돌이킬 수 없다면 평소 일상 속에서 잘 '관리'해야 한다.

공부와 관련해서도 시간 관리는 학습 효율성을 좌우하는 결정적 요소다. 효율성은 투입한 시간, 에너지, 재료, 비용 등에 비해 산출된 효과가 얼마나 되는가로 따진다. '효율이 좋다'는 것은 그 요소들을 낭비하지

---

[122] 앞에서 소개한 바 있는 '크로노스 콤플렉스'의 모델로서 티탄Titan 신들 중의 막내다.

않고 능률적으로 잘해 냈음을 의미한다. 학습 효율성은 공부에 들인 노력 대비 학업성취도로 판가름 난다. 학습에 들인 노력이란 공부 시간과 집중력 등을 말한다.

무조건 책상 앞에 눌러앉아 책을 펴고 있다고 공부가 되는 것은 아니다. 공부에 들이는 시간이 길수록 좋은 성적을 낼 거라는 믿음은 운동을 많이 할수록 건강해질 거라는 믿음만큼이나 어리석다. 식사를 많이 할수록 건강은 비례하던가? 문제는 얼마나 집중하여 밀도 있게, 효율적이고 효과적으로 하느냐가 중요하다. '시간 관리'는 그래서 필요하고 공부의 방법 중에서도 상당한 비중을 차지한다.

공부나 운동, 또는 일에 있어서 투입하는 물리적 시간(크로노스)의 차이는 그다지 크지 않다. 문제는 제한된 시간을 얼마나 효율적으로 운용하여 진정한 자기 시간(카이로스)으로 만드느냐에 있다. 그것으로 효율성과 효과성의 차이가 난다. '시간 관리'의 요체는 한정된 물리적 시간을 어떻게 채워서 얼마나 자기 것으로 만드느냐에 있다. 그러기 위해서는 적절한 요령과 방법이 당연히 필요하다.

시간 관리의 원칙

❶ **계획적이어야 한다** : 가만히 있어도 크로노스는 무섭게 흘러간다. 아무렇게나 흘러간 시간은 자기 것이 아니다. '그냥 흘러간 1분 전이 가장 멀어진 시간'이라는 말이 있다. 다시 잡을 수 없기 때문이다. 다가온 시간 중에서 자기가 무엇이든 계획하고 실행해 채운 시간, 카이로스의

머리채를 잡고 낚아챈 '기회'만이 자기 것이다.

❷ **잘게 쪼개야 한다** : 시간에 매듭은 없다. 하루, 일주일, 한달, 일년 같은 주기도 천체의 운행으로 만들어진 매듭이다. 하지만 내가 활용하지 않으면 나와는 상관없는 흐름일 뿐이다. 그것을 자기 나름으로 쪼개야 한다. 자신의 생체리듬이나 주어진 과업에 맞추어 시간을 할애하고 배분해야 한다. 해야 할 과제의 매듭을 시간에 맞추는 것이 시간 활용의 밀도를 높이는 길이다.

❸ **쉼을 섞어야 한다** : 쉼표 없는 악보가 명곡이 될 수는 없다. 우리의 머리도 몸도 적절한 휴식이 있어야 생기를 되찾는다. 회복탄력성도 적절한 휴식으로 만들어진다. '할 때는 하고 쉴 때는 쉰다'는 명확한 구별이, 하는 것과 쉬는 것의 밀도를 높이고 알차게 채우는 방법이다. 집중력 있게 몰입하는 것과 푹 쉬는 것은 모두 다 분명한 자기의 시간, 카이로스다.

❹ **체크리스트가 필요하다** : 해야 할 과제에 대한 확인과 점검은 수행하는 일의 초점을 또렷이 하고 시간의 밀도를 채우는 일이다. 해야 할 일과 공부의 범주를 알고 과제의 경중을 가려야 한다. 그래서 중요도와 긴급도를 가려서 우선순위를 매기고 과정별로 이행의 여부를 체크해야 한다. 이행 완료의 체크 표시가 많아질수록 그것들이 자산으로 쌓여서 다음 과제의 발판과 원동력이 된다. 그로써 효율성과 효과성은 기하급수적으로 커진다.

❺ 한 번에 한 가지만 집중한다 : 여러 가지를 일을 한꺼번에 벌여놓고 하는 것과 하나씩 하는 것, 어느 쪽이 능률적이고 바람직할까. 당연히 한가지씩이 낫다. 그럼에도 멀티태스킹multitasking이 좋은 것인 양 부추기는 것은 왜일까. 과학적이지도 않고 효율적이지도 않은, 눈먼 욕심일 뿐이다. 우리 뇌는 다중작업에 최적화되어 있지 않다. 산만하게 여러 가지를 벌여놓고 하기보다 한 가지를 집중하고 몰입해서 할 때 뇌도 활성화되고 재충전된다. 더러 다중작업을 동시에 하는 예도 있다고 하나, 엄밀히 따지면 그것도 멀티태스킹이 아닌 태스크스위칭task-switching이 빠르게 이루어지는 경우다. 따라서 멀티태스킹보다 모노태스킹monotasking으로 몰입도를 높이는 것이 좋다.

시간 활용의 원리

■ 20% 시간에 80%를 하라– 파레토 원칙(Pareto principle)

이것은 원래 이탈리아 경제학자 빌프레도 파레토Vilfredo Federico Damaso Pareto가 제시한 경제 원칙이다. '원인의 20%가 결과의 80%를 만든다'는 것으로, 20:80 법칙이나 2대8 법칙, 8대2 법칙으로 불리기도 한다. 파레토는 정원에서 키우던 콩을 거두면서 잘 여문 소수(20%)의 꼬투리가 전체 콩알 산출의 대부분(80%)을 차지한다는 사실을 발견하였다. 여기서 모티브를 찾은 파레토는 이를 거시경제학에 접목해 이탈리아 20% 인구가 80% 땅을 소유하는 현상에 대한 논문을 발표했다.

이후 개미들에게서 보이는 현상이 사람들 사이에도 회자되었다. 개미 사회에서는 20%의 개미가 80%의 일을 하고, 나머지 80%는 20%의 일을 할 뿐이더라는 것이다. 그런데 부지런히 일한 20%의 개미들만을 따로 모아놓아도 그중에서 다시 20%만이 열심히 일하고 나머지는 빈둥거리더라는 것이다. 이것은 부지런의 상징인 개미들 중에도 부지런한 부류와 게으른 부류가 80:20의 비율로 있는 게 아니라는 얘기다. 개미사회의 역할 교대가 그런 비율로 이루어짐을 보여준다. 구성원의 20%가 부지런히(80% 성과를 낼 정도로) 일하는 동안, 80%는 일과 휴식을 병행(20% 성과를 내도록)하며 재충전하는 것이 개미들에게 몸에 밴 군체지혜라는 것이다. 그것이 궁극적으로 자기네 집단의 생산성과 생산량을 가장 높일 방법임을 개미들도 아는 것이다. 그것이 경험의 지혜요 자연의 법칙이다.

이를 시간 관리에 활용하면, 자신의 시간과 노력을 효율적으로 분배할 수 있다. 업무에서 가장 중요한 20%의 작업에 집중하여 가장 큰 성과를 내고, 중요하지 않은 나머지 80%의 작업은 더욱 효율적인 방법으로 처리함으로써 시간 관리를 효율적으로 할 수 있다. 또한 이 원리는 업무 우선순위를 파악하는 데 도움이 되며, 자기 능력과 시간을 최대한 활용하여 성과를 극대화할 수 있도록 해 준다.

◼ 시한이 달라도 성과는 같다- 파킨슨 법칙(Parkinson's Law)

파킨슨의 법칙은 업무를 마치는 데 걸리는 시간이 업무를 위해 할당된 시간만큼 늘어난다는 법칙이다. 이는 작업에 주어지는 기한이 여유 있을 경우, 이행에 필요 이상으로 긴 시간을 소요하거나 기한이 임박하도록 미루다가 마감 가까이 되어서야 하게 된다는 뜻이다.

이 법칙은 영국해군 역사학자 시릴 파킨슨Cyril Northcote Parkinson이 처음 소개한 것으로, 1955년에 《이코노미스트》지에 기고한 풍자적 에세이를 통해서였다. 그 글에서 파킨슨은 종일 할 일이 엽서 한장 보내는 일뿐인 한 여성의 예를 소개한다. 엽서 발송은 30분도 안 걸릴 일이다. 그러나 하루가 온전히 주어져 있기에 서두를 필요가 없다. 엽서를 찾는 데 한 시간, 안경을 찾는 데 30분, 엽서를 쓰는 데 90분을 할애했다. 이 일화를 들며 파킨슨이 설명하고자 한 것은 '업무는 그것을 완수하는 데 사용할 수 있는 시간을 다 채울 만큼 확대되기 마련'이라는 것이다.

사람들은 작업이 주어지면 작업 완료에 '필요한 시간'이 아닌 '주어진 시간'부터 생각한다고 한다. 이런 사고방식은 비효율적인 작업흐름(workflow)과 시간 낭비를 초래한다. 그렇게 많은 시간이 걸릴 일이 아닌데도, 주어진 시간을 모두 써야 한다고 느끼는 것이다.

자기 할 일의 추진계획을 세울 때 기한을 촉박하게 잡는 경우와 여유 있게 잡는 경우를 비교해 보면, 두 경우 간에 이행자 비율이나 완성도 면에서 차이가 나지는 않는다. 기한을 늦추어 이행에 드는 시간을 늘이면 소요 시간(낭비)만 늘어날 뿐인 것이다.

그 후 파킨슨은 이를 《파킨슨의 법칙》이라는 책을 통해 사회생태학의 법칙으로 발전시킨다. 즉 관료조직의 인력과 예산, 그리고 편제 등이 업무량과 관계없이 비대해지는 현상을 그렇게 이름 붙인 것이다. 조직에서 업무량과 인력이 필요성이나 성과와 무관하게 늘어난다는 것이다. 이런 현상은 그가 영국해군의 행정체계의 변화를 관찰하면서 발견했다. 함정과 장병 수는 줄었음에도 해군의 행정인력은 오히려 늘어난 것에 의문을 품게 된 것이다. 이를 파킨슨은 다음과 같이 분석했다.

* 【제1공리】 업무량이 늘면 동료보다 하급자를 늘려 업무량을 줄이려는 심리적 특성이 나타난다.- 직원(하급자) 배증의 법칙
* 【제2공리】 하급자가 늘어나면 조직 내부의 업무(지시, 통제, 보고 등)가 더해져 업무량이 갈수록 늘게 된다.- 업무 배증의 법칙

이와 같은 두 공리의 악순환이 이어지면서 인원수는 계속 증가한다.

■ 엉긴 과제 가닥 잡기- GTD 기법(Getting Things Done methodology)

우리는 늘 '해야 할 것'이 머릿속에 뒤엉켜 골치를 썩이는 상황을 겪는다. 새로운 작업이 더해질 때마다 뇌는 목록에 있는 작업들을 검토하고 새로 더해진 작업과 관련 사안들의 실행 순위를 재지정해야 한다. 어느 가닥부터 풀어야 할지 난감한 지경이면 우리의 뇌는 해야 할 일들의 목록을 뒤지며 오버 히트가 되곤 한다.

이런 상황에서 일 처리를 위한 체계를 만든 것이 데이비드 앨런David Allen의 Getting Things Done(GTD)기법이다. 이것은 앨런이 저술한 같은 이름의 책 제목에서 유래한 것으로, 체계적인 시간 관리를 통해 주어진 과업을 효율적으로 처리할 수 있도록 한 방법이다. 2001년 처음 소개된 이후 IT 개발자들 사이에 특히 호응을 얻으며 전파되었다.

'해야 할 일임에도 하지 못한 일'을 앨런은 '열린고리(Open Loop)'라고 부른다. GTD의 첫 번째 과정은 모든 열린고리를 머리에서 꺼내 외부에

기록하는 것이다. 이에는 두 가지의 목적이 있다. 하나는 기억하려고 애쓰지 않기 위해서이고, 또 하나는 생각이 뒤엉키지 않도록 하기 위해서이다.

GTD의 두 번째 과정은 그렇게 꺼낸 열린고리들을 규칙적으로 검토하며 처리를 하는 것이다. 이때 중요한 것은 '한 번에 한 가지 생각만' 한다는 것이다. GTD의 프로세스는 다섯 개로 구성되어 있다. 유의할 것은 GTD는 처리 방법이지 특정의 툴과 같은 시스템이 아니라는 것이다. 수첩이나 종이 폴더, A4 용지를 쓸 수도 있고, 개발된 상용 플래너나 앱 등 외부 툴을 이용할 수도 있다. 그 처리 과정은 다음 5단계를 거친다.

❶ 수집(Collect) : 모든 열린고리를 수집하는 단계다. 공부에서는 해야 할 학습과제들을 포착하는 것이다. 이때 주의할 것은 수집은 하되 아직 처리는 하지 않는 것이다. 버려도 되는 것은 과감하게 버린다. 이를 위해 수집함(Inbox)이 필요하다, 가상 공간이 아니라 실제 공간이다. 물건들(stuff)의 수집이 끝나면, 머릿속에 있는 생각거리들을 쓸어 담는다(Mind Sweep). 마음속에서 '이거 해야 하는데…' 싶은 것은 빠뜨리지 않고 적는다.

❷ 처리(Process) : GTD에서 가장 중요한 과정이다. 수집함에 모여진 것들을 순서를 정해 하나씩 처리한다. 이 단계에서 필요한 질문은 "이것이 무엇인가(What is this)?"와 함께 "실행 가능한 것인가?" 하는 것이다. 그리고 당장 할 수 없다면 폐기하고, 때가 이른 것(someday/Maybe)은 보류, 먼 후일에 할 일이면 필요시 참고할 수 있게 보관해 둔다. 당장 실행

이 가능한 것이면 실제로 해야 할 일이 무엇인가를 생각한다. 하나 이상의 행동을 필요로 한다면 프로젝트로 등록한다. 다음 행동이 2분내에 처리할 수 있다면 바로 실행한다. 그렇지 않으면 그 일이 내가 스스로 할 수 있는지 짚어보고, 아니면 남의 힘을 빌린다(공부에서는 누구의 지도를 받아야 할 것들이 될 수 있다). 2분내 실행이 가능치 않을 경우, 특정한 날이나 시간에 해야 하는 행동이면 일정표나 다음행동목록(Next Action List)에 기록한다.

❸ 정리(Organize) : 다음행동목록을 분류할 때는 나중에 실행이 쉽도록 하는 것이 중요하다.

❹ 검토(Review) : 적어놓고 잊어버리면 아무 소용이 없다. 주기적으로

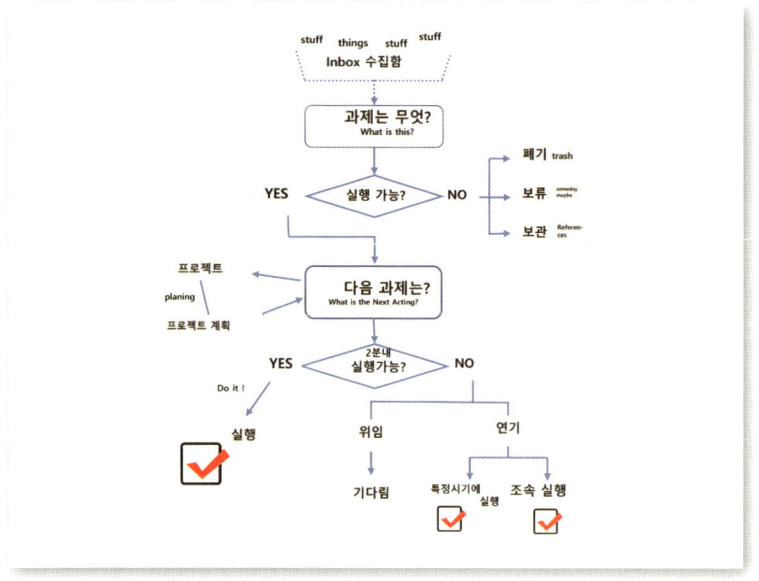

검토를 한다. 앨런은 주간 검토(Weekly Review)를 제안한다. 시간도 금요일 오후가 가장 좋다고 한다. 검토라지만 사실은 수집-처리-정리-검토의 4단계를 빠르게 재수행하는 것에 가깝다. 첫 수집 이후 중간 단계의 소규모 수집에 해당한다.

❺ 실행(Do) : 검토가 끝나면 실행한다. 일정표상의 항목이 우선과제다. 그 후에 다음행동목록을 본다.

이러한 GTD 기법은 학생들의 자기주도 공부법으로 몸에 익혀두면 두고두고 쓸모가 있다. 이후 개인 생활 습관이나 근무처의 업무처리 방식으로도 평생 유용하다.

■ 부담스런 일부터 먼저 – '개구리부터 먹기' 전략(Eat The Frog)

수험생들의 득점 전략 가운데 '난이도 가려 보고 풀기'가 있다. 취약 과목일수록 문항별 난이도부터 매긴 뒤 쉬운 문제부터 먼저 풀고 고난도의 어려운 문항은 남은 시간에 공략하는 전략이다. 이는 제한된 시간 안에 더 많은 문제를 풀자는 것으로 일견 실리를 노리는 전략이기도 하다.

그런데 시험 대비가 아닌 일상의 공부에서는 그 반대 전략이 좋다는 주장이 있다. 하기 싫고 어려운 취약 과목과 풀기 어려운 문제부터 먼저 공부하라는 얘기다. 이 전략을 대표하는 방식이 미국 소설가 마크 트웨인의 말에서 따온 'Eat The Frog(개구리 먹기)' 기법이다. 마크 트웨인의 이 말은, 만약 하루분의 과업 중에 '개구리를 먹어야 할 거북한 일'이 있다면 일단 그것부터 해치우고 나면 일과가 더 쉬워질 수 있다는 것이다. 그날 생길 그 어떤 일도 개구리를 먹는 것만큼 나쁘지는 않을 것이기 때문이다. 가장 거북하고 부담스런 일부터 겪고 나면 그 다음은 한결 수월하고 홀가분해진다. '매도 먼저 맞는 것이 낫다'거나 '어릴 적 고생은 사서라도 한다'는 속담의 취지와도 같다.

피실험자들에게 단어시험을 보인 뒤 결과를 분석한 연구가 있었다고 한다. 실험에 앞서 대상자들에게 '쉬운 단어→어려운 단어' 순으로 푸는 방법과 반대의 방법 중 어떤 방법이 자신감을 더 느낄 것 같은지를 먼저 물은 뒤, 그런 방법으로 문제를 풀게 했다. 그리고 실제의 자신감을 측정하는 별도의 설문도 병행했다. 그 결과 많은 사람들이 쉬운 문제부터 풀 때가 자신감이 더 높아질 것이라고 예상하고 문제 풀이도 그 방식으로 했다. 그러나 실제의 결과는 반대였다. 점수도 자신감도 더 낮았던 것이다. 물론 단어 풀이라는 시험의 성격 자체가 시간 변수의 비중이 크지 않기에 나타나는 결과이기는 하다. 어려운 단어라는 것은 모르는 단어이기에 시간이 더 주어진다고 풀 수 있는 것은 아니기 때문이다.

'사전의 예상'은 공부 방식을 반영한다.[123] 대체로 사람들은 '야금야금 먹기'와 같은 점진전략을 선호한다. 안전한 실리 추구 전략이다. 그러나 바둑에서도 눈앞의 수만 보고는 큰 집을 지을 수 없다. 대마를 먼저 잡고 끝내기 수싸움을 하는 것이 정석이다. 사람들이 쉬운 것부터 하려는 심리 속에는 어려운 것에 대한 부담감과 기피 심리가 작용한다. 결국

---

[123] 쉬운 문제부터 풀려는 학생은 공부도 그렇게 해 왔을 개연성이 크다. 세상 사는 접근법도 마찬가지일 것이다.

어려운 과제는 자꾸 뒤로 밀려 결국은 손대지도 못하는 결과를 낳기가 쉽다.

Eat The Frog 방법론은 공부나 업무를 시작하는 전략으로 도움이 되며, 궁극적으로도 생산성과 효율성을 높이는 데에도 효과적이다. 따라서 평소 공부는 '어려운 과목' 중심으로, 시험 볼 때는 '쉬운 문제'부터 하는 것이 좋은 시간 활용의 노하우다.

■ 우선 순위의 기준- 아이젠하워 매트릭스 The Eisenhower Matrix

1954년 미국 대통령 아이젠 하워 Dwight David Eisenhower는 한 연설에서 "저에게는 긴급한 문제와 중요한 문제, 두 종류의 문제가 있습니다. 긴급한 것은 중요하지 않고, 중요한 것은 긴급하지 않습니다."라는 언급을 했다. 아이젠하워 매트릭스는 아이젠하워의 이 말을 빌려 스티븐 커비 Stephen Covey가 《성공한 사람들의 7가지 습관》이라는 책을 통해 제안한 시간 관리 방법이다.

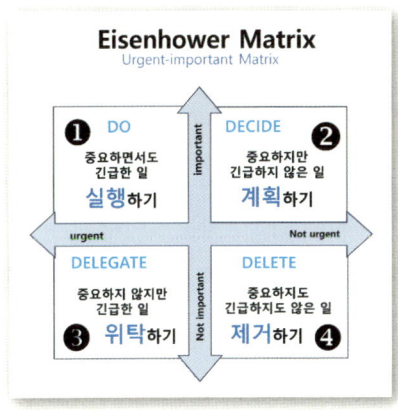

이 방법은 업무를 중요성과 긴급성 두 가지 축으로 분류하여 할 일을 4가지 카테고리로 구분한다(그림 참조. 숫자는 우선순위).

중요하고 긴급한 일을 즉시 처리하고, 중요하지만 긴

급하지 않은 일은 계획적으로 처리한다. 긴급하지만 중요하지 않은 일은 다른 사람에게 맡기거나 미룰 수 있고, 중요하지도 긴급하지도 않은 일은 하지 않아도 되는 일이다. 이 방법을 활용하면 중요한 과제에 집중하고 효과성을 높일 수 있으며, 긴급하지 않은 일에도 충분한 시간을 할당하여 미리 계획하고 대비할 수 있다. 일이나 공부에 모두 해당되는 시간 관리 요령이다.

구체적인 시간 관리법
* 가장 바쁜 사람이 가장 많은 시간을 갖는다. - (알렉산드리아 피네)
* 짧은 인생은 시간의 낭비에 의해 더욱 짧아진다. - (S.존슨)
* 변명 중에서 가장 어리석고 못난 변명은 시간이 없어서라는 변명이다. - (에디슨)
* 승자는 시간을 관리하며 살고, 패자는 시간에 끌려가며 산다. - (J.하비브)

이런 명언들의 깨우침을 되새길 것도 없이 시간의 가치를 모르는 사람은 없다. 그러나 그 시간을 귀한 만큼 알차게 활용하고 관리하는 사람도 드물다. 그것으로 승부가 갈리고, 그래서 효과적인 시간 관리법이 업무나 공부의 중요한 노하우가 된다. 다음의 방법들 역시 별로 기발하다고 할 것도 없다. 문제는 뻔하고 단순한 방법이지만 꾸준히 실행하기가 쉽지 않다는 점이다. 관건은 방법이 아니라 실행에 있다. 일분일초라도 자기 것으로 만들 때만 진정한 자기의 카이로스가 되는 것이다.

■ To-Do List법
가장 간단하고 기본적인 방법이다. 해야 할 작업을 정리한 목록이며 과제 리스트별로 타임라인을 짜는 것을 말한다. 정해진 서식이 따로 없어 나름대로 만들어도 된다. 해야 할 과업의 목록을 알기 쉽게 시각화하여 작업의 우선순위를 매기고 시간 관리를 쉽게 할 수 있도록 과정과 순서도를 만들면 된다. 날짜별 시간대별 해야 할 것들을 구체적으로 적고 중요도와 긴급성에 따라 우선순위를 정한다. 각 항목에 적절한 기간을 정하고 예상 소요 시간을 고려해 계획을 세운다. To-Do 리스트는 학생들의 공부 스케줄로 흔히 쓰인다.

■ 뽀모도로 기법(Pomodoro Technique)

이탈리아의 경영 컨설턴트 프란체스코 키릴로Francesco Cirillo가 1980년대 후반 제안한 시간 관리 방법론으로, 집중력 향상이 목적이다. 키릴로가 대학 시절 토마토 모양의 조리용 타이머를 공부에 활용한 데서 이름이 유래되었다. 사람의 뇌는 휴식 없이 한 가지 작업에 완전히 몰두하기 어렵다. 그래서 짧은 시간의 작업과 휴식을 반복하면 집중력을 높게 유지할 수 있을 것이라는 생각에서 시작했다.

방법의 골자는 25분 동안 무언가에 집중하고 5분 동안 쉬는 것을 4번 반복하고, 그 뒤에 30분간 쉬도록 시간을 배분하는 것이다. 이때 '25분 집중 + 5분 휴식'의 사이클을 '뽀모도로'라고 하고, 이 사이클을 한번 완료한 것을 1뽀모도로라고 한다. 집중력 유지를 위해 4회 완료(4뽀모도로=120분)할 때마다 긴 휴식(15분 이상, 보통 30분)을 취한다. 하루의 작업이 끝나면 오늘 몇 뽀모도로를 완료했는지 기록한다.

뽀모도로 기법은 공부법으로도 알려져 있고 특정 직업군에서 업무 효율성을 높이기 위해 작업 시간 운용에 적용하기도 한다. 정해진 기존의 스케줄이 있는 곳에서는 적용하기 어려우므로 프리랜서, 재택근무, 또는 독학생, 재수생, 취준생들에게 유용하다.

■ 타임 트래킹 Time tracking

'시간 추적'이라는 말 그대로 언제 무슨 일을 했는지를 시간별로 기록해 분석한다. 일상생활에서 시간을 기록하고 점검해 시간 낭비를 파악하고 개선하는 시간 관리법이다. 하루 종일 자신의 활동을 꼼꼼히 기록하면서 어떤 일에 시간을 많이 썼는지를 알아본다. 이를 통해 어떤 활동에 더 집중하고, 어떤 부분에서 시간을 덜어내야 하는지를 파악해 효율적인 시간 관리 방법을 찾아낸다. 학생들은 이런 방법을 통해 무의미한 시간의 거품을 다이어트하고 학습과 여가를 균형 있게 조절할 수 있다. 요즘은 스마트폰 애플리케이션으로 다양한 양식들이 나와 있어 활용하기가 쉽다.

아웃라이어들의 매직넘버
'1만 시간의 법칙'

'1만 시간의 법칙'이라는 것이 있다. '한 분야의 프로가 되려면 1만 시간 정도의 노력은 들여야 한다'는 것으로, 영국의 저널리스트 말콤 글래드웰Malcolm Gladwell이 《아웃라이어》라는 책을 통해 소개한 이후 우리나라에서도 1만 시간이 성공의 매직넘버로 알려지기도 했다.

아웃라이어outliers는 각 분야에서 큰 성공을 거둔 탁월한 사람들이다. 단지 타고난 재능만이 아니라 실제로 성공한 업적이 있는 사람들을 말한다. 그런 정도가 되려면 재능뿐 아니라 기회도 뒷받침돼야 하고 그것을 살리는 노력도 뒤따라야 한다. 하기에 아웃라이어는 '재능+기회+노력'이라는 3요소의 합을 이룬 사람이다.

3요소 중 가장 중요한 것은 무엇일까. 글래드웰은 아웃라이어들을 관찰해 보면 볼수록 타고난 재능의 역할보다 노력의 비중이 크더라고 말한다. 그가 그 노력의 매직넘버가 '1만 시간'임을 알게 된 것은 스웨덴 출신의 심리학자 안데르스 에릭손K. Anders Ericsson의 1990년 연구에서였다.

전문가가 되려면

에릭손은 두 명의 동료와 함께 베를린 음악 아카데미의 바이올리니스트들을 수준별로 세 그룹으로 나누고 연습량을 조사했다. 세계 수준의 솔로 주자가 될 엘리트 그룹과 그냥 잘한다는 평가를 받는 그룹, 그리고 프로급 연주는 해 본 적 없이 공립학교 음악 교사가 꿈인 학생 그룹이 그것이었다. 조사대상 학생들은 대체로 5살 무렵부터 연주를 시작해서 스무 살까지 바이올린을 그만두지 않은 학생들이다. 조사 결과 엘리트 그룹은 연습량이 1만 시간, 그냥 잘하는 학생들은 8천 시간, 미래의 음악 교사들은 4천 시간에 이르고 있는 것으로 나타났다. 그들은 피아노 부문의 프로와 아마추어들도 비교해 보았다. 프로는 역시 1만 시간, 아마추어는 2천 시간에 머물렀다.

글래드웰은 에릭손의 연구에서처럼 노력하지 않고 정상에 오른 천재는 없다고 단언한다. 최고 중의 최고는 그냥 열심히 하는 것이 아니라 훨씬, 훨씬 더 열심히 한다. 타고난 재능의 차이는 결정적으로 크지 않아 결국 실력 차이는 노력의 정도에 달려 있다는 것이다.

신경과학자인 다니엘 레비틴Daniel Levitin도 같은 연구 결과를 내고 "작곡가, 야구선수, 소설가, 스케이트선수, 피아니스트, 체스선수, 숙달된 범죄자, 그밖에 어떤 분야에서든 연구를 거듭하면 할수록 이 수치를 확인할 수 있다. 1만 시간은 대략 하루 세 시간, 일주일에 스무 시간씩, 10년 간 연습한 시간과 같다."면서, "어쩌면 두뇌는 진정한 숙련자의 경지에 접어들기까지 그 정도의 시간을 요구하는지도 모른다."라고 말했다.

글래드웰은 신동이라고 부른 이들도 예외는 아니라고 말한다. 여섯 살부터 작곡을 했다는 모차르트도 걸작인 협주곡 9번(작품번호 271)을 작곡한 것은 스물한 살 때였다. 첫 협주곡을 만든 지 10년이 지나서였다. 신동이라 불린 모차르트도 1만 시간의 훈련 뒤에야 독창적이고 완성도 높은 걸작을 낳은 것이다.

그렇다면 노력만이 대수인가. 그것 또한 당연히 아니다. 글래드웰은 타고난 재능과 기회, 특히 환경의 도움을 간과하지 않는다. 다만 개인이 의지에 따라 할 수 있는 것이 노력이고, 결정적인 차이를 만드는 것도 노력이기에 강조하는 것뿐이다.

한편 '1만 시간의 법칙'을 처음 발견한 안데르스 에릭손은 《1만 시간의 재발견》이라는 책을 통해 "글래드웰이 소개한 '1만 시간의 법칙'은 오해된 부분이 있으며, 내 연구의 논지는 1만 시간의 '의식적인 훈련(Deliberate Practice)"이라는 해명을 내놓기도 했다.

하루 3시간씩 10년

1만 시간. 레비틴의 말대로 하루 3시간을 들여 10년이 걸리는 시간이다. 그 1만 시간도 집중하고 몰입하지 않으면 의미가 없다. 몰입의 밀도가 느슨할수록 숙련에는 더 긴 시간이 필요하다.

에릭손이 말하는 '의식적인 훈련'은 '목적의식이 작동하는 훈련'을 말한다. 목표에 대한 확신과 자신감도 있고 스스로 하고자 하는 훈련이어야 한다. 내적 동기와 자발성이 전제다. 억지로 하는 것이어서는 매일 3시간, 10년을 지속할 수가 없다. 과정을 즐기는 것도 필요하다. 과정이 즐겁지 못하면 10년은 고행의 연속이 된다. 맹목적인 훈련으로는 숙련이 되더라도 진정한 프로가 되지는 못한다. 기계적인 숙달로 이르게 될 곳은 빈틈도 영혼도 없는 '~기계'일 뿐이다.

인기 TV프로그램《생활의 달인》에는 생활전선 각 분야에서 달인의 경지에 오른 이들의 모습들이 다양한 감동을 준다. 그들이 보여주는 '달인의 경지'는 수십 년 동안 같은 일을 반복해 오면서 생긴 능숙한 솜씨뿐이 아니다. 진정한 달인은 어느 한 분야의 최고 경지에 도달한 전문성을 넘어 그에 이르는 과정을 통해 세상의 이치를 깨우친 이다.

학생의 공부와 1만 시간의 관계는 어떨까. 한국 학생들의 교육 기간은 대학까지 햇수만도 16~18년에 이른다. 하루 3시간이 뭔가. 중고생들은 하루 15시간 가까이 공부에 매달린다. 그렇게 보면 모든 아이들이 '공부의 달인'이 되고도 남을 일이다.

하지만 대부분 유초중고 학생들의 공부는 거의 1만 시간과는 해당이 없다. 야속하지만, 1만 시간은 '전문성 숙달'에 드는 시간이기 때문이다. 입시 공부를 포함한 고교까지의 공부는 국민의 기초소양을 기르는 보통교육 과정에 불과하기 때문이다. 다만 그중 특수목적고나 특성화고 과정만은 예외다. 예체능 분야의 레슨 시간도 1만 시간 안에 넣을 만하다.

일반학생들은 대학에서의 전공 공부부터 쳐야 한다. 그때부터라 하더라도 1만 시간을 몰입해서 즐겁게 공부한다면 어떤 분야에서든 달인의 경지에 오르지 못할 이유가 없다. 하루 3시간으로 10년이 걸리면 6시간 하면 5년이다. 학부 시절 4년에 석박사 과정 4년이 공연히 길다 싶을 판이다.

공부는 **어디**에서?

WHERE

배움이 **일어나는** 곳이 공부 장소

인간의 배움이 이뤄진 공간은 본시 '집안'이나 '책상 위'였다. 한자 배울 학學자의 글자 모양이 '아이가 책상에 앉아 배울 것을 손에 펴들고 있는 모습'이라고 보면, 배움의 장소는 책상(冖)이다. 이 글자를 '집안에서 어른들이 두 손으로 윷가락 점을 치는 모습을 아이가 바라보는 형상'이라고 본다면, 이때의 장소는 집(冖)이다. 그러나 어느 경우라도 개별적 공간을 넘어서지 않는다. 이것은 익힐 습習자에 담긴 자연의 양상과도 다르지 않다. 새끼 새가 날갯짓을 익히는 곳이 바로 둥지라는 점 말이다.

배움터가 공부할 자리

동물들이 생존법을 어미나 무리에게 배우듯 사람도 같았을 것이다. 그러나 인간의 무리 생활이 점점 분업화되고 특히 문자가 발명됨으로써 공부의 양상에 빅뱅이 일어난다. 가르치고 배워야 할 지식과 기술의 누적과 폭발이 교육제도를 낳고, 공부를 이끌어주는 전문가로서 스승도 생겨난다. 공부의 기본 패턴도 단시간에 더 많은 것을 습득하는 것이 되고, 공부가 이뤄지는 공간도 그에 맞는 곳으로 특화된다. 지식과 기술을 익히는 공간으로 학교와 교실이 만들어지고, 새로운 지식을 캐는 곳으로는 연구실이 최적화된다.

불도를 닦는 도량들은 거의 조용한 산중에 있다. 조선조 유생들도 학업에 전념하려고 산막에 들곤 했다. 요즈음 입시생이나 고시생들도 공부에 몰두하기 좋은 곳을 찾는다. 서책을 머릿속에 넣어야 하는 공부에는 몰입하기 좋은 곳이 최적의 공부 장소다. 시대가 바뀌어도 그런 공부의 패턴에는 큰 변화가 없어 왔다. 다른 나라라고 하여 별 차이는 없다.

그런 흐름에 거대한 변화가 일 모양이다. 선진국들 모임인 경제협력개발기구OECD는 21세기로 들면서 20년 단위로 교육계의 변화를 예측하는 시나리오를 내놓는다. 20세기까지의 세상은 선형적(liner)으로 발전해 왔다. 그러나 21세기는 방향을 예측할 수 없는 비선형적(non-liner) 변화의 시대다. 변화의 방향이 어디로 향할지 모르는 시대에 20년 후를 예측한다는 것이 가능한 일일까.

OECD 미래 학교 시나리오 (2001)		
현재 상태의 지속	학교 재구조화 (re-schooling)	탈 학교화 (de-schooling)
시나리오-1 관료주의 체제의 지속	시나리오-3 사회적 구심인 학교	시나리오-5 학습자 네트워크와 네트워크 사회
시나리오-2 시장모형의 확대	시나리오-4 학습 중점기관인 학교	시나리오-6 학교붕괴로 인한 교사의 학교이탈

가상의 시나리오들

OECD가 2001년 제시했던 첫 시나리오는 ①학교 교육에 대한 태도와 기대, 정치적 지원 ②학교 교육의 목적과 기능 ③학교 교육의 조직과 구조 ④학교 교육의 지정학적 측면 ⑤교직의 5요소에 기반한 6개의 시나리오였다.

당시의 기대 어린 예측은 관료체제와 시장화 중심의 현재 상태(시나리오-1~2)를 극복하고, 학교가 사회적 구심 및 학습을 위한 중점기관(시나리오-3~4)으로 자리 잡는 가운데 학습자 네트워크(시나리오-5)와 공존하는 것이었다. 그런데 2001년 발표 이후 20여 년 동안 거의 모든 시나리오가 예측에 근접하는 양상을 보이고 있다. 심지어는 시나리오-6조차 퇴직을 앞둔 연로 교사들의 조기 명퇴 추세 등으로 기미가 보이는 실정이다. 그리고 다시 20년이 지나면서 예측을 넘어선 변화로, 학습 시장의 팽창 및 디지털 테크놀로지의 성장과 같은 새로운 트렌드가 교육환경에 새로운 변수로 떠오르고 있기도 하다.

하여 2020년도에는 이를 반영하는 새로운 시나리오를 모색한다. 2001년의 시나리오에 새로운 변수를 대입하여 앞으로 20년 뒤인 2040년의 상황을 시나리오로 제시하였다. OECD의 미래 학교교육 시나리오는 '전략적 추측(Strategic Foresight)'의 방법을 따른다.

OECD는 그중 '추세분석법'과 '시나리오법'에 기반하여 미래 학교교육 시나리오를 구상한다. 추세분석법은 현재의 추세가 이어진다면 미래에 어떤 일이 일어날 수 있는지를 분석해 과거와 현재가 이끌게 될 미래의 모습을 제시하는 방법이다. OECD 연구진은 이번 보고서에서는 학령기 중심 교육의 확대, 학습에 대한 관점의 변화, 교사 및 교사 정책의 변화, 교육 거버넌스의 진화를 중심으로 현재까지의 추세를 분석, 제시하였다.

시나리오법은 여러 가지 대안적인 미래의 모습을 이야기의 형태로 제시하는 방법이다. 시나리오의 목적은 미래에 일어날 법한 변화를 가정하고, 그를 통해 실현 가능한 대안을 마련해 현재 행동을 명확히 하는 데 있다.

앞으로 20년간 학교 교육이 어떻게 바뀔는지를 가상해 보는 일은 그

속에서 있게 될 공부의 양상을 가늠해 보는 데도 도움이 될 것이다. 2020년에 발표된 4가지 버전의 시나리오는 특히 교육공간의 '경계' 및 '영역'이 가장 주요한 변수다. 그것들을 차례로 살펴보면 다음과 같다.[124]

▲ 시나리오-1 : 학교 교육의 확대(Schooling Extended)

기존 학교 교육이 더욱 중시되고 심화되는 시나리오다. 교육이 경제적 경쟁력의 근간이라는 인식 아래 형식교육(제도교육)이 확대·보편화된다. 공식 자격증이 주요 스펙이 되고 학교 시스템의 관료적 성격이 유지된다. 많은 국가들에서 공통 교육과정 및 공통 평가제도를 운용한다. 개별 학습자의 학습 내용 선택권도 늘어난다. 지식과 역량 습득이 주요 교육내용이지만 가치와 태도함양도 중요해진다.

학습자원과 데이터들이 국제적으로 공유된다. 정부가 주요 의사결정 권한을 가지고 있으나 국제 교육기관들의 영향력이 커지면서 국가 내에서는 정부의 영향력이 줄어든다. 학교 교육은 현재와 같은 교사-학생 간의 교수-학습모형으로 이루어지지만 다양한 혼합 교수법을 활용해 수업이 유연해지고 교과목 간 경계가 모호해진다. 학생 평가가 실시간으로 이루어진다. 학생의 발전 사항이나 문제행동에 대한 피드백이 주체들에게 즉각 전달된다.

학교 관련 네트워크는 효과적으로 자원을 계획하고 활용한다. 학교

---

124) 박은경(2020). 《OECD 미래 학교교육 시나리오와 시사점》. ISSUE PAPER CP 2020-20(세계교육정책 인포메이션 7호). 한국교육개발원

내 업무가 분담되고 전문분야가 세분화된다. 소규모 전문가들이 학습 컨텐츠와 학습활동을 디자인하고 다양한 근무조건 하에 채용된 직원들과 교육 로봇이 학습 컨텐츠를 전달하고 감독한다. 교육 소프트웨어가 직접 학습 컨텐츠를 전달하고 감독하기도 한다. 교육산업체에서 데이터 분석가와 같은 전문가들을 채용한다. 디지털화로 학생들은 더 자율적으로 학습한다. 교사들은 학생의 감정적인 니즈를 지원하거나 학습 동기를 유발하는 역할에 더 집중한다. 디지털 수단의 발전은 전통적인 교수 활동에 영향을 미치고 교실 내에서 교사들의 업무는 상당 부분 '우발사태관리'에 제한되기도 한다. 교사들이 교사교육과 실제 업무 간의 괴리를 느끼면서 직업 만족도가 낮아질 수 있다.

▲ 시나리오-2 : 교육 아웃소싱(Education Outsourced)

다양한 형태의 민간 혹은 지역사회 주도권이 학교 교육의 대안으로 제기되는 시나리오다. 유연근무제도가 자리 잡으면서 학부모가 자녀교육에 더 적극적으로 참여하고 교육 사립화에 대한 요구가 높아지면서 공공 시스템이 난관에 부딪힌다. 교육 제공자나 소비자에게 '선택'이 중요해진다. 홈스쿨링과 튜터링, 온라인학습, 지역사회기반 교수학습 활동 등 교육의 형태도 다양한 실험이 이루어진다. 어떤 나라에서는 공·사립 교육기관 간에 교육의 질 경쟁이 일어난다. 공립에서는 무료 혹은 저비용 유아 보육 서비스나 방과후 활동을 제공하는 등으로 대안을 내기도 한다.

교육의 아웃소싱이 심화되어 거버넌스 및 책무성에서 관료적 성격이 옅어진다. '학습시장'에서 경쟁하는 교육기관의 수가 폭발적으로 늘면서 다양한 자격증과 자격기준이 생겨난다. 정부는 표준을 제시하고 교육시장을 지휘하는 역할을 맡는다. 어린 자녀를 둔 학부모들은 보육을 위해 공공 돌봄과 다양한 시장 기반 서비스를 이용한다. 많은 기업들이 교육사업에 참여한다. 학교 통폐합을 통해 확보된 재원으로 중소기업들을 지원한다.

학교교육의 경직된 구조가 사라지면서 학습자들은 학습 수준 및 속도에 맞추어 형식교육과 다양한 활동들을 선택 학습한다. 학습 네트워크는 필요에 따라 다양한 인적 자원을 모집하고, 이에 따라 교직의 전통적인 관습, 계약관계, 직업경력구조 등이 쇠퇴한다. 돌봄전담사, 직업상담가, 노동시장 분석가, 교수법 전문가 등 유입과 함께 공공 학교교육을 지탱하는 인력의 교사 경력, 근무조건, 전문적 지위 및 명성 등이 다양해진다.

▲ 시나리오-3 ; 학습 허브로서의 학교(Schools as Learning Hubs)
대부분의 학교 기능이 유지된다. 학교는 아이들을 돌보고 교육 활동을 제공하며 학생들의 인지적·사회적·정서적 발달을 돕는다. 노동시장에서 개인의 역량 및 자격을 다양하고 고차원적인 방법으로 평가하게 되면서 학교 교육은 자격 편중 주의에서 벗어난다. 국제적 인식이 높아지고 국제교류가 활성화되지만 학교 교육과 관련된 권한은 지역사회로 이양된다. 개별 교육 기관들은 자신들이 중시하는 가치를 성취하기 위한 이니셔티브를 제시한다. 학교는 지역사회와 지역 서비스 간의 교류가 이루어지는 곳으로 정의된다. 성과가 좋지 않은 학교들은 시정에 대한 강한 압박을 받기도 하지만 더 이상 학교는 하나의 잣대로 평가되지

않는다. 학교를 평가하는 기준은 지역사회에 따라 다양하며 폐교와 같은 중대한 사안도 지역사회 내 이해관계자들의 합의 정도에 따라 결정된다.

지방 정부, 국가, 국제기업 및 단체가 규제, 투자, 기술 지원 등의 방법을 통해 지역사회의 활동을 지원하고 특히 사회적 인프라가 취약한 지역에서 상당한 영향력을 행사한다. 학교교육은 포괄성, 실험정신, 다양성에 기반을 둔다. 협동학습, 자기평가, 또래 책무성을 바탕으로 하는 개별화된 학습 경로가 도입되고 강화된다. 학년 구성과 같은 분류 체계가 사라지고 교수학습의 구성에 있어서 유연하고 지속적인 순환이 이루어진다. 다양한 종류의 학습자원에 대한 가치가 인정되고 형식학습(정규교육)과 비형식 학습(대안교육) 간 경계가 모호해진다. 또한 학습은 끊임없이 일어난다. 학습은 교육 전문가들의 지도하에 일어나기는 하지만 교실 안, 학교 안에서만 일어나는 것은 아니다.

학교 활동은 학교라는 벽을 넘어 더 광범위한 교육 환경에서 기획되고 설계된다. 디지털 정보 시스템의 발전에 힘입어 혼합 학습 활동(blended learning activities)이 실현 가능해지고, 이를 활용하기 위해 학교 교육의 구조물리적 인프라, 수업 일정이 유연해진다. 학교는 더 광범위하고 역동적인 지역 내 교육 생태계의 중심축으로서 다양한 교육공간에서 제공하는 학습 기회를 연결하는 역할을 담당한다. 이러한 방식으로 다양한 개인과 기관이 각각의 기술과 전문성을 바탕으로 학습자들의 학습을 지원한다. 학습은 더 이상 획일적이고 경직된 교육과정을 바탕으로 구성되지 않고 개인 학습자 혹은 학습자 집단의 니즈 및 지역적 발전에 따라

설계된 적합한 교육시기[125]를 바탕으로 구성된다.

교사들은 발전하는 학습 활동들을 개발하는 엔지니어로 여겨지며 교사 전문직에 대한 신뢰가 매우 높다. 교수법에 대한 지식수준이 높고 다양한 네트워크와 밀접하게 소통하는 교사들의 존재가 매우 중요한 역할을 담당한다. 따라서 강력한 초기교사교육과 전문성 개발 활동이 중요하다. 동시에 학교는 교사가 아닌 전문가들이 교수활동에 참여할 수 있도록 개방된다. 교사 이외의 다양한 구성원들의 참여가 요구되고 환영받는다. 학교는 파트너십을 통해 박물관, 도서관, 테크놀로지 허브 등과 같은 외부 기관의 자원을 학교 교육에 활용한다.

▲ 시나리오-4 : 삶의 일부로서의 학습(Learn-as-you-go)
인공지능, 가상현실, 증강현실, 사물 인터넷 등의 급격한 발전을 바탕으로 한 시나리오다. 풍부한 디지털 인프라와 데이터 덕분에 가능해진 광범위한 여결성이 교육과 학습에 대한 관점을 완전히 바꾸어 놓는다. 여기저기에서 학습 기회가 '무료'로 제공되고 사전에 규정된 교육 과정이나 학교 체계와 같은 구조들이 무너진다. 디지털화로 인해 인간의 지식, 역량, 태도 등을 즉각적으로, 그러나 심도 있게 평가하고 인증할 수 있다. 그에 따라 자격을 인증하는 데 있어서 교육기관과 같은 제3 신뢰기관의 중개가 더 이상 필요하지 않다. 형식학습과 비형식학습 간의 구분이 없어지면서 학교 교육에 할애되었던 대규모의 공공자원들이 다른

---

125) teachablemoment. 특정 주제나 개념을 배우는 것이 가능하거나 가장 쉬워진 때.

목적이나 다른 교육체제를 지원하는 데 활용된다.

모든 종류의 학습이 '합법적'이게 된다. 교육은 실생활의 문제를 해결하기 위해 협동 지식을 활용하는 과정에서 발전한다. 인공지능 개인 비서가 개별 학습자의 호기심, 니즈, 지식 및 역량을 분석하여 학습 솔루션을 제시한다. 인공지능 개인 비서는 개별 학습자의 창의력과 자기 표현력 발달을 도울 뿐 아니라 공통 관심사를 가진 서로 다른 학습자들을 연결해주기도 한다. 서로 다른 언어들이 실시간으로 정확하게 통·번역 되기 때문에 학습 콘텐츠에 접근하는 데 있어서 혹은 다른 학습자들과 협동하는 데 있어서 언어의 장벽이 없다.

교육, 일, 여가 간의 구분이 모호해진다. 민간기업들은 인공지능을 활용해 직원을 모집하고 채용한다. 구직자들 또한 구직 활동에 인공지능을 활용한다. 취직 이후에도 지속적으로 학습활동에 참여한다. 학교 제도의 일부는 남아있으나 그 기능이 대부분 개방되고 유연해진다. 공공 교육기관에서도 모든 학생에게 적용되는 수업 일정과 같은 시간표가 사라지고 학생들이 원하는 시간에 학습활동을 할 수 있도록 지원한다.

시나리오-2에서와 같은 '학교'라는 물리적 장소가 사라지면서 유아보육 대안 마련이 시급해진다. 디지털화와 스마트 인프라를 기반으로 하는 안전하고 교육적인 공공시설 혹은 개인적인 공간이 구축된다. 보안 감시 시스템, 디지털 방식으로 연결된 대화형 인프라인 지능적 놀이(intelligent playground)가 아이들을 보살피고 학습활동을 제시하며, 특정 목표(건강한 라이프 스타일)에 부합하는 행동을 교육한다. 시장경제와 시민

사회의 발전에 부합하는 정부의 역할을 정의하기는 쉽지 않다. 예를 들면, 국제적 디지털 기업이 학습 시스템과 새로운 휴먼 머신 인터페이스 등의 개발과 보급을 장악할 수도 있고 다양한 비영리 이니셔티브와 공생할 수도 있다. 학습 기회가 언제 어디서든 주어지는 사회에서 교사 전문직은 사라지고 개인 학습자가 자기 학습의 프로슈머(전문적 소비자)가 된다. 다양한 수업, 강의, 튜터링 등이 온라인과 오프라인에서, 또 인간과 기계에 의해서 제공된다.

4가지 시나리오의 핵심 변수는 학교라는 공부 장소의 성격 변화 및 영역 확대 문제다. 그래서 그것을 학교 교육(Schooling)의 변동성 차원에서 다시 보면 4버전의 시나리오를 다음과 같이 재구분해 볼 수 있다.

▲ **시나리오-1의 경우 : 대규모 학교 교육**(Massive Schooling)

학교와 학교 교육이 현재처럼 이어지면서 발전하는 시나리오다. 학교 정규교육형식교육에의 참여가 증가한다. 테크놀로지의 발전으로 교육이 진보하지만 교사와 학생은 여전히 획일적인 구조와 표준화된 절차에 따라 교수·학습한다. 학교 교육의 외연 문제는 영유아보육과 평생학습으로 확장이 가능하다.

▲ **시나리오-2의 경우 : 가상 학교 교육**(Virtual Schooling)

여기서의 '가상'은 디지털 학습에 국한되지는 않는다. 학교 교육은 유지되지만 교사와 학생의 교수·학습활동이 학교라는 물리적 공간 밖에서도 일어난다. 교사와 학생의 관계가 유동적이고 학생들의 학습 내용 선택지가 늘어난다.

▲ **시나리오-3의 경우 : 학교 교육의 재발견**(Re-schooling)

학교는 유지되지만 질적인 변화를 겪는다. 교육목표로 합의된 핵심 지식과 역량은 있으나 표준화된 절차는 없다. 학교 내 역할 및 관계가 변화하고 학교가 직업교육, 영유아보육, 고등교육, 평생교육 등 다양한 영역을 포괄한다.

▲ **시나리오-4의 경우 : 학교 교육의 해체**(De-schooling)

학교와 학교 교육이 해체된다. 물리적 공간, 교육 과정, 학력 및 자격 등의 개념뿐 아니라 교수학습 과정이 완전히 변형된다. 현재의 교육 단계(영유아보육, 고등교육, 평생교육)의 구분 역시 없어진다.

교육과 학습의 장소가 바뀌게 되면 배움을 이끌어주는 교사의 자격이나 신분에도 변화가 불가피해진다. 정규교사가 독점해오던 가르침도 다양한 전문가들의 참여로 다양해지고 교사의 자격도 유연해진다. 학교가 해체되고 교육이 개방될 경우 학교와 교사는 형식교육(정규교육)에서의 핵심적 역할을 잃게 된다. 다양한 교육 제공자들과 계약직 근로자들이 교수 활동을 담당한다. 교수 활동을 하는 데 공식적인 자격 조건이 없거나 자격 요건이 지역에 따라 다양해진다. 교수학습의 수단과 방법 또한 자유로워진다. 학습 시장의 질 관리를 위해 교사 자격시험 혹은 자격증이 요구되는 방향으로 발전할 수도 있다.

위 어느 시나리오의 경우든 교육이 현행의 학교에 한정되지 않음을 의미한다. 시나리오-1과 3의 경우에도 학교가 중심이되 공부와 배움이 학교 밖으로 확장되어 가는 것은 막을 수 없는 흐름이다. 학교의 울타리는 점점 무너지고 공부와 학습의 공간은 점점 확대된다. 학습은 사회활동이나 가정 등 생활 현장 곳곳에서도 일어난다. 오늘날에는 지식의 많은 부분이 일상 속 터치스크린을 통해 습득되기도 한다. 공부의 장소는 사람의 삶이 이루어지는 모든 현장이다. 학습자가 있는 모든 곳이 배움터라는 것이다. 앞으로 차차 그렇게 되어 갈 것이라는 게 아니라 이미 그렇다. 배움의 장소가 확대되는 것은 교육 패러다임의 변화 중에서 가장 먼저 일어난다. 교육의 변화는 기후와 같아서 장소의 경계부터 허물기 때문이다.

공부의 주인은 **누구?**

WHO

'지적 해방'을 통해 **스스로** 성장하는 공부

프랑스 철학자 자크 랑시에르Jacques Rancière의 《무지한 스승》이라는 책이 있다. 제목부터 역설을 담고 있어 심상치 않은 느낌을 주는 책이다. 무지하다면 아는 것 없다는 말인데, 그런 사람이 스승이라니. 아는 것도 없이 무엇을 가르치기에 스승일까. 책의 부제도 눈길을 끈다. '지적 해방에 대한 다섯 가지 교훈'.

지지 랑시에르는 조제프 자코토라는 거의 2백 년 전 인물의 해묵은 이야기를 꺼내 들고 '전통적 교수 방법 뒤집기'라는 지적 모험으로 들어선다. 자코토는 프랑스 출신 프랑스어 강사다. 가르쳐야 할 학생들은 네덜란드 아이들. 그런데 자코토는 아이들의 언어인 네덜란드어를 전연 하지 못한다. 그럼 어떻게 아이들을 가르칠까. 이 같은 상황은 요즈음도 있을 수 있다. 지구촌 곳곳에서 한국어를 배우고자 하는 나라들이 많다는데, 한국 출신 한국어 강사가 그 나라 말은 모르는 채로 현지에 가서 어떻게 한국어를 가르쳐야 할까.

그래서 자코토는 어쩔 수 없이 학생들에게 프랑스어-네덜란드어 대

역판 한권을 던져줄 수밖에 없었다. 너희들이 알아서 배우라고. 그러고 보면 그를 '무지한 스승'으로 부르는 것은 마땅치 않다. 무지하다는 것이 가르쳐야 할 프랑스어에 무지한 게 아니라 그것을 설명할 도구(네덜란드어)에 무지하다는 것 아닌가. 미묘한 차이는 있지만 여하간 가르칠 방법이 없으니 어떤 가르침이 가능할지가 난감할 일이다.

스승 없는 공부

그런데 놀랍게도 학생들은 다들 프랑스어를 배워낸다. 뜻밖의 결과에 자코토도 놀란다. 스승의 역할은 학생들에게 자기 아는 것을 전달해서 최대 그 수준만큼 끌어올리는 것 아니던가.

아무튼 그렇게 이야기는 시작된다. 아니 그것으로 '이야기'는 끝이다. 더 이상 진진한 이야깃거리도 있을 수 없다. 다만 그로부터 자코토의 입을 빌린 랑시에르의 '지적 해방'에 대한 논변이 소나기처럼 쏟아진다.

네덜란드 학생들로 하여금 강사의 설명 없이도 프랑스어를 익히게 한 아이들의 지능은 그들이 모국어를 익힐 때 썼던 그것이었다. 우리도 이렇다 할 가르침 없이 우리말을 배웠고, 학교 들어가기 전에도 뭔가를 익히고 학습했었다. 그러고 보면 사람은 누구나 배우려고만 하면 자기 욕망의 긴장이나 상황의 강제 속에서 설명해 주는 스승 없이도 혼자서 배운다.

그러면 교육에서 교사의 설명이 갖는 역할은 무엇인가. 자크 랑시에르는 자코토의 입을 빌려 설명한다. 설명은 무한 퇴행의 원리를 내포한다고. 설명은 교육학이 만든 신화일 뿐이며 학생을 열등한 존재로 전제하는 '바보 만들기'라고 랑시에르는 말한다. 그렇다면 스승은 쓸모가 없는 존재일까. 그건 아니다. 자코토도 아이들에게 설명은 할 수 없었지만 무언가 가르침을 주었다. 학생들을 혼자서 빠져나올 수 있는 고리 안에 가두고 학생들의 지능이 책의 지능과 씨름하게 만든 가르침.

하나의 지능이 다른 지능에 종속되도록 하는 것이 바보 만들기라면, 한 지능의 행위가 남의 지능 아닌 자신의 지능에만 복종하게 하는 것은 지적 해방이다! 랑시에르의 이 말은 놀랍다. 구식(전통적) 교육에서 유식한 스승은 학생 스스로 얻는 지적역량의 증가를 자기 학식의 가치 절하로 받아들인다. 자신이 가르치고 물려 줄 것이 많다고 여기는 스승일수록 가르치지 않은 것까지 제자가 아는 것이 많아지면 그만큼 자기 지식의 가치가 떨어진다고 생각한다는 것이다! '하나를 듣고 열을 안다'는 것도 《논어》 속 성현 말씀일 뿐, 현실 속 제자에게 보편적으로 가능한 일은 아니지 않은가.

그러나 랑시에르는 다시 말한다. 무언가를 혼자 힘으로, 설명해 주는 스승 없이 배워보지 않은 사람은 지구상에 단 한 명도 없다고. 누구나 자기가 현재 알고 있는 것들 중에 남에게 가르침 받은 것보다 스스로 배운 것이 더 많지 않은가. 심지어는 학교에 들어가 스승의 가르침을 받게 된 후에조차 스승의 가르침을 받아 아는 것보다 스스로 배운 것이 더 많지 않은가. 그래서 랑시에르는 그것을 도리어 '보편적 가르침'이라고 부른다. 가르침은 본시 '자기에게' 하는 것이요, 배움도 본시 '자기가' 하는 것이다.

보편적 가르침, 혼자 배우기

보편적 가르침은 개인을 지적 해방으로 이끈다. 모든 이들은 스스로만 해방될 수 있다. 가르치는 자는 필히 자신이 먼저 해방되어야 하며 그것이 보편적 가르침의 필요조건이다. 그 지적 해방의 혜택을 다른 이들에게 알림으로써 돕는다. 모든 인간은 평등한 지능을 갖고 있다. 자코토는 "자연의 빛(인간의 이성)이 공평하게 분배되어 있다."고 한 데카르트에게서 모든 인간은 평등한 지적 주체라는 생각을 끌어냈다.

스승이 주도하는 설명 위주의 구식 교육으로는 학생이 결코 스승을 따라잡을 수 없다. 구식 교육을 받는 아이들은 앵무새처럼 외기만 하고 가슴으로 익히지 않는다. 구식 교육은 불평등을 먹고 산다. 지적 능력이 불평등해야 유식한 자가 무지한 자 위에 군림할 수 있다. 불평등한 것처럼 보이는 지적 능력의 차이도 실은 지적발현의 불평등일 뿐이다. 이러한 지적 혁명의 과정에 장애물 또한 당연히 있다. 그중에서도 가장 심각한 것은 '자기 무시의 늪'이다. 무지한 자들에게 무지 자체보다 더 무서운 것은 자기 스스로는 익힐 수 없다고 믿는 자기 무시다. 그리하여 랑시에르의 지적 해방은 말 그대로 무지에서 스스로 벗어나는 해방의 과정이다.

이 책을 읽다 보면, 내내 '앎'이란 무엇인가를 되짚게 된다. '안다'는 말은 우리말 사전에서도 다양한 의미망을 갖지만, 주된 풀이는 ① 사람이 사실이나 대상을 의식이나 감각으로 느끼거나 깨닫다, ② 사람이 상황이나 대상을 교육이나 경험, 사고를 통하여 정보나 지식을 갖추다, 로 설명한다. 생존의 주된 무기가 머리인 인간은 '앎'을 경쟁의 도구로 쓴다. 문제는 그것을 어떻게 얻느냐 하는 것이다. 그것에는 스스로 아는 경우와 남의 도움의 받아서 아는 2가지 경우가 있다. ①과 같은 감지력은 스스로 계발되는 부분이 크다. 그러나 ②의 경우, 경험과 사고를 통한 인지는 스스로도 가능하지만, 교육을 통한 지적 능력의 습득은 '먼저 아는 이(先生)'의 지도를 받는 것이 효과적이다. 그것이 교육의 필요성이요 존립 근거이기도 하다. 하여, 동서양을 막론하고 전통적인 교육방법은 고전의 전수가 기본이었다. 선현의 지혜를 먼저 습득한(유식한) 스승[先生]이 그것을 모르는 제자에게 쉽게 알 수 있도록 가르쳐 주는 것. 그래서 가르칠 내용도, 가르치는 방법도 스승이 아는 범위 안에 있었다.

가르침의 주된 도구는 말이다. 물론 말만으로 가르치는 것은 아니지만, 배울 것이 말로 이루어져 있고 그것을 이해하도록 이끄는 것도 말이므로 그 소통의 도구 없이 가르침이 이뤄지기 어렵다. 그러면 말(설명)을 통하지 않고는 정말 교육이 불가능할까? 예를 들어 벙어리 교사가 그림이나 음악이나 체육을 가르친다면 불가능할 것도 없다. 우리가 아무 말도 모르는 상태에서 모국어를 익혔듯이, 외국어나 음악, 심지어 수학을 배우는 것 역시 모국어를 배우고 가르치는 것과 다르지 않다고, 자코토는 믿는다.

자코토의 교육관은 현대 인지발달 이론들보다 훨씬 앞선 깨우침이었던 셈이다. "아동은 세상에 대해 스스로 학습해 나가는 독립적인 발견자"라는 피아제의 인지발달 이론과, "인지발달은 사회문화적 맥락 속에서 이루어지며, 도와주면 더 잘 자란다."는 비코츠키의 근접인지발달 이론들조차 자코토식 믿음이 이어진 결과로 형성된 것이다.

우리 교육도 '스스로 하는 공부', 자기주도학습들을 강조하지만, 교육 현장에는 여전히 '주입식 내리 먹이기'가 가장 손쉽고 효과가 빠른 지도법으로 통용되고 있다. 게다가 들볶고 쥐어짜고 닦달하는 것을 넘어 아이들에겐 매를 들어야 효과가 있다는 '초달교육'의 미련조차 남아 있다.

필자는 스웨덴의 푸투룸Futurum이라는 미래형 학교를 방문했을 때 '자기주도학습'의 전형을 본 적이 있다. 거기서는 학생들이 매일 아침 등교해 자기 주도의 개인 시간표(logbook)를 짜고 일과를 '스스로 학습'으로 엮어나간다. 모든 공부가 미술학원이나 화실에서 그림을 배우듯 하는 형태였다. 그림 그리기는 자기 손으로 직접 하지 않고는 익혀지지 않는다. 교사는 이따금 봐주며 코칭coaching만 할 뿐이다.

《무지한 스승》을 읽어가면서 우리 교육을 오버랩overlap시키다 보면 '불편한 진실' 앞에 거북해지기 십상이다. 특히 '구식의 승리'편을 포함한 제5장이 특히 그렇다.

구식은 학원들과 시험, 설명하는 제도의 견고한 토대에 대한 경영과 사회적 비준의 권력을 맡는다. … 구식은 자신의 오래된 왕홀王忽을 어느 것에도 양보하지 않는다. … 구식은 자신을 위해 중학교, 대학교, 예술학교를 유지한다. … 구식은 다른 것들에게는 자격증만을 준다. … 구식은 그들에게 자격증이 이미 너무 많다고 말한다. … 그리고 그들은 그 말을 믿는다.

여기서 '구식'은 프랑스뿐 아니라 한국의 '현재'다. 그런데 이런 구식의 승리를 공고히 하는 데에 공교롭게도 진보주의자들의 한계가 기여한다. 지적 해방의 관념에 박수를 보내던 진보론자들이 새로운 교수법과 같은 구식의 변장술에 휘말려 착각하게 되는 것이다. 그러한 진보는 불평등의 새로운 방식이요, 지배적 구조인 설명의 대열서열에 편입되는 것이다. 진보적 교육학이란 것도, 설명을 개선하는 '점진'이란 것도 불평등을 '지연'시키는 것일 뿐이다.

그런 교육을 통해 학생은 스승을 결코 따라잡지 못하며 인민은 결코 엘리트를 따라잡지 못한다. 거기에 도달할 수 있다는 희망이 그들로 하여금 좋은 길로, 즉 개선된 설명의 길로 나아가게 해 준다. 자코토는 이것을 '개선된 말 길들이기(調馬)'로 부른다. 진보의 세기는 승리한 설명의 세기, 아이 취급된 인류의 세기다. 이것이 구식의 승리, 제도화된 불평등의 절대적 승리다!

자코토의 제자들 중에도 두 부류가 있었다고 한다. 자코토의 방법을 가르치는 강사나 설명자가 되는 제자들과, 스스로 해방하는 자가 되는 제자들. 자코토는 어느 경우를 더 반겼을까. 자코토는 '보편적 가르침을 받았으나 해방되지 않은 1억 명의 식자들보다, 무지하지만 해방된, 바로 그 한 사람'을 좋아했다고 한다. 그런 자코토의 속삭임은 그 책을 읽고 나서도 메아리처럼 남는다.

"우리는 우리가 모르는 것을 가르칠 수 있다네."

모두의 학습능력이 평등하다는 믿음 아래 각자 지적 해방을 추구하고, 또 서로의 지적 해방을 자극하는 사회. 그런 사회가 21세기에는 가능할까. 책의 끝자락에 덧붙여 놓은 자코토의 예언은 그에 대한 저항이 결코 만만치 않음을 보여준다. "보편적 가르침은 뿌리내리지 못할 것"이라고 했던 것이다. 물론 비관만 한 것은 아니었다. "결코 사라지지도 않을 것"이라고도 했기에.

〈미래의 학교〉[126]

---

126) '지적 해방'이 이뤄지지 못할 경우 예견되는 미래학교 모습을 풍자한 카툰 (출처 : 〈위키피디아〉)
https://commons.wikimedia.org/wiki/File:France_in_XXI_Century._School.jpg#/media/파일:France_in_XXI_Century._School.jpg

더 큰 공부 주체
- 나보다 똑똑한 우리 -

아메리카 원주민 중 마지막까지 자기 정체성을 잃지 않으려고 했던 호피Hopi족 인디언들의 일화가 있다. '서부 개척'으로 인디언을 '해방'시킨 양키Yankee들은 서구식 교육을 한 후 당연한 수순으로 시험을 치게 했다. 그런데 '부정행위 금지'를 그토록 예고했건만 시험지를 받아든 호피족 아이들은 문제를 각자가 풀려고 하지 않고 우루루 모여 서로 상의해 답을 찾으려고 들었다. 백인 교사들은 남의 답을 보는 것은 남의 물건을 훔치는 행위나 같다며 저지하려고 했으나, 아이들은 이런 '나쁜' 교육은 받지 않겠다며 시험지를 덮어 버렸다.

우리 선조들은 아무리 쉬운 문제라도 혼자 풀지 말라는 지혜를 가르쳐 주셨다. 나에게는 쉬운 문제지만 어려워할 친구가 있기 때문이다. 더구나, 이렇게 어려운 문제를 어찌 혼자서 풀라는 말인가?

서구식 자기중심주의(meism)와 인디언식 공동체중심주의(weism)가 충돌하는 지점이다.[127] 이는 공부에도 드러난다. 미이즘식 사고로는 공부는 자기를 위한 것이고, 당연히 혼자 하는 것이다. 시험이야 더 말할 것도 없다. 서구식 근대교육을 받은 우리도 이런 의식의 틀에 갇혀 있다. 공부의 주체가 누구인가. 더 말할 것도 없이 학생 자신이다. 그래서 평가의 주체도 각 개인이다. 그런데 여기 호피족 아이들처럼 이의를 제기하는 움직임이 있었다. 1980년대 한국의 '참교육 운동'이 그것이었다. 당시 이런 움직임은 교사들 사이에도 유별나게 '튀는' 시도로 비쳤다. 각자 거리를 두고 떼어놓던 책상 배열도 '모둠' 단위로 묶으라고 했다. 사소한 문제도 굳이 상의하라고 하고 역할도 자꾸 나누라고 했다. 과제도 공동과제를 내고 평가도 같이 받으라고 했다.

배움의 주체=공동체?

그리고 2000년대로 접어들자 일본에서 유래된 '배움의 공동체'라는 학교개혁 운동과 만난다. '참교육…'의 이름으로는 아무리 좋은 사례도 의심 어린 눈길을 받지만, 영·미·일 쪽에 근거를 둔 이론은 일단 그런 시선에서 벗어날 수 있다. 그래서 관심과 의욕만 가지면 참여할 수 있는 수업 혁신 운동으로 주목을 받으면서 교사들 사이에 번져간다.

---

127) '나(me)주의'와 '우리(we)주의'를 말한다. 말끝마다 '나'를 찾는 사람은 미이즘의 소유자, '우리'를 입에 올리는 사람은 위이즘의 소유자다. 자기 집(my house)을 두고 '내 집'이라는 이는 미이즘, '우리 집'이라는 이는 위이즘의 소유자인 셈이다.

배움의 공동체는 일본 동경대 교수인 사토 마나부佐藤学에 의해 창안된 철학이다. '왕따'와 '교실 붕괴'로 상징되던 일본 교육의 근본개혁을 위한 실천 개념으로 나온 것이었다. 그것이 비슷한 현상을 보이던 우리 현실에서도 정부 주도의 교육개혁에 대응할 '아래로부터의 개혁'의 대안으로 비치게 된 것이다. 김영삼 정부의 5.31교육개혁안으로 대표되던 교육 시장화 정책은 지나치게 경쟁을 부추겨 오히려 교실 붕괴를 가속화 할 뿐이었다.

배움의 공동체 이론은 한국에는 2001년 사토 마나부의 책을 《교육개혁을 디자인하다》라는 표제로 번역한 손우정에 의해 소개된다. 사토 마나부는 이 책에서 교육개혁의 원칙으로 '교육과정에 민주주의를 관철하며 교육의 공공성을 옹호·발전시키는 것'을 들고 있다. 교육개혁의 주요 과제를 '교육의 공공성 회복'에 두고, 학교의 공공성은 △학습자의 학습권 보장 △학생들의 시민적 권리와 민주주의 습득 △학교의 자율성 강화 △지역사회와 함께하는 공동체로서의 학교 구현 등에 달려 있다고 본 것이다.

이런 대안은 참교육 운동의 방향과도 일치하는 것이었다. 1980년대 참교육 운동이 일본의 진교육眞教育운동에 영감을 받았듯이, 양국의 현실과 대안은 공유되고 있었던 것이다. 현장의 교사들은 정부를 비롯한 교육 당국이 주도하는 하향식 개혁이 아닌 학교의 자율성과 교사들의 자발성을 바탕으로 하는 상향식 개혁의 가능성을 새삼 확인하게 된다. 학교와 교사의 자율성만 보장된다면 전문성 신장을 통한 수업 개선의 가능성은 교사들의 열정에 달린 문제다. 교사들의 열성이라면 한국이 일본에 뒤질 게 없다. 우리와 유사한 일본의 교육문제들(교실붕괴, 이지메-왕따, 수업거부, 등교거부 등)에서 검증된 것이라면 주저할 것도 없다. 일본의 현장을 돌아보고 돌아온 교사들은 용기와 자신감을 갖게 되고, 2004년부터 배움의 공동체를 표방하는 교사들의 학습모임이 시작된다. 그것이 별도의 자생적 교사 모임인 '새로운 학교' 운동과 교감하고 연대하면서 전국적 실천 운동으로 번져간다. 2010년대 들면서는 진보 교육감이 이끄는 시도의 혁신학교들에서부터 이 원리를 적용한 다양한 수업모형들이 수업혁신의 상징이 된다.

'배움의 공동체'의 원리

사토 마나부의 이론을 처음 소개한 손우정에 의하면, 배움의 공동체의 기본 철학은 '모든 아이들의 배울 권리와 질 높은 배움을 보장'하는 데 있다. 사토 마나부가 주장하는 배움의 공동체로서의 학교는 다음 세 가지 철학적 원리에 기반하고 있다.

첫째, 공공성(public philosophy)이다. 학교는 공공적 사명(public mission)과 책임에 의해 조직된 장소이며, 교사는 그것을 수행할 전문가다. 학교의 공공적인 사명과 이를 담당하는 교사의 책임은 개별 학생의 배울 권리와 민주주의를 실현하는 데 있다. 학교에 부여된 '공공성'의 또 하나의 의미는 학교가 공적 공간(public space)으로 열려 있다는 데 있다. 공공성은 공간 개념이기도 하며, 학교와 교실 공간이 안팎으로 개방되어 다양한 삶의 방식과 사고방식이 소통·교류되는 것을 의미한다.

필자가 직접 만난 사토 마나부 교수도 '교육의 공공성'을 유독 강조했다. 2018년 3월, 청주교대 교육연구원에 초빙 강연을 온 그와 만난 자리에서 그는 한국이 일본을 반면교사로 삼아야 할 부분으로 '교육의 공공성'을 꼽았다. 일본 정부가 지방분권을 추진하면서 교육을 지방정부 소관으로 넘길 때 재정부담까지 떠넘겨 지자체 간 교육 여건 양극화가 심각해졌다는 것이다. 교육을 중시하는 지자체와 그렇지 못한 지자체 간에 교육복지 예산 배정 비율 격차가 50배에 이른다는 것이었다. 그것은 유권자 표심을 좇는 지자체장이 투표권 없는 청소년들의 복지는 외면한 채 노인 복지에만 예산을 퍼부은 결과라는 것이다.

교육의 공공성은 교육의 사사성私事性에 대비되는 개념이다. 공공재인 교육이 공공성을 잃어버리면 교육이 우리의 문제가 아닌 나의 문제로 협소해진다. 각자의 필요에 따라 자비를 들여 교육받으며, 결과도 개인에게 돌아가고 책임도 각자가 진다. 그것은 공동선을 추구해야 할 국가의 책임을 포기하는 일이다. 그렇지 않아도 서구식 자기중심주의와 신자유주의식 무한경쟁으로 교육격차가 엄연한 터에 국가가 공적 책임까지 방기하면 교육의 중요 기능을 잃고 마는 것이다.

교육 패러다임으로서의 공공성에는 공부가 나만의 공부가 아닌 '우리의 공부'가 되는 것도 비중 있게 포함한다. 배움의 공동체란 배움의 단위가 공동체라는 의미이기도 하다. 공동체가 배움의 주체인 것이다. 우리가 함께 배우는 것이다. 배움의 공동체 철학이 듀이의 민주주의와 연결되는 부분이 여기에 있다.

둘째, 민주주의(democracy)다. 학교 교육의 목적은 민주주의 사회의 건설에 있기에 학교는 그 자체가 민주적인 조직이어야 한다. 민주주의는 단순한 정치적 개념이 아니다. 여기서의 민주주의는 존 듀이의 정의처럼 '타인과 함께 살아가는 방법'을 의미한다. 민주주의 원리로 조직된 학교에서 학생·교사·학부모 각 개인은 고유한 역할과 책임 아래 학교 운영에 참여하는 공동의 주인공(protagonist)이요, 주체다.

따라서 학교는 교사들에게도 같이 성장하는 공간이 된다. 그러기 위해서는 교사 상호 간에도 고립·분산적인 개별 구성원으로서의 의식이 아니라 학생들의 성장을 서로 돕는 전문가들로서 함께 성장하는 동료성(collegiality)을 갖는 일이 중요하다. 이러한 동료성은 모든 교사가 교실을 열고 서로 관찰하며 조언과 비평을 아끼지 않음으로써 '나의 수업'이 아닌 '우리의 수업'을 만들어가는 데서도 발휘된다.

학부모도 마찬가지다. 종래 학부모는 자기 자식의 부모일 뿐이었다. 내 아이만 챙기면서, 내 아이에게 관련된 문제가 아니면 남의 일로 여겼다. 그 벽을 허물고 학부모도 교육의 중요한 주체로서 공동체의 교육 문제를 함께 바라볼 때 교육의 공공성이 지켜질 수 있다. 교육 공공성의 보루는 특히 '교육 주권자'인 학부모의 몫이 크다.

셋째, 탁월성(excellence)이다. 가르치고 배우는 활동은 모두 탁월성을 추구할 것을 요청받는다. 여기서 탁월성이란 타인과 비교하여 뛰어나다는 뜻이 아니라 스스로 최선을 다하여 자신의 최고치를 구현한다는 의미의 탁월성이다. 경쟁 속에서의 탁월성 추구가 상대적 우월감이나 열등감을 초래하는 데 비해 스스로 최선을 다하여 뛰어나기를 추구하는 탁월성은 가르치고 배우는 모두를 길러준다. 이러한 탁월성 추구를 '발돋움과 점프가 있는 배움'이라고 표현한다.

배움의 공동체에서 배움이란 만남과 대화를 특징으로 하는 활동이다. 학습자는 지식이나 기능의 수용자가 아니라 의미와 관계를 구성하는 활동적인 주체로 정의된다. 이러한 새로운 배움론의 이론적 기반이 바로 비고츠키의 구성주의 학습론이다. 비고츠키의 '배움의 이론'은 심리적 도구로서의 언어에 의한 의미 구성을 배움으로 보는 이론이다. 특히 학습자가 혼자서 달성할 수 있는 수준과 교사나 친구의 도움으로 달성할 수 있는 수준 사이를 근접발달영역이라 부르면서, 학습자의 배움이 근접발달영역에서 사회적으로 구성되는 것으로 설명한다. 이러한 비고츠키의 관점은 협동적인 배움을 추진하고 협동 학습이나 동료 지도(peer tutoring)를 도입한 협력 수업을 촉진해 왔다.

구성주의에서 배움은 일정한 지식이나 기능을 습득하는 것이 아니라 학습자가 활동을 하는 가운데 직접 의미와 관계를 '구성'하는 것을 말한다. 따라서 지식은 교과서 속에 있는 것이 아니라 학습자의 생각이나 타자와 의사소통을 하면서 구성된다고 본다. 아이들이 무엇인가를 배우고 있을 때 그 경험에서 교육내용의 의미가 구성된다. 그리고 교사나 친구와의 관계가 재구성되며, 자기 자신의 정체성을 발견하기도 하고 표현하기도 한다.

배움의 공동체에서는 특히 학습자와 타자 간에 소통을 통해 구성하는 호혜적 배움(reciprocal learning)을 주목한다. 호혜적 배움은 자신의 경험이나 지식을 남들에게 전하고 나눔으로써 서로 영감과 도움을 주는 배움이다. 타자와의 소통을 통해 서로 오가는 배움을 나누는 것이 배움의 공동체에서의 배움이다. 배움의 주체가 공동체가 되는 것이다. 그러한 배움에서 가장 중요한 공부법은 진솔한 '표현'과 열린 자세로 '듣기', 같이 얻는 지적 결과물의 '공유'다.

PISA도 협동력을 잰다

한편 협동력이나 협력적 문제해결력이 21세기에 필수적인 핵심역량으로 떠오름에 따라 이를 평가하는 방법에 대한 모색도 활발해지고 있다. 경제협력개발기구(OECD)가 주관하는 국제 학업성취도 평가(PISA)는, 첫해인 2000년 인지적 영역(읽기, 수학, 과학)에 대한 소양만을 평가했으나, 3년 주기의 다음 회차부터는 '혁신적 영역'들을 별도로 포함해 갔다. 혁신적 영역이란 변화하는 시대가 요구하는 핵심역량 영역들을 말한다.

2003년에는 3가지 인지 영역 외에 혁신 평가영역으로 '문제해결력'을 처음 부과했다. 학교 교육과정에서 직접 다루지 않는 실생활과 관련된 문제를 스스로 해결할 수 있는지, 개인 역량을 평가하는 것이 목적이었다.

이후 PISA 2012에서는 컴퓨터 기반의 '문제해결력' 평가가 이루어졌는데, 학생들의 응답에 따라 컴퓨터가 적절하게 문제해결과 관련된 피드백을 주어 학생이 컴퓨터와 상호작용을 통해 문제를 해결하는 방식이

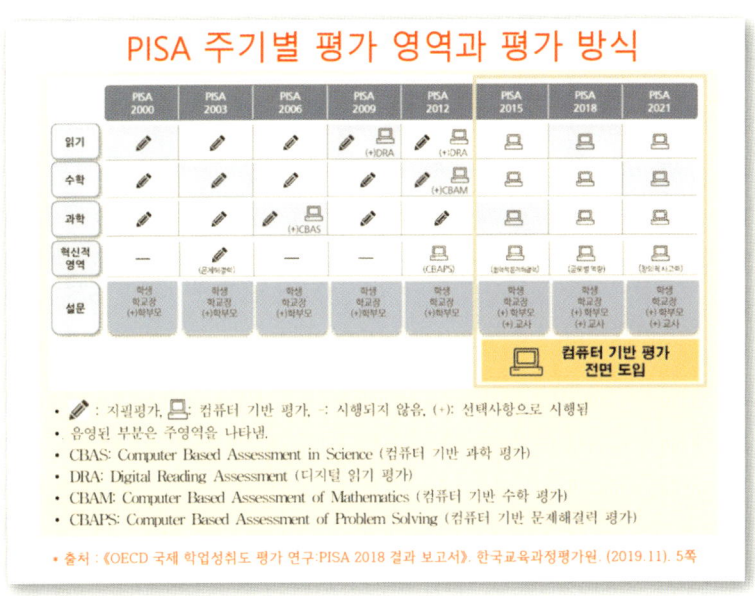

었다. 이후 PISA 2015에서는 21세기 핵심역량인 협동력과 소통력을 반영한 '협력적 문제해결력'을 평가했다. 그리고 2018년에는 '글로벌 역량'을, 2021년에는 '창의적 사고력'을 측정했다(도표 참조).

2021년까지 8회의 평가에서 우리나라 학생들의 경우, '인지 영역'은 줄곧 최상위권의 성취를 보여주고 있음은 많이 알려진 대로다. 관심을 끈 '혁신적 영역'의 결과는 2003년과 2012년에 시행된 '개인적 문제해결력'이 OECD 참여국 중 1위를 차지했다. 특히 2015년의 '협력적 문제해결력'은 32개 OECD 참여국 중 2~5위, 전체 참여 51개 참여국 중에서는 3~7위로 나타났다. 이는 기대 예측치보다는 높은 것이어서 우리나라 학생들이 협력을 통해 실생활의 문제를 해결하는 역량도 국제적으로는 뛰어남을 보여주었다. 다만 2003, 2012년의 개인적 문제해결력에 비해서는 순위가 떨어진 결과였다.

'협력적 문제해결력'

다만 '협력적 문제해결력'이라지만 PISA가 대상자 개인을 상대로 하는 개별 지필고사와 설문조사로 이루어져, 실제로 머리를 맞대고 문제를 해결하는 실생활 방식은 아니라는 한계가 있다. 이에 관해서는 다양한 평가 방식의 개발이 필요한 부분이다. PISA 2015에서는 협력적 문제해결력과 관련한 인지적 평가 외에도 '협동력'과 관련된 개인의 정의적 특성을 자기 보고식 설문으로 함께 조사했다.

그 결과 한국의 학생들은 다른 사람들과의 관계를 중시하는 정도가 OECD 평균과 유사했으며, 팀워크를 중시하는 정도는 OECD 평균보다 높았다. 그리고 협력적 문제해결력은 여학생들이 상대적으로 남학생들에 비해 높았다. 협동력과 관련해서는 남학생은 팀워크, 여학생은 타인과의 관계를 중시했다.

또한 우리나라 학생들의 95%는 자신이 '남의 말을 잘 들어주는 사람'이라고 생각한다고 답했는데, 이는 설문조사에 참여한 55개국 중 가장 높은 비율이었다. 반면 '나는 반 친구들이 성공하는 것을 보는 것이 즐겁다.'고 답한 비율은 82%로 OECD 평균 88%보다 낮은 것으로 나타나, 우리나라 15세 학생들이 학급 내에서의 경쟁의식을 떨치지 못하고 있음을 보여준다. 또 하나 주목되는 점은, '반 친구들이 성공하는 것을 보는 것이 즐겁다.'고 한 응답률이 다른 나라에서는 여학생이 높게 나타났으나 우리나라에서는 남학생이 더 높게 나왔다는 점이다. 우리나라 여학생들은 친구들과의 관계를 중시하면서도 경쟁을 의식해 친구의 성공에 흔연히 같이 기뻐하지 못하고 있는 것이다.

팀워크와 관련해서는 우리나라 학생들은 '혼자 하는 것보다 팀의 일원으로 일하는 것을 더 좋아한다.'고 답한 비율이 OECD 평균에 비해 크게 높았다. 특히 남학생이 여학생보다 팀으로 일하는 것을 좋아한다고 답했다. 우리나라 학생들이 남의 말을 잘 들어주거나 팀의 일원으로 일하는 것을 더 좋아한다는 것을 보여준다. 이것은 개인이 책임을 혼자 떠안기보다 남을 따라 하거나 무리에 속해 있는 것을 안전하게 생각하는 문화적 특성이 반영된 것으로 보이기도 한다.

나보다 똑똑한 우리

융복합시대로 불리는 21세기, 단순한 문제 하나도 혼자서 해결할 수 있는 것은 없다. 그러기에 협력적 문제해결역량은 필수적인 핵심역량이며, 그것을 기르는 가장 효과적인 공부의 주체도 개별존재인 '나'를 벗어나야 한다. 나보다 똑똑한 '우리'여야 한다. '배움의 공동체'가 배움의 주체를 공동체로 두는 이유도 그것이다. 배움의 주체가 공동체라면 평가 단위도 당연히 공동체가 되어야 한다. 그렇다면 그에 합당한 평가방안도 새로 만들어져야 한다. 협력적 문제해결 방안을 길러줘야 할 학교들도 '집단지성으로 같이 푸는 시험' 방안을 모색해야 하지 않을까? 인디언 호피족 아이들처럼 말이다. 이미 21세기 숱한 삶의 현장의 문제해결 방식이 이미 다 그렇기에 더욱 그렇다.

참고 문헌

■ 사전류

* 위키백과 (https://ko.wikipedia.org/wiki)
* 나무위키 (https://namu.wiki/)
* 다음백과 (https://100.daum.net/)
* 두산백과 (https://www.doopedia.co.kr/index.do)
* 김승환(2022). 인문학 개념어 사전(1~3). 서울:소명출판

■ 단행본

강성태(2016). 66일 공부법. 서울:다산북스
구본권(2015). 로봇 시대, 인간의 길. 서울:어크로스출판그룹(주)
구본권(2019). 공부의 미래. 서울:(주)한겨레 출판
김경용·김태훈·이윤형(2022). 인지심리학은 처음이지?. 서울:북멘토
김명희 외(2021). 나누면서 배우는 비경쟁독서토론. 서울:글누림
김범준(2023). 살아갈 날들을 위한 공부. 서울:빅피시
김용섭(2021). 프로페셔널 스튜던트. 서울:퍼블리온
김판수 외(2017). 메타인지와 말하는 공부. 서울:패러다임
류태호(2018). 성적 없는 성적표. 서울:경희대학교 출판문화원
박동휘 외(2016). 어떻게 창의적 인재를 키울 것인가. 서울:한국경제신문
배희철(2016). 비고츠키와 발달교육. 서울:솔빛길
사교육걱정없는세상·베이비뉴스 취재팀 외 13인(2020). 0~7세 공부 고민 해결해드립니다. 서울:김영사
서울대학교 창의성 교육을 위한 교수 모임(2018). 창의혁명. 서울:(주) 대성
서유헌(2001). 천재 아이를 원한다면 따뜻한 부모가 되라. 서울:문학과 의식
서유헌(2014). 엄마표 뇌교육. 서울:동아M&B
심성보(2018). 한국교육의 현실과 전망. 서울:살림터
심성보(2020). 교육과정에서 왜 지식이 중요한가. 서울:살림터
오인탁 외(2006). 대안교육의 뿌리를 찾아서-새로운 학교교육문화운동. 서울:학지사

유홍준(1994). 나의 문화유산 답사기 2. 서울:창비
이병민(2014). 당신의 영어는 왜 실패하는가. 서울:도서출판 우리학교
이혁규(2018). 수업 비평가의 시선. 서울:교육공동체벗
임정환(2017). 행복으로 보는 서양철학. 서울:씨아이알
전성수·양동일(2014). 질문하는 공부법 하브루타. 서울:라이온 북스
조무남 외(1996). 교육사 교육철학 강의. 서울:동문사
한기철·조상식·박종배(2016). 교육철학 및 교육사. 경기파주:교육과학사

■ 외국 서적 (번역서)

사토 마나부佐藤学. 손우정 옮김(2009). 교육개혁을 디자인한다. 서울:학이시습
사토 마나부佐藤学. 손우정 옮김(2011). 수업이 바뀌면 학교가 바뀐다. 서울:에듀케어
지바 마사야千葉雅也(2017). 勉強の哲學. 박제이 옮김(2018). 공부의 철학. 서울:역사의 아침
Adam Grant(2016). Originals. 홍지수 옮김(2016), 한국경제신문
Adam Grant(2021). Think Again. 이경식 옮김(2021). 서울:한국경제신문
Alex Beard(2014). Natural Born Learners. 신동숙 옮김(2019). 앞서가는 아이들은 어떻게 배우는가. 서울:글담(아날로그)
Alfie Kohn(1992). No Contest :The case against Competition. 이영노 옮김(2009). 경쟁에 반대한다. 서울:산눈
Alvin Toffler(1970). Future Shock. 장을병 옮김(1986), 미래의 충격. 서울:범우사
Alvin Toffler(1980). The Third Wave. 원창엽 옮김(2005), 제3의 물결. 서울:홍신문화사
Alvin Toffler(1990). Powershift: Knowledge, Wealth, and Violence at the Edge of the 21st Century. 이규행 감역(1990). 권력이동. 서울:한국경제신문
Alvin Toffler(2006). Revolutionary Wealth. 김중웅 옮김(2006). 부의 미래. 서울:청림출판
Andy Hargreaves & Dennis Shirley(2012). The Global Fourth Way. 이찬승·홍완기 옮김(2015). 학교교육 제4의길. 서울:21세기교육연구소
Bernard Croisile(2004). Votre memoire : bien la connaitre, mieux s'en servir. 이세진 옮김(2007). 기억창고 정리법. 서울:(주) 사이언스 북스

Bernie Trilling & Charles Fadel(2009). 21st Century Skills: Learning for Life in Our Times. 한국교육개발원(2009). 21세기 핵심역량. 서울:학지사

Bertrand Arthur William Russell(1930). The Conquest of Happiness. 이순희 역(2005). 행복의 정복. 서울: 사회평론

Charles Fadel & Maya Bialik & Bernie Trilling. Four-Dimensional Education. 이미소 옮김(2015). 4차원 교육, 4차원 미래역량. 서울:새로운 봄

Daniel H. Pink(2005). A Whole New Mind. 새로운 미래가 온다. 김명철 옮김(2006). 한국경제신문

Daniel H. Pink(2009). Drive. 김주환 옮김(2011). 드라이브. 서울:청림출판

Daniel H. Pink(2018). When. 이경남 옮김(2018). When 언제 할 것인가. 서울:알키

Desiderius Erasmus(1529). De Pueris statim ac liberaliter instituendis declamatio. 김성훈 옮김(2009). 에라스무스의 아동교육론. 파주:한국학술정보(주)

Desiderius Erasmus Roterdamus(1532). MORIAE ENCOMIVM, ID EST, STVLTITIAE LAODATIO. 박문재 옮김(2022). 우신예찬. 서울:(주)현대지성

Erich Fromm(1956). The Art of Loving. 황문수 역(2019). 사랑의 기술. 서울:문예출판사

Fee Czisch(2005). Kinder Können Mehr. 이동용 옮김(2005). 교실혁명. 서울:리좀

Howard E. Gardner(1999). The Disciplined Mind. 류숙희 옮김(2015). 인간은 어떻게 배우는가. 서울:사회평론

Howard E. Gardner(2006). Multiple Intelligences. 문용린 외 옮김(2007). 다중지능. 서울:웅진지식하우스

Jacques Rancière(1987). Le Maitre Ignorant. 양정철 옮김(2008). 무지한 스승. 서울:궁리

Jeremy Rifkin(1994). The End of Work. 이영호 옮김(1996). 노동의 종말. 서울: 민음사

Jessica Nordell(2021). The End of Bias. 김병화 옮김(2002). 편향의 종말. 경기 파주:웅진 지식하우스

Johan Huizinga(1955). Homo Ludens. 김윤수 옮김(2008). 오모 루덴스. 서울:까치

John Abrams(2005). (The) company we keep. 황근하 옮김(2006). 사우스 마운틴 이야기. 서울:샨티

John Couch & Jason Towne (2018). Rewiring Education. 김영선 옮김(2019). 공부의 미래. 서울:어크로스

Justin Reich(2021). Failure to Disrupt. 한기순 옮김(2021). 언택트 교육의 이래. 서울:(주)문예출판사

Karl H.G. Witte(1818). The Education of Karl Witte. 김일형 옮김(2017). 칼비테 교육법. 서울:차이나 정원

Kathrin Passig & Aleks Scholz(2007). Lexikon des Unwissens. 태경섭 옮김(2007). 무지의 사전. 서울:살림

Ken Robinson & Lou Aronica(2015). Creative Schools : The Grassroots Revolution That's Transforming Education. 정미나 옮김(2015). 아이들의 미래를 바꾸는 학교혁명. 서울:21세기북스

Ken Robinson & Lou Aronica(2018). You, Your Child, and School. 최윤영 옮김(2018). 누가 창의력을 죽이는가. 서울:21세기북스

Klaus Schwab(2016). The Fourth Industrial Revolution. 송경진 옮김(2016). 제4차 산업혁명. 서울:새로운 현재

Lisa Genova(2021). The Remember. 윤승희 옮김(2022). 기억의 뇌과학. 서울: 웅진 지식하우스

Malcolm Gladwell(2008). outliers. 노정태 옮김(2009). 아웃라이어. 서울:김영사

Martin E. P. Seligman(1990). Learning Optimism. 최호영 옮김(2008). 학습된 낙관주의. 서울:21세기북스

Martin E. P. Seligman(2004). Authentic happiness. 김인자 옮김(2006). 긍정심리학, 서울:물푸레

Michael J. Breus(2016). The Power of When. 이경식 옮김(2017). 시간의 심리학. 서울: 세종서적

Nel Noddings(2003). Happiness and Education. 이지헌 외 옮김(2008). 행복과 교육. 서울:학이당

P.A.Kropotkin(1902). Mutual Aid: A Factor of Evolution. 김영범 옮김(2005). 만물은 서로 돕는다. 서울:르네상스

Paulo Freire(1970). Pedagogy of the Oppressed. 남경태 옮김(2002). 페다고지. 서울:그린비

Paulo Freire(1998). Teachers as Cultural workers. 교육문화연구회 옮김(2000). 프레이리 교사론. 서울:아침이슬

Peter F. Drucker(2002). 이재규 옮김(2007). Next Society. 서울:한국경제신문

Richard H. Thaler & Cass R. Sunstein(2008). Nudge. 안진환 옮김(2009). 넛지 Nudge. 서울:리더스북

Richard P. Feynman(2000). Surely You're Joking, Mr. Feynman!. 박희봉 역(2000). 서울:사이언스 북스

Robert & Michele Root Bernstein(1999). Sparks of Genius. 박종성 옮김(2007). 생각의 탄생. 서울:에코의 서재

Rolf Jensen(2005). 서정환 옮김(2005). The Dream Society. 서울:한국능률협회

Rudolf Steiner(1990). Erziehungskunst. Methodish-Didaktisches. 최혜경 옮김(2009). 발도르프 교육 방법론적 고찰. 서울:밝은누리

Rutger Bregman(2019). Humankind : A Hopeful History. 조형욱 옮김(2021). 휴먼카인드. 서울:(주)인플루엔셜

Samuel Arbesman(2013). The Half-Life of Facts. 이창희 옮김(2014). 지식의 반감기. 서울: 책읽는수요일

Samuel Noah Kramer(1956). History Begins at Sumer. 박성식 옮김(2000). 역사는 수메르에서 시작되었다. 서울:가람기획

Viktor Emil Frankl(1969). The Will to Meaning. 이시형 옮김(2005). 삶의 의미를 찾아서. 서울:청아출판사

■ 학술 논문

〈석사학위논문〉

이아진(2014). 중학생의 생활시간 활용이 학업성취도에 미치는 영향. 이화여자대학교 대학원

〈박사학위논문〉

김종률(2010). 고차적 사고력과 논술 교육 연구. 영남대학교 대학원

김진숙(2011). 고차적 사고력 함양을 위한 도덕과 교육방법연구. 교원대학교대학원

정은주(2019). 고등학생의 논리적 사고력, 과학탐구능력, 창의적 인성, 사고양식 간의 상관관계. 단국대학교 대학원

〈학술지〉

강용수(2020). 니체의 우정의 정치학-아곤(agon) 개념을 중심으로. 니체연구 제38집. 7-36쪽

김남시(2012). 기억 이미지로서의 중국문자-마테오 리치의 서국기법(西國記法). 인문논총 제67집. PP. 429~460쪽

이상엽(2013). 니체와 아곤의 교육. 새한철학회논문집 『철학논총』 제73집. 제3권

Justin Kruger & David Dunning(1999). Unskilled and Unaware of It: How Difficulties in Recognizing One's Own Incompetence Lead to Inflated Self-Assessments. Journal of Personality and Social Psychology. Vol. 77, No.6. P.1121-1134

Nicholas A.Coles 외(2022). A multi-lab test of the facial feedback hypothesis by the Many Smiles Collaboration. nature human behaviour. 20.10. 2022

■ 신문·잡지 기사

* 《아시아경제》 기사 (2011.8.19.) [데스크 칼럼] '5세 누리과정'에 거는 기대
  (https://www.asiae.co.kr/article/2011081913572026537&mobile=Y)
* 《한겨레》 기사 (2021.03.22) 유아 교육에 대한 오해와 진실
  (https://www.hani.co.kr/arti/society/schooling/987779.html)
* 《월간중앙》 1340호 (2016.06.27.) 가장 수익률 높은 투자처는 영유아 교육
  (https://jmagazine.joins.com/economist/view/311944)
* 《조선일보》 (2016.05.30.) 누리과정은 과연 효과가 있을까
  (https://biz.chosun.com/site/data/html_dir/2016/05/27/2016052702653.html)
* 《세계일보》 (2008.11.28.) "한국 현교육제도 잘라내 버려야" 앨빈 토플러 특강… "밤 11시까지 공부 놀라워"
  (https://m.segye.com/view/20081128003061) 등 당일 일간지 기사 종합
* 《The Wall Street Journal》. (Nov 15th, 2012 #1 #2) "A generation of Chinese students draws inspiration from a hoax about Harvard."
  (https://www.wsj.com/articles/SB10001424127887324735104578116960217427102)

행복한 공부

2024년 8월 30일 초판 1쇄 발행

지은이   김병우
펴낸이   유정환
펴낸곳   도서출판 고두미
          등록 2001년 5월 22일(제2001-000011호)
          충북 청주시 상당구 꽃산서로8번길 90
          Tel. 043-257-2224 / Fax. 070-7016-0823
          E-mail. godumi@naver.com

ⓒ김병우, 2024
ISBN 979-11-91306-64-4   03370

※ 저자와 협의하여 인지를 생략합니다.
※ 책값은 뒤표지에 표시하였습니다.
※ 잘못 된 책은 구입한 곳에서 바꾸어 드립니다.